JN231467

「ポストデジタル経済」へ、
ビジネスや発想はこう変わる

THE REVENGE of ANALOG

アナログの逆襲

デイビッド・サックス
加藤万里子 訳

インターシフト

THE REVENGE of ANALOG

This edition published by arrangement with PublicAffairs,
an imprint of Perseus Books, LLC,
a subsidiary of Hachette Book Group, Inc.
New York, New York, USA.
through Tuttle-Mori Agency, Inc., Tokyo

アナログの逆襲——【目次】

「ポストデジタル経済」へ、ビジネスや発想はこう変わる

PART Ⅱ アナログな「発想」の逆襲

＊文中、〔　〕は訳者の注記です

はじめに　ポストデジタル経済へ

アナログの逆襲

二〇一二年六月、ジューン・レコーズという店がトロントのリトル・イタリー地区に開店した。私が妻と買ったばかりの家からほんの一ブロック半のところだ。ジューン・レコーズは、少年時代から通っていた埃っぽくて雑然としたレコード店とはまるで違った。モダンで、商品はきれいに整理され、明るい照明が店内を煌々と照らしていた。ブティックと言ってもいいくらいだ。家の購入契約を交わした後、近所を散策していた私は、この店の前の歩道で、窓際のターンテーブル〔レコードを回して鳴らすプレーヤー〕から流れてくる美しいサウンドに思わず足を止めた。アレサ・フランクリンのアルバム『ライブ・アット・フィルモア・ウェスト』だった。ソウルの女王と、これから住む地区に降り注ぐ夏の陽射しは実に魅力的な取り合わせで、素通りなんてできなかった。私は店に入り、レコードの値段を訊くと、アレサを小脇に抱え、うきうきと踊るような足どりで店を後にした。

音楽が好きな人たちがほとんどそうであるように、この十年間、私の音楽コレクションからは形のあるモノが少しずつ減っていた。最初はCDをパソコンのiTunesに取りこみ、次にiTunes

からiPhoneに転送し、しまいにはすべてのコレクションをクラウドに保存するようになったからだ。ターンテーブルはまだ持っていた。友人のデイヴィッド・レヴィーからもらった古いテクニクス〔オーディオブランド〕だ。けれども、もう二年以上も実家のダンボール箱に入ったまま、すっかりほったらかしになっていた。そのあいだ、私はどんな音楽にも、ジューン・レコーズのあの一枚に払った二〇ドルより多い額を使ったことはなかった。

その秋、新しい家に入居すると、さっそくターンテーブルをセットして、ついに全盛期の素晴らしいアレサの歌声を拝聴できた。一曲目の「リスペクト」が流れ出してすぐに、録音された音楽を自分で選んで聴くのはずいぶん久しぶりだと気がついた。パソコンのiTunesを開いたのは何カ月も前のことだし、iPhoneにもう曲は入れていなかった。かつて聴いていたアルバムはすべてハードディスクにしまいこまれ、古いEメールと雑多なファイルに埋もれて、思い出すこともなくなっていた。ほぼ毎日、私が聴くのはキッチンと車で流れる公共ラジオだけだった。兄が私のために音楽ストリーミング・サービス「アールディオ」を定期購入してくれたときは、アプリを開いても何を選曲したらいいかわからず、途方に暮れてしまうことがよくあった。なにしろ、選択肢が無限にあるのだ。過去に録音されたありとあらゆるアルバムと歌が選べるのだから。自分が何を聴きたいのかわからない。まるでデジタル音楽の手軽さと便利さが、音楽を聴く楽しみを吸い取ってしまったようだった。クリックひとつで夥しい数の音楽が手に入るのに、それさえもできなかった。あと数回タップすれば、もっとよい曲が見つかるかもしれない。そう思ってしまうからだ。何かが足りなかった。それを取り戻す方法がようやくわかった。レコードだ。

気がつくと、私は暇さえあればレコードを買っていた。はじめのうちはジューン・レコーズの安売りコーナーで昔のジャズやソウル・アルバムを漁っていたが、すぐに店のスタッフから教えてもらったバンドやアーティストの新作を購入するようになった。店内のターンテーブルでかかっている曲があれば、それもよく買い求めた。たとえば、地元のバンド、オールウェイズの調和のとれたギターロックのデビューアルバムや、サイケなディスコを奏でたナイジェリア人の隠遁者、ウィリアム・オニーバーの新しいコンピレーション・アルバム、ラップの伝説ゴーストフェイス・キラとファンク・バンドのバッドバッドノットグッドの楽器のみのヒップホップ・コラボレーション――。越してきたときは一二、三枚だった私の新しいコレクションは瞬く間に膨れ上がり、とうとう妻から、これ以上レコードの棚を増やさないようにと言い渡された。

ところが私は新しい楽しみにすっかり夢中で、妻の通告など気にもとめなかった。このささやかなレコード熱が、初めてナップスターをダウンロードして以来、私の胸の奥に眠っていたものを呼び覚ましたのだ。それは、店で実際にアルバムを見て回って購入するという「モノに触れる喜び」だ。レコード店の前を通りかかると、きまって財布のなかの一〇ドル札が急にチリチリと熱を帯びて、使ってくれとせがみはじめた。そんなときは、三〇分もするとアルバムを脇に抱えて店から出てきたものだった。意気揚々と、まるで「こいつを録音したのはおれなんだ」と言わんばかりの顔をして。いまの時代、それと同じ曲がネットで無料で手に入り、再現するデバイスは五つもある。それなのに私ときたら、プラスチックを溶かして作った、傷がつきやすい重くてかさばる円盤に結構な額を注ぎこんでいた。おまけに、その円盤を再生するのは、くたびれた車みたいにお金も神経も使う装置ときている。まったくおかしな話だった。

けれども、おかしいのは私だけじゃなかった。街を歩くと、数カ月ごとに新しいレコード店を見かけた。新規オープンした店や、急に事業を拡大した既存店の二号店や三号店だ。新しい店が現れるたびに、小さな奇跡が起きたように見えた。なにしろ一〇年前は、レコード店はなくなると誰もが信じていたのだから。実際のところ、デジタル時代に適応できずに消えていく小売ビジネスの象徴として、しばしば引き合いに出されていた（「書店はウェブに活路を見出さなければ、レコード店と同じ運命をたどりかねない」など）。当然のことながら、新しい店をオープンする者などいなかった。

そんな小売業界の恐竜が、絶滅の危機を脱したばかりか、いまは街中を歩き回り、世界中で繁殖しているようだった。レコード店の消滅を書き立てる記事は、思いがけない展開とジューン・レコーズなどの新規開店のニュースに取って代わり、しまいにはレコード店が復活しただけでなく、大繁盛であると高らかに宣言した。新たにプレスされ販売されるレコードの数は、この一〇年間で一〇倍以上に跳ね上がった。その結果、ターンテーブルの売上と、新規レコード店も急増した。ジューン・レコーズの共同オーナー、イアン・チャンによれば、開店以来、同店の売上は毎月約五パーセント、収益にいたっては毎年ほぼ倍の勢いで伸びているという。先月は、わずか数ブロック先に別のレコード店がオープンした。しかし、チャンは競合を気にしていない。店が増えれば増えるほど、ジューン・

レコーズに需要がある証になるからだ。

売上よりもっと重要な変化が、客層だ。同店の店員の長髪でレコードに一家言ある（要は、典型的なレコード店のグル的存在）アンドリュー・ズーカーマンによれば、過去一〇年、レコード店を訪れるのは、「全品一ドルの箱で掘り出し物を漁る小汚い年寄り」と相場が決まっていたという。みなさんもご存じだろう。薄くなった頭の後ろで白髪混じりの髪をポニーテールに結び、ジェーンズ・アディクションのくたびれたライブTシャツの裾を、あちこちに継ぎを当てた黒いジーンズにたくしこんだ男たち——自分たちの世代の文化がいかに素晴らしいかを延々と独りごちる、あのタイプだ。

ところが、開店してほどなく、そんな光景が一変した。小汚い輩に若者が取って代わったのだ。店内は、音楽好きの二十代と十代、デジタル音楽で育ち、アップルのデバイスで無料のヴァーチャル・ファイルでしか音楽を聴いたことがない客でいっぱいになった。さらに驚いたことに、もうひとつの客層が出現した。

「女の子だよ！」とチャンは言った。その顔には、砂漠をさまよい続け、突然水辺にたどりついた男のような大きな安堵の表情が浮かんでいた。「女の子たちがまたレコードを買いはじめたら、風向きが一変したっていう証拠なんだ」と、ズーカーマンもうなずいた。「女の子が店にくるようになると、あの老人たちの眼が変わったよ」。そこには恐怖の色があったという。女性客が戻ってきたうえに、増え続けているという現象は、レコード店がカルチャーシーンの定位置、つまり、音楽と仲間を求めて若者たちが集まるクールな場所に復帰したことを示していた。

トロントだけでなく、世界中でレコードが復活していた。メディアから音楽業界にいたるまで、みながこの予期せぬ出来事を説明しようと躍起になった。オーセンティシティ〔本物であること〕、ノスタルジー、ミレニアル……お馴染みのマーケティング業界の流行語（バズワード）がさまざまな組み合わせで登場した。厄介なヒップスター――二〇〇〇年代初めの若者文化を代表する悪名高い種族。下層住宅地の再開発による中産階級化〔家賃が上がり既存住民が立ち退かざるをえなくなったりする〕からぴっちりしたジーンズまで、いまも都市部の悩みの種はすべて彼らのせいにされている――のしわざにする者たちもいた。

しかし私は、レコードの復活はもっと大きな現象の一部だと考えている。それは、「アナログの逆襲」だ。

デジタルにはない価値

ジューン・レコーズが開店する五年前、私はユタ州パークシティで、あるユダヤ人組織の「リブート」というリトリート〔日常生活を離れ、自分と向き合う時間や新しい体験をすること〕に参加した。その週末は、ユダヤ人のアイデンティティと文化を見直すさまざまな活動がおこなわれ、出席者は全員、安息日――金曜日の日暮れから土曜日の日暮れまでの二四時間の休息期間――にテクノロジーを断つことを求められた。そのときの経験でテクノロジーを使わないと元気が回復すると気づいた私は、敬虔なユダヤ教徒ではまったくなかったにもかかわらず、トロントに戻ると定期的に自分だけのデジタル安息日を設けはじめた。

それから数週間後、私と恋人（現妻）は、友人宅の金曜日の夕食会に招かれた。テーブルを囲んだ八人のうち、なんと妻と私を除く全員が、スマートフォンを手放さず、前菜でも、メインでも、デザートでも、メッセージを打ちこむのに夢中だった。私たちは口もきけないほど驚いて、誰かが会話を黙殺して——眼の前の皿のチキンが冷めていくのもお構いなしに——小さなキーボードに没頭するたびに、テーブルの下で互いの足をつつき合った。このときはじめて、テクノロジーが人間の社会的なふるまいを根本から変えてしまったのを目の当たりにし、大きな衝撃を受けた。

もちろん、私たちが目にしたのは、おぼろげに姿を現しはじめた巨大な氷山のごく一部にすぎなかった。その晩から数カ月もたたずに初代ｉＰｈｏｎｅが発売され、無限に見えるその能力が世界中を虜にする。妻と私も、ほどなくしてほかのカップルと同じになる。夕食のテーブルで、周囲の世界も、お互いさえ目に入らずに、ｉＰｈｏｎｅのスクリーンに顔を埋めるようになったのだ。

その晩遅く、アパートメントに戻った私は、親友のアダム・キャプランに友人宅での気づまりな夕食の話をした。最初はたわいのない雑談だったが、気がつくとデジタル・テクノロジーが人間の生活に与える影響についてすっかり話しこんでいた。教師であり、現代テクノロジーにも精通するアダムは、デジタル・テクノロジーが社会を変革できると強く信じていた。その一方で、デジタルの恩恵が犠牲なしに享受できないことも率直に認めていた。

アパートメントには、アダムが実家から持ちこんだばかりのターンテーブルと、彼の両親のレコード・コレクションの大部分（ハーブ・アルパートとザ・ティファナ・ブラス全集など）が置いてあった。それらのレコードが、本書を書くきっかけとなる重要なおしゃべりのバックミュージックだけでなく、議論を盛り上げるきっかけにもなった。

レコードで音楽を聴く経験は、効率が悪く、手間がかかるうえに、音質も同じステレオで再生されるデジタル・ファイルよりいいとは限らなかった。けれども、ハードディスク・ドライブで聴くよりも夢中になれて、結果として聴きごたえがあるように思われた。私とアダムは、棚に並んだアルバムの背表紙を見ながら曲を選び、ジャケットのデザインをじっくりと吟味した。それからレコードをターンテーブルに置いて、そろそろと注意深く針を落とした。針がビニールの表面に触れ、一秒間の静寂ののち、最初のチリチリという音の波がスピーカーから聞こえてくる。どれもハードディスク・ドライブで再生するより身体を使う行為であり、手、足、目、耳だけでなく、レコードの表面の埃を吹くために口も必要とした。レコードをかけるという経験には、数値では測れない豊かさがあった。効率が悪いからこそ、楽しみも大きかったのだ。

これはアナログならではの醍醐味だな、とアダムは言った。広義の（そして、本書の基盤となる）アナログは、デジタルの対極にある。デジタルはコンピューター用語であり、0と1の二進コードだ。その組み合わせを延々とつなげることで、コンピューターのハードウェアとソフトウェアは通信や計算が可能になる。インターネットに接続されたり、ソフトウェアを使って実行されたり、コンピューターにアクセスされているものは、すべてデジタルだ。そんなデジタルを陽とすればアナログは陰、昼に対する夜のようなものだ。アナログにコンピューターは不要であり、ほとんどの場合、（〝バーチャル世界〟の対語として）〝現実世界〟に存在するからだ。

このような視点で世界を見ると、ある変化が起きていることに気がついた。デジタル化がますます進む近年、「時代遅れ」と揶揄されていた技術やプロセスが、唐突に息を吹き返しはじめていた。街を歩くと、コンピューターとは無縁のアナログ製品の新しい専門店を毎週のように見かけた。たとえば、凸版印刷のカードや招待状、フィルム写真、ハンドメイドの革製品や時計、雑誌の創刊号、万年筆、それにもちろんレコードも。私たちのアパートメントのすぐ近くにはボードゲーム〔盤上でおこなうゲーム〕・カフェが開店し、初日から客の行列が外まであふれるほどの盛況ぶりだ。

私は人生のほとんどをライターとして過ごしてきたが、スタートアップにいくらか投資もしている。しかし、目の前で展開しているトレンドは、現代経済のイノベーションの一般論に逆行していた。誰もが次の画期的なアプリの開発に熱中しているはずなのに、私の周囲で流行っている新ビジネスはまったく違った。それは形のあるモノを売る、壁と窓のある場所だった。

衰退する運命にあったアナログの需要が再び高まっているかのようだった。アナログの逆襲は、デジタルが浸透した時代に、デジタルではない製品、サービス、アイデアの価値が再び上がり、見直されていることを示していた。さらに、デジタル・テクノロジーの役割が拡大する一方で、それに代わる「ポストデジタル経済」も生まれつつあるようだった。最初は流行に敏感な都市部だけのトレンドと思っていたが、たちまち消費者文化の主流へと拡大した。ぽたぽたと垂れる滴のようだったアナログの逆襲は、あっという間に激流に変わり、私の周囲を呑みこんだ。

あるテクノロジー企業の創設者に郊外のスターバックスで会ったとき、彼はモレスキン〔イタリアの手帳&ノート・ブランド〕の手帳にメモをとっていた。彼だけでなく、店内のほかの多くの客たちも同じだった。衣料チェーン店のアーバン・アウトフィッターが、突然店頭にポラロイド・フィルム・カメラを大量に並べたかと思うと、オーガニック食品を扱うホールフーズ・マーケットがレコードを販売すると発表した。連日のように新しいアナログのトレンドを取り上げるニュースが流れ、ネットを遮断して「いま、この瞬間」の自分の体験に意識を集中させるシリコンバレーの瞑想コースや、テクノロジーを排除した豪勢な企業主催のリトリートが急増していた。デジタルによる注意散漫の危険や、直接顔を合わせるやりとりのメリットを説く本がベストセラーになり、一〇年前に夕食会で私を無視した友人たちは、食事中はもうスマートフォンをかばんにしまって触れもしない。学者たちは、現実世界でのコミュニケーション、スクリーンを使わないふれあい育児、紙の媒体の読書を奨励する研究結果を次々と発表し、アマゾンにいたってはシアトルに実店舗書店までオープンした。ほかのオンライン小売店もそれに続き、かつて打倒を誓った実在する店舗を続々と建てはじめた。そうこうするうちにカセットテープまで再登場とあいなって、あれよあれよという間に「アナログ」はバズワードに昇格した。

なぜこんなことになったのだろう？　ウェス・アンダーソン〔『グランド・ブダペスト・ホテル』や『犬ヶ島』の映画監督〕が監督する、手作りのかわいらしいものを散りばめた翔んでる夢に迷いこんでしまったのか？　単に私がアナログに魅了されたから、こういうことが目につくのか？　それとも、この現象を裏で牽引しているものがあるのだろうか？　人間の根源に訴える何かによって、デジタルとの恋愛関係が転換期を迎え、私の人生を定義していたデジタルの驚異的で避けられない進歩から一気に離反しはじめたということなのか？　デジタル化の一途をたどる世界で、なぜアナログが逆襲しているのだろうか？

欠点が強みに変わる

周囲を見回せば、毎日のように何かがデジタル・テクノロジーによって強化され、改造され、刷新されている。車も、家も、仕事も、性生活まで。テクノロジーがそつなく整然と進歩をとげていくなかで、古いテクノロジーは絶えず新しいテクノロジーによってお払い箱にされている。音楽を聴く方法も、生演奏から蠟管へ、レコード、カセットテープ、CD、MP3のダウンロードを経て、ワイヤレスのストリーミング・サービスへと進化した。将来は、もっと質の高い音楽を、より安く、速く、手軽に、一〇〇パーセント、バーチャルで楽しめるようになるだろう。私たちの生活の多くのものがそうなってきたように。

つい最近まで、デジタル化できるものがどうなるのか、その運命は目に見えていた。たとえば、雑誌はオンライン版のみになり、買い物はすべてウェブですませ、教室はバーチャル方式になる、というように。コンピューターに取って代わられた仕事はもう数えきれない。これからも、世界はひとプログラムずつ、ビットやバイトに変換され続けるのだろう——デジタル・ユートピアが訪れるか、ターミネーターが襲来するまで。

けれども、アナログの逆襲は違う筋書きを示している。そこでは、テクノロジーのイノベーション・プロセスは、よいものからよりよいもの、最高のものへと徐々に進化する過程ではない。私たちが何者で、どのように生きるかを知るための試行錯誤の道のりなのだ。

アナログの逆襲は、デジタル・テクノロジーが並はずれて進歩した結果にほかならない。デジタル計算は約五〇年前に日常生活の一部になった。三〇年前にはパソコン、二〇年前にはインターネット、一〇年前にはスマートフォンが後に続いた。そして現在、デジタル・テクノロジーは日常にあまねく浸透し、もっとも効率的でお金のかからない一般ツールとして、当たり前になっている。ほんの数回タップするだけで、クラウドに膨大なデータの個人倉庫(ストレージ)を設置するのと同じくらい簡単に、焼き立てのクッキーを宅配してもらうことができるのだ。

この圧倒的な能力により、新しいデジタル・テクノロジーが出現するたびに、アナログはほとんど無用の長物となり、価値が急落する。けれども、その認識は時間とともに変化する。特定のデジタル・テクノロジーとの蜜月はいつか否応なく終わりを告げ、真の利点と欠点をより公正に判断できるようになるからだ。多くの場合、古いアナログのツールや手法を使うほうがうまくいくと判明する。その結果、人はアナログ特有の効率の悪さを強く求めるようになる。アナログの欠点が新たな強みに変わるというわけだ。

これが、アナログの逆襲がなぜ重要なのか、そして、本書で取り上げるアナログな製品と発想の台頭がほんのはじまりにすぎないという理由である。デジタルに囲まれる現代生活で、私たちはもっとモノに触れる経験、人間が主体となる経験を渇望している。商品やサービスに直に触れたいと望み、多くの人がそのためなら余分な出費もいとわない。たとえ同じことをデジタルでするよりも、手間がかかって高額でも。

アナログの逆襲は、デジタルが不可欠だという前提だけでなく、デジタル経済そのものの絶対性にも異議を唱えている。この流れは強力で、容易には逆えない。シリコンバレーやほかのスタートアップ拠点が掲げる破壊礼賛のテクノ・ユートピアニズムに逆行するような現象だが、実のところ、テクノロジーの進歩が絶対ではない、という証にすぎない。新しいソリューションは最初こそ積極的に取り入れられるが、長期的に見れば、真によりよい経験をもたらしてくれなければ持続しない。そのソリューションが実際にデジタル・テクノロジーと張り合えなければ消えていくのだ。

この点で、現在起きている現象はさらに重要と言える。アナログは、現実世界の喜びとデジタルでは得られない恩恵をもたらす貴重な経験だが、単純にソリューションとしてデジタルよりすぐれている場合もあるからだ。たとえばペンは、いまもキーボードやタッチスクリーンよりアイデアを広げやすいツールだ。さらに、後述するように、アナログ・テクノロジーの不便さは、生産性を妨げるどころか、高めることができる。

ここではっきりさせておきたいのだが、本書はデジタル・テクノロジーへの反対を書き連ねた本ではない。各章で紹介する個人、企業、組織は、ノスタルジックな感傷からデジタル出現前の美化された時代を安易に再現しようとしているわけではない。本書にラッダイト〔技術革新反対者〕は登場しない。登場するのは、鋭い先見の明を持ち、革新的で、あらゆるデジタル・ツール――オンライン・クラウドファンディング、ソーシャルメディア、設計ソフトウェア、スマートフォンなど――を駆使しながら、アナログ製品やサービスを市場に出している例ばかりだ。デジタル世界を押しやるのではなく、むしろアナログ世界を近づけて、その利点をフルに活用して成功している。

したがって、アナログの裏にある普遍的な真理を活用する企業や機関にとって、世界を席巻するこの現象は途方もないチャンスである。アナログの需要に応えることは、利益だけでなく、もっと大切な教訓ももたらしてくれる。それは、世界とどう関わるか、そして、どんなテクノロジーを選ぶかによってその関わり方が変わってくるということだ。あなたやあなたの組織がポストデジタル経済を生き、成功を収めようとするならば、レコードを聴いたり、ボードゲームをしたり、デトロイトで腕時計を作ったりしなくても、これらのビジネスの成功例の教訓が役立つことは間違いない。

本書では、アナログの逆襲がどのように起きているかを二部に分けて探求している。

第Ⅰ部の「アナログな〝モノ〟の逆襲」では、レコード、紙製品、フィルム、ボードゲームという新市場を考察し、時代に合わなくなったと言われたアナログ製品の製造・販売企業が、消費者の根本的な欲求を引き出して成功している例を紹介する。

第Ⅱ部の「アナログな〝発想〟の逆襲」では、出版、小売り、製造、教育業界、シリコンバレーの教訓をもとに、デジタル重視の経済のなかでアナログな発想が持つ革新的かつ破壊的な可能性とその恩恵を実証する。

重要なのは、デジタルかアナログのどちらかを選ぶことではない。私たちはデジタルの使用を通して、このように物事を極度に単純化する考え方に慣れてしまった。つまり、一かゼロか、黒か白か、サムスンかアップルか、という誤った二者択一だ。現実世界は、黒か白ではなく、グレーですらない。色とりどりで、触れたときの感覚に同じものはひとつもない。そこに、豊かな感情が幾重にも折り重なっている。そのなかで人間は、思ってもみない匂いに驚いたり、奇妙な味に顔をしかめながら、完全ではないことを大いに楽しんでいる。最高のアイデアはこの複雑さから紡ぎ出されるが、デジタル・テクノロジーにはまだそれを十分に再現する能力がない。いま、この現実世界がかつてなく重要になっている。

アナログの逆襲はこのごちゃまぜの現実のなせる業だ。デジタル・テクノロジーの挑戦を受けながらも、そこから力を引き出している。テクノロジーにはひとつひとつ役割があり、生み出す結果もさまざまだ。アナログの逆襲から見えてくるのは、過去と共存しながらテクノロジーの未来を築く新しいポストデジタル経済である。

本文に入る前に、親愛なる読者のみなさんにお願いがある。本書はコンピューターを使って書かれ、電子機器で読まれているかもしれないが、本であることに変わりはない。だから、アナログ的な環境で読むことでもっとも趣旨がよく伝わると思う。どうか携帯電話の電源を切ってほしい。デジタル機器をできるだけ締め出して、ページをめくりながら、静寂を味わってもらいたい。くつろげる場所にゆったりと腰をおろし、もしターンテーブルを持っていたら、スイッチを入れてみよう。これからみなさんを、私が経験したアナログの逆襲の旅へお連れする。最初に案内するのはレコードだ。まずは世界的なレコード・ブームの中心地を訪れよう。

PART I アナログな「モノ」の逆襲

第1章　レコードの逆襲

レコード復活の最前線

テネシー州ナッシュビルにあるユナイテッド・レコード・プレッシング（URP）社の工場のなかは、まるで生きているドラゴンのようだ。コンクリートでできた部屋が寄り集まった窓のない手狭な場所で、二二台のレコードプレス機がシューッと息を吐き、咳こみ、唸り声をあげながら、ギシギシと歯ぎしりをして、さまざまなジャンル、重さ、色、サイズのレコードを次々と吐き出していく。デイヴ・マシューズ・バンドのアルバムが出てくるすぐ横で、プリームス、パール・ジャム、ウータン・クランの復刻盤ができあがる。ラナ・デル・レイのベストヒット・アルバムもあれば、アイアン・メイデンの色つきの愛蔵盤もある。エルヴァイラ〔映画『ミストレス・オブ・ザ・ダーク』の主人公〕の特別リリース盤、それにクローメオのネオ・ディスコも。工場のなかは、熱した金属、酸性廃水、温めたプラスチックの甘い有毒ガスの匂いがする。

プレス機の周りでは数十人の作業員が忙しく動き回り、電源を操作したり、スチーム、水、グリースを供給したり、ポリ塩化ビニル（ＰＶＣ、別名ビニール）の黒いペレットを投入している。その合間に、細長い金属棒の上に積み上がっていくレコードを集めては、新たに吐き出されるレコードのために場所を空ける。プレス機は、液圧式装置、頑丈そうな大きなボタン、パイプ、ホース、金属厚板で構成され、どれも数十年も前に作られた大きくて扱いにくい年代物だ。そこからいっせいに放たれるブンブンという音があまりにも大きくて、これらの機械が溶けたビニールの熱い円盤に音の波形を刻むだけでなく、この場所で生まれようとしているすべての音楽の叫び声を放出しているかのようだ。休みなく叫び続けるアナログ復活の源が、老いぼれたレコードプレス機たちを限界へと追いこんでいる。

この場所を二〇一〇年に訪れていたら、様子はまるで違っただろう。多くの時間、プレス機はスイッチを切られたまま注文を待ち続け、現在小走りに動き回っている作業員の三分の二は別の場所で働いていた。そのころ、ＵＲＰはどん底にあった。作業は六時間のシフトが一回きり、作業員は約五〇人で、稼働日は週にたった二日に減っていた。操業を続けるために、オーナーたちは融資に頼らなければならなかった。一日のプレス量は数千枚で、その数も減っていく一方だった。一九九〇年代初期以降、世界中のほとんどのレコードプレス工場が同じような苦境に喘いでいた。

それから四年後、私はこの工場の機械のあいだで、素晴らしい騒音に包まれている。一日のプレス量は四万枚に達し、スタッフの数も三倍に増えた。週六日、二四時間体制で働き続け、休みがとれるのは日曜だけだ。現在のＵＲＰの注文は、出荷用ドックにある大量のプレスしたてのアルバムと同じように、山積みになっている。納品まで大手レーベルなら二、三カ月待ちは当たり前で、インディペンデントのレーベルはもっとかかる。忙しすぎて、つい最近まで新規顧客は断っていた。そのため、製造が追いつくように工場も増やさなければならない。期日に間に合わせるのがやっとの状態にもかかわらず、音楽愛好者たちは腹をすかせて待っている。旺盛なその食欲は衰える気配がまったくない。

音楽好きの中流階級がいる地域では、地下室から掘り起こした昔のレコードを買う人が急増している。ターンテーブルに載せるのは、ターンテーブルとレコードもあれば、ネットや店で購入したビンテージ盤、URPなどの工場でプレスされる新盤もある。ヨーロッパのある工場所有者の推測によれば、二〇一五年に世界でプレスされたレコードは、約三〇〇〇万枚にのぼるという。

そのなかでも、レコードがひときわ広い範囲で急速に再認識されたのがアメリカだ。URPは、そのアメリカで最大のレコード製造工場であり、世界トップ・スリーのひとつでもある（ドイツのオプティマル社と、チェコ共和国のGZ社のほうがいくらか規模が大きい）。瀕死の状態だった二〇一〇年から事業は劇的に拡大し、二〇一四年半ばには近くにふたつ目の工場をオープンすると発表した。それにともない、プレス機を二二台から三八台に増やし、スタッフも一五〇人から二五〇人以上に増員する。私がジューン・レコーズで体験したレコード復活の最前線はここにあった。そして、新たに生まれたアナログ製品全般への需要によって成長中のポストデジタル経済の最前線も。

ナッシュビルが音楽の町と呼ばれるのは理由がある。この町で地元の楽器メーカー、ギブソンのギターをかき鳴らせば、必ずと言っていいほど音楽業界に関連するものか人に出くわすからだ。グランド・オール・オプリー〔ナッシュビルで毎週放送されるカントリー・ミュージックの有名なラジオ番組〕やジョニー・キャッシュ博物館から、無数のレコーディング・スタジオ、目抜き通りのホンキートンク〔カントリー音楽が演奏される伝統的な南部のバー〕で演奏するカントリー・バンドにいたるまで、この町は音楽で動いていると言ってよい。そんなナッシュビルのサウンドと言えば、カントリーの物哀しい高音のスライドギターが有名だが、近年、ここの安い家賃、広いスタジオ、才能豊富なコミュニティに引き寄せられてロックとインディー音楽が流れこんだ。今日のナッシュビルのサウンドは、フィドル〔ヴァイオリンのようなカントリー音楽の楽器〕を使ったピックアップ・トラックの曲と同じくらい、テイラー・スウィフトのパワフルなポップや、ジャック・ホワイトやブラック・キーズの昔ながらの生々しいロックと固く結びついている。

ダウンタウンのすぐ南、倉庫や工場が立ち並ぶウェッジウッド・ヒル工業地区にあるURPは、建物正面の壁に二枚の特大サイズのレコードを掲げている。駐車場を歩いていくと、靴の下で溶け落ちたビニールのかけらが小さくバリバリと音を立てる。建物のなかは、壁にかかった額のなかや床の上のレコードはもちろん、一九〇〇年代半ばの古びた椅子、ランプ、デスク、それに床のタイルと木目模様の壁板まで、すべてビニールでできているようだ。例外は、アルバムの紙製ジャケット、金属のプレス機、ライオネル・リッチーやリック・ジェームズなどのアーティストの黄ばんだ写真、それにここで働く従業員くらいだ。それらを除くと、ほぼすべてが音楽のために何らかの型に入れてプレスされた、溶けた石油の副産物だ。

URPは、一九四七年にブレット・プラスティックスというナッシュビル初のレコードプレス工場として創業された。数年後、社名をサザン・プラスティックスに変更し、その後ユナイテッド・レコード・プレッシング（URP）に落ち着いた。一九六二年に現在の建物に移り、以降、二〇世紀のポピュラー音楽を代表するレコードを製造してきた。サン・レコードのエルヴィス・プレスリーとジョン・キャッシュのシングル、全盛期のモータウンやスタックスのほか、アメリカで初めて製造されたビートルズのレコードもここで生まれた。現在、アメリカ国内のターンテーブルでこのレコードがかかっていたら、十中八九この工場でプレスされたものと言ってよい。

URPにいると、まるでタイム・スリップしたような気分になる。二階には、ケネディ政権時代から変わっていない家具つきのアパートメントがある。ナッシュビルで人種差別が合法とされた時代、音楽業界の黒人の重役が滞在できるように作られたので、「モータウン・スイート」と呼ばれている。ベッドルームの床にある黒い革靴は、もう数十年間も同じ場所に置かれたままだ。その靴がスモーキー・ロビンソンのような有名人のものなのか、ただ靴を忘れていったどこかのまぬけのものなのか、誰にもわからないからだ。

URPのマーケティング・ディレクター（現在はサンデイズドというレーベルに勤務）のジェイ・ミラーは、地元のアーティストの限定盤をよく生録するという二階の広々とした「リビングルーム」で、レコードのプレス工程を説明してくれた。「音楽は空気の振動にすぎない」と、彼は言う。「レコードがかかっているときは、溝がその振動を再現し、それを針が拾って増幅させているんだ」

もしこれが簡単そうに聞こえるなら——簡単でもあり、難しくもある——アナログ製品をフィジカル（形ある物質的）なモノにするための貴重な最初の知識になる。テイラー・スウィフトのアルバム『1989』を例にとろう。「シェイク・イット・オフ」のような歌の振動波を、レコードのように永続するフィジカルなモノに移転するには、いくつかの段階を踏む必要がある。まずスウィフトと彼女のバンドがスタジオでアルバムを録音し、プロデューサーが編集されたトラックをミックスして音量と音質のバランスを調整する。それを音響エンジニアが理想的な音量に整えてマスターテープ（オリジナル音源）を作り、カッティングマシンにかける。カッティングマシンとは、ひとことで言うと針の代わりにダイヤモンドを先端につけた切削ヘッドを持つリバース・レコードプレーヤーだ。これで、マニキュア液に似た黒いラッカー樹脂を塗布したアルミの円盤に音溝を掘る。この音溝がレコードの表面にある細い線になる。音溝は、各曲の音の高音域と低音域に完全に一致する。

こうしてできたラッカー・マスター盤は、薬浴、ニッケルのコーティング、銅電鋳のほか、いくつかの反復段階をともなう複雑な工程を経て、金属のスタンパー〔レコードプレス機にセットする金型。レコード一枚につきA面とB面用に二枚作られる〕に変わる。次に、スタンパーをプレス機の上下に装着する。その中間にホッケーのパックのような形をした「ビスケット」という溶けたPVCの塊を置き、約三トンの圧力で押しつぶす。すると巨大なワッフル焼き器のようにスウィフトの歌の音溝が成形されるというわけだ。レコード一枚をプレスするのにかかる時間は約三〇秒だ。

オートメーション化された工程に聞こえるが、レコードの製造は些細な要素に左右され、非常に手間がかかる。湿度から、スタンパーの金属の混合率、ＰＶＣの性質まで、あらゆることが品質に影響しかねない。ＵＲＰでは、プレス機から出てきたレコードを、顕微鏡や試聴ステーション、さらに視認で検査して、カチカチ音やパチパチ音など針が感知する「表面雑音〔ターンテーブルで針の摩擦によって生じる雑音〕」の有無を絶えず確認している。多いときは完成品の二〇パーセントが不合格になる。不良品は、ラベルをはぎ取って粉砕する機械のなかに放り込まれ、溶かされた後、再びプレスされて新しいレコードに生まれ変わる。

「工程を画一化するなんて無理な話だ」。ミラーは、ラベルがうまくつかなかったメタリカのアルバムを、不良品再生機にドサッと落としながらそう言った。「レコードの工程はいつも同じってわけじゃない。毎日のように、新しい問題が出てくるんだ。パン職人にたとえれば、毎日違うオーブンとオーブン皿を使ってパンを焼くようなものさ」。最大の変数は、音楽だ。レコードが情報を保存できるスペースは限られている。そこに音を詰めこめば詰めこむほど（たとえば、特別に騒々しいヘビィメタルのアルバムや、低音が響くダンス音楽）、小さな音溝に押しこむ情報の量も増える。そのため、すべての生産工程で繊細な微調整が必要なのだ。

「私はずっと音楽業界で働いてきた」と言うミラーは、四〇手前の細身のシニカルな男だ。話すときは、生まれ故郷のデトロイトと長年住んだニューヨークのアクセントにナッシュビルの訛りが混ざる。レコード店の店員からキャリアをはじめ、ポリグラム、ＢＭＧ、ユニバーサルでマーケティングを手がけるまでに出世した。彼と妻は、二〇〇六年にナッシュビルに越してきた。その前にミラーがトム・ウェイツのショーのためにこの町を訪れて、すっかり気に入ってしまった。ほどなくしてURPに雇われて、たちまちレコードの逆襲の主要な担い手になった。

「音楽市場がレコードに回帰した理由を知りたければ、私自身がよい例だ」と、ミラーは言う。「何しろ、レコード、CD、MP3を全部経験してきたからね。音楽はすべて無料で手に入れて、CDケースがずらりと並んだニューヨークの狭いアパートメントで暮らしてたんだ」。けれども、初めてiPodを買ったとき、彼のなかで何かが変わった。CDをコンピューターに保存できるようになったため、フィジカルなコレクションはそれほど重要ではなくなった。それなのに、時間がたつにつれて図書館のように楽しめた自分のコレクションを恋しく思いはじめたのだ。部屋に並んだCDは、芸術的で、手で触れたり眺めることができた。それに、アルバムによって音質も大きく異なっていた。

「そのときふと、レコードならそれが全部手に入るって気がついたんだ」。そこでCDをすべて売り払って、そのお金でレコード版を買い直した。「便利さで言ったらデジタルは最高だけど、音楽を経験する素晴らしさはレコードがいちばんだよ」。そう言うと、彼はすぐに自分はアナログ純粋主義者ではない、とつけ加えた。ふだんは車のなかや、ジョギング中など、レコードが聴けないときはいつもデジタル音楽を聴いているという。彼の妻は、ワーナー・ミュージック社のデジタル製作マネジャーをしているくらいだ。「誰でも好きな音楽を聴けるようにするのがデジタルで、レコードは本物の音楽好きのためのデラックス・バージョンといったところだ」

しかし、ミラーの話ではレコードの逆襲がなぜ経済的・文化的現象になったかは説明できない。二〇〇七年以降、レコード産業が一〇倍以上に拡大するにつれて、ミラーの言う「本物の音楽好き」という少数部族がその分増殖したわけではあるまいし。このブームが起きる前に、レコード市場に何が起こったのだろう？　そしていま、この市場がなぜこれほど急速に拡大しているのだろうか？

まずはちょっと歴史を振り返ってみよう。商業用のビニール盤〔ポリ塩化ビニル製のレコード〕は、一九三一年にRCAビクター社によって発売された。高分子技術の進歩のおかげで、それまでのワックスやシェラック樹脂製の割れやすい七八回転盤（78 rpm）より強度があり、軽量で耐久性の高いレコードが実現したのだ。しかし、ビニール盤が実際に売れ出すのは、第二次世界大戦後の一九四八年、コロムビア社が一二インチのLPレコードを発表してからだ。LPは、四五分の音楽を一分間に33 1／3回転（33 rpm／3分で100回転）で再生できた。一年後、今度はRCAが七インチのEPシングル盤を売り出した。こちらは八分の音楽を45 rpmで再生した。このふたつのフォーマット――一二インチのアルバムと七インチのシングル――が、戦後の新しいポピュラー音楽の制作と消費を牽引し、家庭や、店のジュークボックス、ラジオで人々を楽しませた。

ビニール盤には欠点が多かった。かさばって重いうえに、表面に傷がつきやすく、そのせいで音がとんだ。埃や静電気がたまり、店や家庭で場所をとる。日光にさらされるとゆがむこともあった。車で聴くことができないし、ジョギング中はなおのことだ（当時、ジョギングする人はそれほど多くなかったが）。そこへ一九七九年にソニーが初のポータブル・カセットテープ・プレーヤー「ウォークマン」を発表し、その四年後にはコンパクト・ディスク（ＣＤ）を発売した。私は、父が一九八五年に新しい魔法のようなＣＤプレーヤーを初めてかけたときのことを、いまも鮮明に覚えている。ロボットのようなトレイがシューッというエレガントな音とともに滑るように引き出され、父がそこに小さな銀色のディスクをそうっと載せた。そのとたん、家中に鮮やかなサウンド（ジョージ・ベンソンの『ビヨンド・ザ・ブルー・ホライズン』――いまも私のお気に入りのジャズ・アルバムのひとつだ）が満ちあふれ、ボタンひとつで曲のスキップまでできた。まさにＰＣ時代の新しい音楽用フォーマット――レーザーとデジタル処理で楽曲に命を与える、シャープで神秘的な黒い箱――だ。音楽の未来が現実になったのだ！

レコードの勢いに陰りが見えはじめたのは一九七〇年代、カセットテープと８トラック〔カートリッジ式の磁気テープ再生装置〕に市場シェアを食いつぶされた時期と重なる。シングルがもっとも売れたのは一九七三年、この年に全米最高の二億二八〇〇万枚を記録した。アルバムは一九七八年にピークを迎え、三億四一〇〇万枚を売り上げた。しかし、ＣＤの急速な台頭により、その後は坂を転げるように悪化する。一九八四年から一九八八年に売上が半減し、後は下降の一途をたどった。シングルはジュークボックスやＤＪ、ラジオ局でまだ使われたため、少しだけ長く持ちこたえたが、ＬＰが受けた打撃は甚大だった（一九九三年は全米で三〇万枚しか売れず、最低を記録する）。二一世紀に入り、ＭＰ３のダウンロードとｉＰｏｄがＣＤに取って代わるあいだも、レコードの衰退は続いた。二〇〇六年は、レコード業界にとって最悪の年だった。この年に売れた新しいアルバムは、世界中でわずか三〇〇万枚、アメリカ国内でもたった九〇万枚まで落ちこんだ。これは、同じ年にディズニーの映画『ハイスクール・ミュージカル』のサウンドトラックがCDとダウンロードで売れた数字の約四分の一だ。

URPのオーナー兼CEOのマーク・マイケルズは、国際的な経営コンサルタンティングと未公開株で成功を収めた後、二〇〇七年に同社を買い取った。アマチュア音楽コレクターである彼は、レコード製造は時間がたてば少しずつキャッシュフローを生み出して、安定したよいビジネスになると考えたのだ。「当時の商業レコードは、音楽業界ではもう取るに足りない存在だった」。彼は、シカゴにあるオフィスから電話でそう振り返った。けれども、レーベルは新しいシングルを出すたびにまだプロモーション用レコードをプレスしており、これがURPを支えていた。「収益は小さかったが、安定していた」と彼は言うが、その頼みの綱を突然失うとは思ってもいなかった。「まったく予想していなかったが、レーベルはいろんなビジネスモデルを検討して、二万枚のレコードを無料で配るのは収益上よいことじゃないと気づいたんだ」。一年後に世界金融危機が襲うと、会社はついに倒産の危機に陥った。マイケルズは債権者たちに返済期日の延長を乞い、従業員のほとんどを解雇した。このとき、プレス機の多くはもう稼働していなかった。

数値だけで客観的に見れば、レコードは死んでいた。経験豊かなあるレコード会社の重役が私に語ったように、当時のレコードの収益は統計上の変則的な数字、つまりレコード会社のバランスシートの四捨五入による誤差ほどしかなく、売上のごくごく一部にすぎなかったという。音楽業界は二〇〇七年までにデジタル・ダウンロードと海賊盤によって深刻なダメージを受けて、収益上の状況は不安定で不透明だったが、音楽の未来がどこにあるかは明らかだった。いつでもどこでもワイヤレスで配信される、デジタルという形のない音楽だ。ＣＤの売上は減少の一途をたどっており、有料のデジタル・ダウンロードでさえ、スポティファイのようなストリーミング・サービスの人気に押され、売上が落ちはじめていた。フィジカルな音楽自体が消滅しかけていたのである。レコードは最初の犠牲者にすぎなかった。

そこへ逆襲がはじまった。

なぜ復活したのか

文化社会学者のドミニク・バートマンスキと、南デンマーク大学のマーケティング・マネジメント教授のイアン・ウッドワードは、二〇一五年に共著『ビニール：デジタル時代におけるアナログ・レコード（*Vinyl: The Analogue Record in the Digital Age*）』で、次のように書いている。「誰に訊いても、レコードは〝もっとよい〟製品を作る産業に〝座を奪われて〟死んでいるか、よくても、古風な趣のある人工物として博物館や骨董店で埃をかぶっているはずだった。しかし、そうはならなかった。デジタル革命が完結するかに見えたまさにそのとき、社会の広い範囲で復活したのだ」

アメリカレコード協会によれば、二〇〇七年に九九万枚だった国内のアルバム出荷数は、二〇一五年に一二〇〇万枚以上へと驚異的な伸びを示し、年間成長率は二〇パーセントを超えるという。

二〇一五年は、有料ダウンロードとCDが凋落を続けるなか、レコードの売上は前年比三〇パーセント以上も伸び、ついに広告支援ストリーミングの収益を上回った。新規レコードの売上は二〇一四年だけで三億四六八〇万ドルに達し、まだレコード売上の大半を占めている中古レコードにいたっては、おそらくその何倍もある。レコードは、一〇年前の最悪の状態から急速かつ劇的に成長し、いまも着実に伸び続けている。実に鮮やかな逆転劇だ。どういうわけか、この一〇年で、その前の二〇年より多くのレコードが売れているのだ。

いったいなぜ？

第一に、レコードは死んでなどいなかった。音楽業界の売上をほぼ独占していた全盛期に比べれば、新規リリースの売上こそ急速に落ち込んだが、市場にすでに出回っている膨大な数のレコードはモノとして実在し、簡単に消滅しない。レコード店、フリーマーケット、家の地下室にある棚や段ボール箱のなかで眠っているだけだった。ターンテーブルも同様だ。たとえ使われていなくても、機能はほぼ損なわれていなかった。「レコードを望む一定の市場は常にあった」と語るのは、オーストリアのターンテーブル・メーカー、プロジェクト・オーディオ・システムズのCEO、ハインツ・リヒテネガーだ。彼は一九九一年に同社を立ち上げ、テクニクスをはじめとする競合他社が製造を中止した後も、中級から高級品のターンテーブルを売り続けた。「事業初日から、取り寄せ注文が絶えなかった」と、リヒテネガーは振り返る。同社を支えた主な顧客は、忠実度（フィデリティー）〔音を正確に記録したり再生する度合い〕に取り憑かれたオーディオファン、組織に反発する若者、ドイツのジャングルDJ〔ジャングルビート主体のＤＪプレイ」、裕福なコレクターたちだった。レコードに大枚をはたく者が少なくなく、彼らがニッチ市場を形成してその市場を守ったため、多くのレコード店、プレス工場、ターンテーブル・メーカーが、どん底の時期を生き延びることができた。

売上を伸ばせるジャンルもいくつかあった。パンク、ヒップホップ、ダンス音楽などのアンダーグラウンド・ミュージックだ。トン・フェレメインは、一九九八年にアムステルダム郊外のソニーの工場を買い、ヨーロッパの巨大なナイトクラブ市場向けにダンス音楽のレコードを製造した。「私がここを手に入れたとき、この業界はものすごい速さで成長していた。レコードの売上が伸びていたからじゃなく、たくさんの工場が廃業したせいでね」と、フェレメインは語った。彼の見積では、二〇〇〇年当時でさえ、世界中で数千万枚のレコードが、主にクラブ市場向けに製造されていたという。ＤＪが回す新しいシングル、ビート、トラックの需要があったからだ。

レコード復活の第二の理由は、デジタルにほぼ抹殺されたアナログが、デジタルによって助けられたことだ。レコード店の相次ぐ閉店によりレコード市場のニッチ化が加速して、レコード・ファンの売買の場はインターネットに移った。数百万というアルバムがイーベイでオークションに出品され、アマゾンで売りに出され、巨大オンライン市場のディスコグスで取引された。そのあいだに、デジタル音楽のメリットはデメリットに変わった。ＭＰ３の登場はレコードよりもＣＤに打撃を与え、ＣＤ（デジタル・ファイルに勝る本物の音も美的なメリットもない）は移動性にすぐれて場所をとらないＭＰ３にいたるさびれた通過駅に成り下がった。さらに、デジタル音楽は音質を損なわずに無限にコピーできるため、違法ダウンロードされたアルバムでも、合法的に買ったアルバムと音質がまったく変わらなかった。一九九九年、ナップスターによってその事実が白日の下にさらされると、音楽業界は壊滅的な打撃を受けた。形のない音楽は供給が需要をはるかにしのぎ、わざわざお金を払って聴く者はいなくなった。突如として、アルバムは消費に値する魅力的な商品ではなくなったのだ。デジタル音楽では、リスナーはみな対等だ。曲はいともたやすく手に入り、審美眼など関係ない。iTunesのコレクションやストリーミング・サービスのプレイリストのクオリティを自慢しても意味がない。音楽はデータになったのだ。ハードドライブに潜む、見ることも触れることもできないもう一式の0と1。これほどクールじゃないものはない。

そのあいだに、レコードのかつての欠点が魅力に転じた。レコードは大きくて重みがある。それに、お金と努力とセンスがなければ、作ることも、購入することも、聴くこともできない。さらに、親指でそっとなぞり、状態を確かめてくれと訴えてくる。購入者は、お金を払って手に入れるからこそ、所有していると実感できる。それが誇りにつながるのだ。

レコードはカウンター・カルチャーの名声を再び手に入れ、若者文化の中心に返り咲いた。「子供たちがレコードを買い出した」。そう振り返るのは、レコード人気の再燃時にワーナー・ミュージックの重要人物だったロサンゼルスの音楽エグゼクティブ、トム・〝グローヴァー〟・ビアリーだ。「親たちがiPodやフェイスブックを日常的に使いだしたら、子供たちは別のものを探しはじめた。だって、親が真似しはじめたら、それはもうクールなものじゃないからね……ロックンロールと同じだよ。それに、レコードはもう親の世代は聴いていなかった」

二〇一五年のイギリスのある研究報告書によれば、同年のレコードの主要消費者は一八歳から二四歳だった。また、ミュージックウォッチという研究グループは、レコード購入者の半分以上は二五歳以下だと指摘した。高齢化が進む懐古趣味のヒップスターでも、気難しい年寄りでもない。初めてレコードを見つけた子供たちだ。ベビーブーマーの親が新しいiPadやスポティファイに夢中になっているときに、子供は古いターンテーブルの埃を払い、新しいアルバムを現金で買っていたというわけだ。レコードは、レトロなフェティシズムの対象から、クールで新しい消費財になったのだ。それにともない、ターンテーブルが広告キャンペーンやファッション雑誌に登場し、デザイナーズホテルに置かれるようになった。二〇一一年末にヒューストンにオープンしたレコード店ハイツ・ビニールのオーナー、クレイグ・ブラウンはこう言った。「二〇一一年にオープンしてから、毎日のように二〇代初めの若い子たちに、レコードに針をどう落とすか教えてるよ。全員が初心者だ。レコードを買いにくるのはそういう子たちだ」

コミュニティとつながる

レコード復活の三つ目の理由は、もっと計画的だ。それはレコード・ストア・デイだ。毎年四月の第三土曜日に実施されるこのレコード店の祭典は、レコードのリバイバルブームをメインストリームに押し上げる最後のひと押しとなった。きっかけはこうだ。二〇〇七年、ボルチモアのレコード店サウンド・ガーデンの地下室でデパートメント・オブ・レコード・ストアズという個人レコード店グループのオーナーたちが、小さな年次会合を開いていた。話題が事業の状況になると、誰もが同じことを言った。「おれたちは一九九〇年代にＨＭＶ、タワーレコード、ヴァージンなどの大型店との熾烈な価格競争を生き延びた。この一〇年はＣＤの売上減少に直面している。それでも、店は順調で儲かっている」と。

「店舗をいくつか増やして、二〇パーセントの年間成長率を達成するつもりだった」。そう振り返るのは、ブルムースというレコード・チェーン店のＣＦＯ、クリス・ブラウンだ。ニューハンプシャー州とメイン州に一一店舗を展開する同店は、そのころ商品のレコードと本を増やすために、既存店の壁をぶち抜いて、床面積を倍に拡大しているところだった。「メディアの報道と完全に逆を行く行動だったよ」と、ブラウンは言う。彼の店は儲かっていたが、世間の認識ではレコード店は瀕死の恐竜だった。顧客たちは定期的に店を訪れては、「調子はどうだい？」と同情をこめて訊いてきた。一部の熱烈な音楽好きを除けば、レコード店はほとんどの人にとって意味を失い、存在意義そのものが脅かされていた。

「昔は、店員たちが新作レコードを奪い合ったものだった」。デパートメント・オブ・レコード・ストアズの代表者マイケル・カーツはそう思い起こした。新しい音楽がいちはやく入手できることは、レコード店で働く主な理由のひとつだった。「いまは店頭に並ぶ前にネットで手に入る。うちの加盟店の店員たちは、もう新作なんて気にしちゃいなかった。店で働きたがる若い女性は皆無になったよ。レコード店の店員は、コミック店で働く漫画オタクみたいな存在になりつつあった」

サウンド・ガーデンの会合で同じ漫画オタクのジョークが出たとき、エリック・レヴィンが反応した。アトランタのレヴィンの店クリミナル・レコーズは、コミック業界がプロモーションのために企画したフリー・コミック・ブック・デイのイベントを開催したばかりだった。それが大変な盛況だったのだ。レコード店で同じことをやってみたらどうだろう？　そうすることで恐竜がまだ死んでないことを世間やメディアに証明するのだ。「レコード店は死んだって報じられていた。一頭立て四輪馬車の商人より深刻な状況だとね。でも、うちの店は大いににぎわっていた。新しいスタッフを採用して、保険にも入れて、儲かっていた。どうしてメディアはそんなに否定的なんだ？　記者たちは証拠がなきゃだめなんだよ。彼らはうちが繁盛しているって信じようとしなかった。メディアの通説に当てはまらないから、うちが例外だったからだ。〝音楽が無料の時代に、どうして儲かるんだ？ほとんどの店がCDのほうがはるかに売れていたにもかかわらず、レヴィンはレコードをイベントの中心に据えるべきだと譲らなかった。そのほうが、店そのものが話題になるからだ。タワーレコードが閉店しているってのに？　ベスト・バイが打撃を受けてるのに？〟って調子でね」。

最初のレコード・ストア・デイの数カ月前、カーツはロサンゼルスのトム・〝グローヴァー〟・ビエリーを訪問した。ビエリーは当時、ワーナー・ミュージックのゼネラル・マネジャーをしていた。彼によれば、ワーナーがレコードに再び関心を寄せるようになったのは、ニール・ヤングとの会話がきっかけだった。ヤングは、二〇〇〇年代初めに、CDでリリース予定の自分のベストヒット・コンピレーションを聴くためにワーナーのオフィスを訪れた。しかし、デジタル処理で再録音したサウンドにひどくがっかりして、もう誰も音楽とアーティストのためにがんばろうとしないことについて熱弁をふるったという。「本腰を入れてレコードに重点を置こう、と決断したのはそのときだ」とビエリーは言う。「収益の問題じゃなかった。損得は重要じゃなく、ブランド認知を上げるためにそうするのがよいと思ったんだ」。当時のレコード会社の例に漏れず、ワーナーも大損失を被っており、実績のある古いフォーマットをもう一度ひっぱり出したところで失うものは少なかった。

ワーナーは、オーディオファンとコレクターの市場に向けて、またはツアーで販売するために、厳選したアルバムのレコードを少しずつリリースしはじめた。充実したものに（あるいは、音質がよいものに）見えるように、どれも従来のレコードより重量を増やし、ウィルコやホワイト・ストライプスなどの実力派の作品を入れた。そんなときにカーツがレコード・ストア・デイの話を持ちかけたので、ワーナーはマーケティングのためにいくばくか資金援助することにした。さらに重要なことに、当日に参加店のみで購入できる限定盤を提供することを決定した。賛同するアーティストには、デス・キャブ・フォー・キューティー、R・E・M、ヴァンパイア・ウィークエンド、ジェイソン・ムラーズなどの人気ミュージシャンが名を連ねた。最初のレコード・ストア・デイとなる二〇〇八年四月一九日は、北米とイギリスの約三〇〇店が参加した。何よりも素晴らしかったのは、ワーナーのはからいで世界的ヘビィメタル・バンドのメタリカがイベントの公式アンバサダーに就任したことだ。当日は、彼らのサイン会がカリフォルニア州マウンテンビューの店ラスプーチン・ミュージックで実施された。

結果は大成功だった。「開店前から店の外に行列ができたのは初めてだったよ」と、カーツは言う。「これまで、そんなことは一度もなかった」。多くの店が、平均より五割増しの売上を記録した。大勢の記者が押し寄せて、レヴィンが望んだ通り好意的に報じてくれた。その後、レコード・ストア・デイは拡大を続け、二〇〇九年にはたった一日でブラックフライデー〔感謝祭の翌日の金曜日。さまざまな商品が格安になる〕とクリスマスをはるかに超える額を売り上げる店が続出した。参加表明店が増え、タイアップするコンサートが拡大すると、限定盤のリリースもさらに増えた。コレクターたちは、レコード・ストア・デイ限定アルバムをいち早く手に入れようと前夜から列を作り、購入するとほぼ同時にネットで何倍もの値で転売した。その行為には店のオーナーやファンから苦情が絶えないが、これは失敗というよりも成功の証と言っていいだろう。現在、レコード・ストア・デイは世界的な祭典となり、世界中のレコード店、アーティスト、レーベルが参加している。最近、参加した数百店のひとつは「ダンド・ゴル」というモンゴルのウランバートルにオープンしたばかりの店だった。

大都市、あるいは大きな町で、驚くほどのペースでレコード店が開店し、拡大している。イギリスだけをとっても、二〇一五年のレコード・ストア・デイには、レコード店の数が過去五年間で最高を記録した。その年の最初の四カ月だけで、前年にオープンした店の一・五倍以上にあたる四〇店がオープンしたのだ。レコード愛好者の多いベルリン（当然のことながら、世界最大の市場だ）には現在一〇〇店以上がひしめき、ＯＹＥなどの人気店は多店舗展開するまで拡大している。大手チェーン店でもレコード回帰がはじまった。ＣＤ時代に市場を独占したイギリスのＨＭＶは、二〇一五年に主にレコードの売上によって経営破綻から復活し、利益を出すようになった。私が住むトロントでも、二カ月ごとに新しいレコード店ができている。

「レコード・ストア・デイは、期せずして何かに触れたんだ」と、カーツは言う。彼は現在、自分の時間の大半をこのイベントの運営に捧げている。「それは、人々がコミュニティとつながる必要性だ。音楽フェスティバルみたいに、大勢で集まって音楽を祝う機会だよ。私たちは人を集める口実は作ったけど、予想以上にたくさんやってきたんでびっくりした」

ＵＲＰも、この恩恵にあずかった。プロモーション用シングル盤市場はついに回復しなかったが、アルバムの注文が二〇〇九年末に動きはじめ、以降着実に伸びている。マイケルズは、デジタル世代にレコードが売れはじめたという『ビルボード』誌の記事を読み、賢明にも、安価なシングル盤の大量生産ではなく、高品質なアルバムに重点を置く生産体制に転換していた。

当時の様子をマイケルズはこう語った。「二〇一二年に突然成長のスピードが速まって、一桁台からみるみるうちに二桁に乗ったんだ。二〇一三年は尋常じゃなかったよ。で、二〇一四年には市場が大きくなりすぎて、需要に追いつけなくなった」。ＵＲＰは作業員を増やし、プレス機を新たに購入し、古い機械を修理調整した。そこまでしてもまだ注文をさばききれず、週六日、フル回転で稼働を続けた。とりわけレコード・ストア・デイ前の数カ月は多忙をきわめ、二〇一五年には第二工場を建設する必要に迫られた。

現在は、世界中で四〇余りのレコードプレス工場がフル操業中だ。オランダの工場、レコード・インダストリーのトン・フェレメインによれば、「二〇一四年の最初の三カ月だけで、二〇一三年の一年間と同じ数のレコードをプレスした」という。「四月はもうパニックだった。九月にはシフトを増やして交代制にしたよ」。工場閉鎖が続いた数十年を経て、メンフィス、ミシガン、ルイジアナ、アルバータ、ロンドン、サンパウロのほか、十数カ所が新たに操業を開始した。二〇〇九年にオハイオ州コロンバスにオープンしたガッタ・グルーヴ社は、開業当初は一万五〇〇〇枚だった月間プレス量が、二〇一四年には最大七万枚まで膨れ上がった。同社の共同オーナー、マット・アーリーはこう言った。「生産できる量が決まっていて、今後も需要が増え続けるなら、ビジネスとして儲かると思えたんだ」

といっても、既存のレコードプレス機は数に限りがあり、熾烈な奪い合いが展開する。競売になれば、一台八万ドルまで値が吊り上がることもある。古い機械を探し求めて、はるばるジンバブエやキューバのトリニダードまで足を運ぶ者も少なくない。二〇一一年にカンザス州でクオリティ・レコード・プレッシングスという工場をはじめたチャド・カセムは、ロサンゼルスとロンドンの旧EMI工場からプレス機を二台購入した。どうやって見つけたのか私が訊くと、「やれることは何だってやる、これに尽きるね！」という返事が返ってきた。二〇一五年のはじめ、カセムは、シカゴの倉庫で埃をかぶっている一三台のプレス機を見つけ出した。レコード・マンにとって石油を掘り当てたような大発見だ。しかし、新しく手に入れた機械は未開発の井戸のようなもので、レコードをプレスできるようにするまでに、メンテナンス、精密な機械加工部品、ボイラー、冷却器、スタンパー、金型などの修理に一台につき数万ドルかかるという。同じ年に、とうとうドイツのニュービルト・マシーナリー社と、トロントのヴィリール・テクノロジーズ社が、レコード業界では五年ぶりにプレス機の製造を再開した。完成したプレス機はURPへ送られた。

レコードの逆襲を検証するもうひとつのバロメーターが、ターンテーブルだ。一九九〇年代を通じて先述のターンテーブル・メーカー、プロジェクト・オーディオ・システムズ社を着々と成長させてきたハインツ・リヒテネガーは、二〇〇〇年代になってさまざまな国の市場がレコードに注目しはじめたのを感じたという。その波はイギリスで生まれ、ドイツ、イタリア、北欧を経て、二〇〇〇年ごろについに北米にも波及した。「それで状況が一変した。雑誌や新聞がレコードとターンテーブルを取り上げはじめ、二〇一一年から二〇一四年でうちのビジネスは倍に跳ね上がった」。在庫がなくなり、現在、彼の工場では入荷待ちの三万五〇〇〇台を製造中だ。ターンテーブルの世界市場は年間約五〇〇万台、とリヒテネガーは推定している。この数字は、パイオニアやソニーなどの大手企業が製造を再開する十分な理由となる〔その後、パイオニアは三〇年ぶりにターンテーブルを発売。ソニー・ミュージックエンタテインメント（SME）は、二〇一八年にレコードの自社生産を復活させ第一弾を発売した〕。何しろ、ターゲットやウォルマートといった大手小売店の店頭にまで、ターンテーブルが並んでいるのだ。

これらの大半は、ミニジュークボックスやレトロな家電を製造するケンタッキー州ルイヴィルのブランド、クロスレイの廉価モデルだ。クロスレイは、一九八〇年代からターンテーブルを作ってきた。ビジネスの中核を占めていたのは、ＣＤプレーヤーとラジオを組み合わせたビンテージ風の製品だ。「主なお客は、飛行機のスカイモール・カタログでうちの製品を見て、〝ねえ、これ九九ドルだって。パパのクリスマス・プレゼントにぴったりだよ〟と叫ぶ子供たちだった」――当時の販売・マーケティング部長エリザベス・ブラウン（その後、転職）はそう説明した。しかし、年輩の消費者がデジタルのＣＤバーナー〔ＣＤやＤＶＤなどに書き込むためのライティングソフト〕やｉＰｏｄを使うようになるにつれてレコードへのノスタルジックな関心は薄れ、入れ替わりに彼らの孫たちがレコードに興味を持ちはじめた。そこでクロスレイは、その世代の消費者にターゲットを移したというわけだ。

現在同社は、スピーカー内臓のポータブル・タイプからボーイズ・バンドのワン・ダイレクションやラモーンズが描かれたブランド・バージョンまで、二十数種類のターンテーブルを製造している。それが毎年一〇〇万台以上も売れている。「うちの新しい購買層は、ターンテーブルを見たこともなければ、レコードに触ったこともない人たちなの」と、ブラウンは言う。その前日、彼女はアーバン・アウトフィッター（現在、全米でもっとも多くのレコードとターンテーブルを売るチェーン）の若いマーケティング・チーム・メンバーと電話会議をしたのだが、そのときレコードに掘られた細い線は何なのかと訊かれたという。「それが〝歌〟なのよ、と教えてあげなくちゃいけなかったわ」

売上以上の経済価値

経済的観点から見れば、レコードのリバイバルは音楽産業にとってささやかな椿事にすぎない。

二〇〇七年以降売上が激増したとはいえ、業界全体の売上の一〇パーセントにも満たず、まだレコードの三倍も売れているCDの売上と比べても見劣りするからだ。しかし、市場をもっとよく覗けば、レコードにはそれ以上の経済価値が見てとれる。「レコードが売れ出したという記事を見るたびに〝なるほど、五人の客が七人になったというわけか……それがどうした?〟と、ずっと思っていた」。ミュージックウォッチの創業者、ラス・クラプニックはそう言う。しかし、レコードで注目すべきは価格の高さだ。一九九〇年代末にデジタル・ダウンロードが登場してCDの売上が落ちはじめたとき、レーベルが大幅な値下げに踏み切ったせいで、CDはほとんど儲けが出なくなった。一方で、レコード購入者は価格を気にしない。テイラー・スウィフトの『1989』のコピーに喜んで二〇ドル以上を払い、レコード・ストア・デイの特別リリース盤にはその倍額を出す。なぜなら、そのお金と引き換えに、実在するもの——手にとれる資産——を得られるからだ。「レコードなら、CDよりはるかに少ない客にはるかに少ない数を売って、よりたくさん儲けることができるんだ」と、クラプニックは言う。それに比べて、デジタル・ダウンロードで元を取るには、一二万七〇〇〇枚以上のシングルを売る必要がある。「CDの平均卸売価格は六ドルで、iTunesで入ってくるのは六〇セントだ。でもレコードだと、それが一〇ドルから一二ドルに跳ね上がる。ほかの媒体とは比べ物にならないくらい儲かるんだよ」

このように利益の大きな牽引力になりつつあるレコードについて、ワーナー・ミュージックのビリー・フィールズ販売・会計管理担当部長は、売上が一〇億ドルを超えるとまでは思わないが、勢いが衰えるとも思っていない。「ＬＰ一枚あたりの収益は、群を抜いて高い。うちの事業はすべて利益が出ているけれど、レコードは二桁台という実に安定した高い利益をあげていると思う。デジタル・ダウンロードの収益には負けるものの、一枚当たりに換算するとずっと高い」。それにデジタル・ダウンロードとＣＤは、合計収益こそレコードより大きいが、ストリーミング・サービスの増加によって着実に衰退している。その一方で、レコードは拡大し続けている。「若者たちが投資しているから、レコードは今後も伸びるだろう」と、ユニバーサル・レコーズのジェフ・バウアーズは言う。「彼らはターンテーブルを買っている、ターンテーブルではレコードしか聴けないからね」

それから、ミュージシャンたちがいる。ＭＰ３とｉＰｏｄの出現以降、すばらしい音楽が大量に生まれ、アーティストがオンラインでファンに直接語りかけて音楽を届ける絶好の機会が生まれた。だが、ＣＤ後のデジタル音楽第二期は、レコーディングした音楽で稼ぎたいミュージシャンにとって悲惨な時代だ。二〇〇〇年以降に登場した新しい音楽視聴テクノロジーが、売上の分け前をことごとくむしり取ってきたからだ。ストリーミング・サービスはミュージシャンに正当な報酬を与えると謳っているかもしれないが、実際の数字を見ると現実は残酷だ。雑誌の記事やブログの投稿、オンラインに掲載された印税計算書では、有名な作曲家から人気の高い注目の新人まで大勢のミュージシャンがにわかには信じがたい低い数字をあげている。作曲家のアロー・ブラックは『ワイアード』誌で、近年もっとも多くストリーミングされた歌のひとつ（アヴィーチーのダンス・ヒット曲「ウェイク・ミー・アップ」）の共同作曲料として音楽サービスのパンドラから得た報酬が四〇〇〇ドルに満たないことを明らかにした（パンドラは二〇一四年に一〇億ドル近い収益を上げている）。それでも、アメリカのロックバンド、クラッカーのリードシンガー、デヴィッド・ロウリーに比べればはるかにましだ。彼が百万ストリーミングされた名曲「Ｌｏｗ」で受け取ったのは、わずか一六・八九ドルだった。二〇一五年、アメリカとイギリスのレコード業界は、ユーチューブやスポティファイ無料版などの広告支援ストリーミング・サービスよりも、レコードを売るほうがお金になると報告した。「ストリーミングだと、ミュージシャンにはペニー単位の報酬しか入らない」と、マイケル・カーツは言う。「レコードだと、ドル単位だ。この差はとてつもなく大きいよ。アーティストとレーベルがやり方を考えれば、すごく儲かる」

手に入るのがこれほどわずかな額とくれば、レディオヘッドのトム・ヨークやテイラー・スウィフトなどの大物アーティストが、特定のストリーミング・サービスで曲の配信を拒否しているのも当然だろう。なぜストリーミング・サービスでは儲からないのか？　理由は明らかだ。ストリーミング・サービスは実証された技術だが、ビジネスモデルとしては実証されていないからだ。大半が、ベンチャー投資家またはグーグルやアップルなどの親会社から全資金を調達し、リスナーのかなりの割合が有料のプレミアム会員になるのを期待しながら（私がアールディオの全プレイリストにアクセスするのに毎月一〇ドル払っていたように）、収入を超える費用をかけて音楽を無料で配っている。ストリーミング・サービスで利益を生み出すには、一回ごとに料金を払う膨大な数のユーザーに「聴き放題」の有料会員になってもらう必要がある。無料で聴ける音楽がオンラインに氾濫し、毎日のように新しいサービスが出てくるので、これはたやすいことではない。現に、この章の第二稿を編集中にアールディオが倒産した。一億七五〇〇万ドル以上（プラス私の年会費一五〇ドル）を集めてもなお、採算を取ることができなかったのだ。私は同じアールディオのリスナーである友人のアダム・キャプランに電話をかけて、このニュースを伝えた。「なんてこった」とアダムは嘆いた。ちょうど音楽コレクションをすべてアールディオと同期化したばかりで、それが無駄骨になったのだ。私は彼に、レコードにお金を使ったほうがいいとアドバイスした。「そうだな」。アダムは同意すると、こうつぶやいた。「音楽の未来は終わったな」

これが中古レコード市場となると、話はまったく違ってくる。業界はこの市況を追っていないが、いまも取引、売買、再生されるレコードの大部分は中古品だ。二〇一五年は、オンライン音楽マーケットプレイスのディスコグスだけで五〇〇万枚が売られている。これは、中古市場のごく一部にすぎない。レコード店にとって、中古レコードの利鞘は新品よりはるかに大きい。それに加えて、新たにプレスされて、販売、転売されるレコードの量が増えているので、供給は増加する一方だ。新しいレコード・リスナーがターンテーブルのプラグを差し込むたびに、中古レコードの価値が高くなるというわけだ。オハイオ州シンシナティのシェイク・イット・レコーズのオーナー、ダレン・ブレイズによれば、新品の利鞘が四〇パーセントなら、中古は原価の倍で売れるうえ、年々値上がりしているという。「以前は売れなかった商品がたくさん売れる。あのボストンのファースト・アルバムとかね」。彼はそう言って安売り用の箱を示し　売れ残りのハーブ・アルパートとティファナ・ブラスのレコードにもうすぐ買い手がつくかもしれないとほのめかした。

自然発生的な即興を起こす

URPを見学したとき、私はあるミュージシャンのアルバムのプレス量が突出して多いことに気がついた。デトロイト出身でナッシュビルに拠点を置くシュレッディング（ザクザクとリフを刻むリズム・ギター）・スタイルのロックの神様、ジャック・ホワイトだ。彼はホワイト・ストライプスのほか、ザ・デッド・ウェザー、ザ・ラカンターズというバンドも結成し、ソロ活動も続けている。ステージで発揮される素晴らしい才能もさることながら、レコードとアナログ音楽を誰よりも熱烈に支持している。レコードの作成と販売にかけては、先見の明のある実業家でもある。

ホワイトは『ビルボード』誌にこう語っている。「レコードが鳴り出すと、誰でも聴き入ってしまう。針に逆らうことができなくなるんだ。レコード盤が回転するのを見ていると、キャンプファイヤーの周りに座ってるような気分になる。まるで催眠術にかかったみたいだ」。彼に言わせると、マウスでのクリックにはロマンスがない。フィジカルなアナログ録音技術は、音楽の素晴らしさを大切にするため、すぐに時代遅れになってしまうハードドライブよりもはるかに音がいいという。彼が録音し、今回のブームでもっとも売れたアルバムのひとつ、『ラザレット』は、ワイルドで奇抜なしかけとデザインが満載されている。レコードの表面に埋め込まれたホログラム、紙レーベルに収録された隠しトラック、A面が内側から外側へ再生される仕組み（半年ものあいだ、私はそうなっていることを知らなかった）は、まるでアナログがあげる勝ち鬨の声のようだ。

ホワイトが音楽業界のウィリー・ウォンカ〔ティム・バートン監督の『チャーリーとチョコレート工場』に登場する工場長〕なら、サードマン・レコーズは彼のチョコレート工場だ。二〇〇八年、ホワイトは自動車修理工場を改造して、ティム・バートンが手がけたようなサイケデリックなアナログ・ワンダーランドに変えた。工場内部は、つややかな黒か、鮮やかな原色の黄色、赤、青に統一され、作業員は全員、同社の特徴である黒と明るい黄色の服を着用している。サードマンには、昔のアメリカの薬局にあったソーダファウンテン、剥製のキリンの頭、古い奇抜な車、モーテルのサインが飾られている。併設のコンサート会場では、さまざまなアーティスト――地元のインディペンデントのバンドやアジズ・アンサリ〔アメリカの俳優、コメディアン〕から、ベック、ロレッタ・リン、ワンダ・ジャクソン、ジェリー・リー・ルイス、ウィリー・ネルソンのような伝説的人物まで――が生演奏をしてカッティング〔カッティングマシンで音源をレコードに直接刻むこと〕をしたり、ホワイトのプロデュースによる録音をおこなってきた。これらのレコードはすべてサードマン・レーベルとしてリリースされている。ホワイトの曲はもちろん、ここで録音されるすべてのライブ演奏も、希少な再発行盤（エルヴィスの最初のレコーディングや一万枚を売り上げたカール・セーガンのシングル盤など）も、それに新進アーティストのケリー・ストルツ、シーシック・スティーヴ、ザ・ヘイデン・トリプレッツなどの作品も同様だ。さらに、サードマンは「ヴォールト」という三カ月に一度リリースされる通販レコードクラブ〔有料の会員制ファン・クラブのようなもの〕を運営し、レコード、ノベルティ、プロジェクト、クロスレイ社の黒と黄色のターンテーブルといったサードマン・ブランド製品を販売している。ほかに、一九三〇年代のビンテージのレコードブースまで所有しており、そこで七インチ・シングル〔ドーナツ盤〕をカッティングすることができる。ジャック・ホワイトは、このブースでニール・ヤングのカバー・アルバムをレコーディングした。

サードマンのアナログ精神は、「あなたのターンテーブルは死んでいない」というモットーにも表れている。

工場を運営するミュージシャンでホワイトの甥でもあるベン・ブラックウェルは、二〇一四年秋に「レコードはアイデンティティだ」と私に語り、「五年間で二五〇の作品をリリースし、一〇〇万枚以上をプレスした」と胸を張った。デジタル・ダウンロードやストリーミング・サービスでも配信するが、中心はレコードだ。そんな同社にとって、アナログは最高の芸術的経験というだけでなく、よいビジネスでもある。アナログが同社の製品を商品や収益性という観念から切り離し、レーベルの視覚と音の美学を形作っているからだ。その美学には、ホワイトのアナログ音楽への強い愛情がダイレクトに現れている。

「私が心から愛する音楽媒体はアナログだ」と、ホワイトはレコード業界紙『サウンド・オン・サウンド』で語っている。「曲をレコーディングしたり作ったりしているときや、実現したい音があるとき、バイブ、温かさ、情熱が欲しくなったらアナログしかない……アナログの実音は、デジタルの一〇倍も素晴らしい」

本書では、これまでアナログの逆襲における音の役割に触れてこなかった。これには理由がある。フォーマットによる音質の違いの話になると、そのとたんに圧縮率がどうの、スピーカーの振動数やダイナミック・レンジがどうの、といった技術論が吹き荒れるからだ。ターンテーブルのトーンアームの均衡を保つ完璧な重さをオーディオファンに尋ねたら、彼らはそれを死ぬまで追求できるだろうし、ネットにはＷＡＶファイルとＭＰ３の音の違いが五つのヘッドホン・ブランドで聴きわけられるかどうかを激論するフォーラムがごまんとある。デジタル音楽は、アナログの音の波を取りこんで０と１に変換する。その過程で、必然的にかなりの量の情報と音が失われる。たいていの場合、デジタル・ファイルはダウンロードやストリームしやすいように小さいサイズに圧縮されて、それを補うために音量を高くする。けれども、そんなことは圧倒的多数のリスナーにとって大した問題ではない。彼らはそこまで音質を気にしていないからだ。

音が重視される場所、そしてレコードと並行してアナログが復活している場所は、スタジオのなかだ。一九九〇年代までは、ほとんどの音楽が磁気テープに録音されていた。これらのテープは直線状でサイズが限定されているため、何かを録音して修正するには、重ね録りをするかカッターでテープを切るしか方法がなかった。一九六〇年代末よりデジタル・シンセサイザーやその他の音楽機器が使われはじめ、一九九一年に最初の音楽編集ソフトウェア「プロ・ツールス」が発売された。これによって、音楽プロデューサーと音響エンジニアは不便なテープからようやく解放された。コンピュータのなかの特定のソロやサウンドを切り貼りして、マウスで好きなところにドラッグすることができたからだ。ミュージシャンはトラックを聴いて、気に入ったパートを決定したり、新しいことに挑戦したり、上手くいかなければ「取り消し」をクリックすればそれでよかった。こうして録音からミスという言葉が消えた。

二〇〇〇年代初期には、デジタルに記録された音楽が業界標準となった。ハードドライブの容量と処理能力が劇的に増えるにつれて、プロ・ツールスの価格もぐっと下がり、ミュージシャンは自宅にスタジオを構えることが可能になった。また、プラグインという補完的なプログラムを作る企業が出現した。たとえば、音程のずれた歌声をいちばん近い音高に補正するオートチューンや、音量を自動的に大きくするウルトラマキシマイザーだ。以前はかさばる装置や複雑なプロセスが必要だったリバーブやエコーのようなエフェクトを再現するソフトウェアも誕生した。プロ・ツールスの登場前は、エコーを出したいときは、細長いコンクリート製のエコー室の一方の端で、もう一方の端に設置されたマイクに向かって歌うか演奏するかしなければならなかった。

このようにデジタルがレコーディング・スタジオを完全に支配したかに見えたとき、アナログが雪辱を果たした。ルーツ・アメリカーナ〔アメリカ・ルーツの音楽ジャンル〕、ブルース、クラシック・ロックのように自分たちを触発する音楽を探し求めるミュージシャン、プロデューサー、音響エンジニアが、レコーディング・プロセスが音に及ぼす影響に注目しはじめたのだ。ホワイト、デイヴ・グロール、ギリアン・ウェルチをはじめとするアーティストが、かつてのアナログ手法に戻って、古いテープレコーダーと昔のスタジオ機器を試しはじめた。こうして完成したアルバムがほかとは違うもっと心の底から湧きあがる、生々しい、即興的な音楽だということに批評家とファンが気づき、業界全体もアナログに注目しはじめた。二〇一一年にグラミー賞に輝いたフー・ファイターズの『ウェスティング・ライト』というアルバムの大部分は、グロールのガレージでアナログ機器のみを使用して、たった三回のテイクでレコーディングされた。グロールはインタビュアーにこう答えている。「デジタルを使えば、パフォーマンスを完全にコントロールして変えることができる。アナログでそういうことはほとんどできない。自分の声を調整できるなんて知りたくもないよ。おれはおれらしく聴こえたいから」

それ以来、アナログ・サウンドを求めるミュージシャンがナッシュビルに押し寄せるようになった。町にはホワイトやザ・ブラック・キーズなどが所有するアナログ専門スタジオがあふれている。そのなかでももっとも規模が大きいのが、町の西のはずれにある窓のない元レコードプレス工場だ。「ウェルカム・トゥー 1979」というこの場所には、想像しうるあらゆる年代物の機器とレコーディング装置がところ狭しと並んでいる。スタジオの共同オーナーのクリス・マーラは、ギター、レコードやテープの棚、東洋の敷物がぎっしり詰まった部屋で、私と一緒に大きな木製パネルのレコーディング用コンソールの後ろに座ってこう言った。「ここのアナログのバイブは最高さ！ 七〇年代そのものだろ？」

マーラは、二〇年以上のキャリアを持つフリーランスのレコーディング・エンジニアだ。最初はアラバマの伝説的なマッスル・ショールズ・サウンド・スタジオでベテランたちに手ほどきを受け、一本立ちするときにある選択に直面した。五万ドル以上の最新のプロ・ツールスを一式購入してホーム・スタジオを構えるか、あるいはすでに持っているアナログ機器で昔ながらのスタジオを建設するか。そして二〇〇八年、所有していたピックアップ・トラックを担保にしてローンを組み、ウェルカム・トゥー1979をオープンした。以降、ビジネスは毎年倍の勢いで成長している。「おれが思うに、アナログが使われる主な理由は音質じゃなくて、プロセスだ」。彼はそう言うと、苦心して復旧させた四〇年前の装置が並ぶ実験室に向かって腕をひと振りした。「こいつはレコーディングするミュージシャンたちのために設計されたものだ。プロ・ツールスはエンジニア用だ」

大勢のミュージシャンとバンドがウェルカム・トゥー1979のようなアナログ・スタジオにやってくる理由は、デジタル・スタジオの果てしないオプション、バリエーション、微調整、プラグインが、「完璧な仕事」という達成不可能な目標を作り出し、いつまでたっても作品が完成しないからだ。デジタルを使うと思い切った決断を下す必要はない。いつだってマウスをドラッグすれば微修正が可能であり、それが気に入らなければ「元に戻す」をクリックすればいい。マーラは、テイクと編集のしすぎでしじゅう疲労困憊しているアーティストを何人も見てきた。対照的に、アナログの作業プロセスはできることがはるかに限られている。音楽を演奏して、録音されたテープを再生し、オーケーか録り直しかを決める。それだけだ。単純すぎるように聞こえるかもしれないが、マイルス・デイヴィスの『カインド・オブ・ブルー』からビースティ・ボーイズの『ライセンス・トゥー・イル』まで、誰もが知るもっとも偉大な音楽のほとんどはそうやって、ときにたった一度のセッションで録音された。マーラはこうも言う。「制限があることは悪いことに思われているけど、そのおかげで作業が進むんだ。いい意味でね。レコーディング・プロセスは、とことんやろうと思えばきりがない。制限のあるほうが計画通りに進みやすいんだ」

マーラと話した後、私はポピュラー音楽のもっとも伝説的なレコーディング・エンジニアのひとり、ケン・スコットに会うために、車でテネシー州フランクリンを訪れた。彼がわずか一六歳のときに参加した最初のレコーディングは、ビートルズのサード・アルバム『ビートルズがやってくるヤァヤァヤァ』だった。以降、彼はＥＭＩのアビー・ロード・スタジオのコンソールの後ろでビートルズのレコーディングのほとんどに関わったほか、デヴィッド・ボウイ、ピンク・フロイド、ローリング・ストーンズ、ルー・リード、エルトン・ジョン、ディーヴォ、デュラン・デュランなど、錚々たるメンバーと仕事をしてきた。そのあいだ、プロデューサー、エンジニア、ミュージシャン、それにコーヒーを持ってくる使い走りの子供まで、スタジオ内のすべての人間が動員されてコンソールのスイッチを押したり、ダイヤルを回し、素晴らしい音が生まれる場面に居合わせた。その経験から、彼は「全員総出」のレコーディングを学んだという。このカオス的なプロセスからしばしば「幸運な偶然」が生まれ、それが最終レコーディングに欠かせないものになった。たとえば、ビートルズの「アイ・アム・ザ・ウォルラス」のミキシング中、スコットはずっとフェーダー〔ミキシング・コンソール卓についている、音を上げ下げするためのスライド・ボリューム〕を押し続けていた。そのあいだ、ジョン・レノンはピアノの鍵盤を叩きまくり、ポール・マッカートニーがテープ・リバーブ装置をいじる横で、ジョージ・ハリソンが音をマイクにぶちこんだ。そこへリンゴ・スターがラジオのダイヤルを回してカオスに拍車をかけ、たまたまＢＢＣ放送で流れていた「リア王」の生放送に行き当たった。シェークスピアとこのオーディオ・トリップのコントラストが、音楽史に残る偉業を生み出した。このような内輪の自然発生的な即興は、アナログ・スタジオでしか起こりえないものだった。

スコットはこの一〇年間、デジタル技術がスタジオ・セッションに及ぼす影響を目の当たりにしてきた。プロデューサーがロックンロールの伝説的人物にギター・ソロを五九回も続けざまにレコーディングさせたこともあった。ベスト・テイクを決めさせる代わりに、それぞれの演奏のごく一部を編集してつなぎ合わせようとしたからだ。ポピュラー音楽のもっとも偉大なシンガーたちが、オートチューンで自分の歌声を歪めるのも見た。あるバンドがグラミー賞受賞ドラマーの代わりにドラムマシンを選ぶのを目にしたときは、ただもう首を横に振るばかりだった。

スコットはデジタル機器に反対しているわけではない。『アビー・ロード』とピンク・フロイドのアルバム『狂気』の一部では、初期のデジタル・コンソールがいくつか使われているし、ダフト・パンクやカニエ・ウェストなど、デジタルを基盤にサウンドを作るミュージシャンもいる。スコットの意見によれば、コンピューターは単なるツールにすぎないのにむやみに使われすぎているという。さらに、ミュージシャン、プロデューサー、レーベルが、このテクノロジー偏重に迎合する音楽を作っている。彼らは、無難にレコーディングをすませ、プロ・ツールスで編集して面白みのないサウンドを量産する。もう誰も本気で音楽を作ろうとしていない。「魂のこもっていないレコーディングばかりだ」。子供向けの単純明快なカントリー・ポップが流れるスターバックスの店内で、スコットは私にそう嘆いた。「いまの音楽はハートじゃなくて頭から生まれている。耳で聴かずに画面を見て作られているんだ」。リスクを冒そうとする者はもういない。スコットが関わったデヴィッド・ボウイの最高傑作「ジギー・スターダスト」を例にとろう。「あの曲の最後はとても感情的なんだ。ボウイは、文字通り涙を流しながら歌っていたよ」。いまなら、ボウイが思いのたけをこめて歌えば、音響エンジニアがその声の震えをプロ・ツールスで排除するだろう。そのわななく声こそ、聴く者の心を鷲づかみにするというのに。

取材に協力してくれたほかの何人かと同じく、スコットもアナログ式レコーディングの再興はレコードのリバイバルと連動していると感じている。レコードを作りたいと考えるミュージシャンやバンドは、レコード全盛期のサウンドを切望し、そのサウンドを生み出すプロセスの価値を理解している。たとえば、ソウルフルな南部のロックバンド、アラバマ・シェイクスは、デビューアルバムをナッシュビルのアナログ・スタジオ、「ボム・シェルター」でレコーディングした。アーケイド・ファイアのような有名バンドもそうだ。ライアン・アダムスによるテイラー・スウィフトの『１９８９』のカバー・アルバムも、すべてアナログ方式でレコーディングされた。当初はロックに限定されていたアナログ・レコーディングへの関心は、ほかのジャンルにも確実に波及している。二〇一五年にリリースされた私のお気に入りのアルバムのうち二枚は、アナログだ。一枚は、ソウル歌手のディアンジェロの素晴らしいカムバック・アルバム『ブラック・メサイア』、もう一枚はウータン・クランのゴーストフェイス・キラとインストゥルメント・ファンク・バンドのバッドバッドノットグッドがタッグを組んだ『サワー・ソウル』だ。どちらも、聴いたとたんその場に釘づけになってしまう素晴らしい作品である。

ナッシュビルで過ごした最後の晩、私はライブ・バーのストーン・フォックスでハンバーガーとビールを手にバーに移動し、小さなステージで地元のバンド、プロミスト・ランド・サウンドが演奏準備をするのを眺めた。二〇代前半の若者が四人、髪の長さはバラバラで（顔にかかっていたり、そうでなかったり）、デニムと格子縞のシャツをまとった典型的なナッシュビルのロックバンドだ。バーは半分ほどしか埋まっておらず、ほとんどの客はスマートフォンに見入っていた。

ほどなくして演奏がはじまった。突如として、ワウペダル〔ペダルを踏みこむことでギターの周波数帯を変化させ、「ワウワウ」と鳴るエフェクター〕を多用した、サイケデリックなカントリー・ガレージ・ロックが店内にほとばしった。ザ・バンド、ザ・バーズ、オールマン・ブラザーズ・バンドのテイストが入っているが、明らかに独自の持ち味がある。混じりけなしのナッシュビル・サウンドだった。一曲目の途中で、ふとドラマーから店内に視線を移すと、バーのいたるところで、客たちが笑みを浮かべ、曲に合わせて頭を上下に振りながら、足で拍子をとっていた。さっきまで熱心に見つめていたスマートフォンは、バンドが放つ爆発的なエネルギーに圧倒されて、いつの間にかバッグやポケットのなかに追いやられていた。その有無を言わさぬ迫力には、誰もが完全に心を奪われて、もうひれ伏すか、逃げ出すしかない。

ｉＰｏｄで育ち、レコードに触ったこともないティーンエイジャーたちを魅了し、生まれて初めてのターンテーブルを買いに走らせたのは、このエネルギーだ。レコードとアナログ音楽の逆襲の理由はここにあった。マーク・トウェインの言葉〔正しい言葉とほとんど正しい言葉は、稲妻と蛍ほど違う〕を言い換えれば、素晴らしい生バンドの演奏は稲妻だ。それに比べたら、ｉＰｏｄの再生など蛍にすぎない。

ひととおり演奏が終わった後、私はステージのギタリストのところへ行き、販売用のレコードを持ってきたか尋ねた。

彼は答えた。「あるとも。当然だろ」

第2章　紙の逆襲

モレスキン人気の秘密

毎年四月にイタリアの金融都市ミラノで開催される「デザインウィーク」は、世界最大の国際家具見本市であり、アートフェスティバルであり、プロセッコ〔イタリアのヴェネト州のブドウ品種の発泡白ワイン〕がふんだんに振舞われるパーティーでもある。このイベントに参加するには、世界中からやってくる流行仕掛け人に溶けこむために欠かせないものがいくつかある。まずは眼鏡。デザイン業界の集まりなので、当然のことながら選択肢は二極化する。顔の上にふわりと浮かぶような超ミニマルな縁なしか、厚みのあるがっしりとしたアセテート製だ。お次は服装。足首が折れそうな高いヒールに奇抜なドレスは、ニューヨークのファッションウィーク狂にまかせよう。デザインウィークのお約束は、機能性をそなえた見栄えのするファッションだ。たとえば、シャークスキンに覆われた限定版コンバース〔スニーカーのブランド〕。スカーフは、たとえ街が猛暑に襲われようと、大きければ大きいほどよい。最後は持ち物だ。かばんを持つなら、小ぶりでシンプルなショルダータイプに限る。そして片手に最新型のｉＰｈｏｎｅを握りしめる。これがなければ、展示会の新しい椅子やキッチンタイルを撮影したり、同僚に連絡したりするのはおろか、ミラノ中で開催されるパーティーとイベント会場にたどり着けない。

もう片方の手には、黒いモレスキンのノートを持つ。擦り切れた愛用の一冊を毎年持参するのもよし、デザインウィークの初日に新品をおろすのもよい。ショールームや展示会を回りながら、手早くメモやスケッチをかきつけて、長い一日が終わるたびにカフェのテーブルでページを開く。よく冷えたペローニ〔イタリア産ビール〕とモルタデッラ〔ボローニャ・ソーセージ〕を注文した後、ペンを片手にその日見た展示品や新しいデザインを整理する。それぞれの特徴を形容詞で書き出したり、その場でひらめいたことを走り書きするうちに、超デジタル化された日常でのアナログな経験に引きこまれる。

一、二ページ書いたところで手を止めて、ビールをひと口すすり、周りに目をやる。ビールの淡い金色や、モルタデッラの断面の美しい不揃いな斑点、その下の真っ白な陶器の皿を見ているうちにインスピレーションが湧いてくる。それから不意に、頭に浮かんだテキスタイル・デザインを描きはじめる。ページをめくるのももどかしく、スケッチや言葉をかきこんでは、夢中でディテールをつけ加える。次から次へとアイデアが浮かび、みるみるうちにページが埋まっていく……。

こんな想像は多分にロマンティックかもしれないし、モルタデッラでは詩的なインスピレーションを与えるには役不足かもしれない。けれども、これは私がデザインウィークにミラノを訪問中、一日の終わりに実際に見た光景だ。モレスキン……このノートを数百冊は目にしただろう。どれも世界でもっとも才能と意欲にあふれるデザイナーたちがかいたメモやスケッチでいっぱいだった。年季の入ったベテランから駆け出しの若手、ヨーロッパ、アジア、ラテンアメリカのデザイナーまで——誰も彼も、みなモレスキンを持っていた。この事実を確認するために、わざわざミラノまで足を運ぶ必要はない。世界中のほぼどこでも、コーヒーショップに一歩入れば、テーブルのカフェラテやノートパソコンの隣に同じノートが見つかるだろう。丸みのある角、全体を束ねるゴムバンド、クリーム色のページは、ひと目でそれとわかるモレスキンの特徴だ。かかりつけの医者のデスクの上やコンピューター・ソフトウェア・プログラマーのバッグのなか——どこに行っても目につくのはそのせいだ。本書のためにインタビューしたほぼ全員が、話の途中でこのノートを引っぱり出すか、最初から手元に置いていた。どこから見てもアナログなモレスキンは、デジタル時代のアイコン的ツールのひとつと言ってよい。

私がこのノートに魅かれる理由はいくつかある。まず、紙はデジタルの深刻な脅威にさらされた最初のアナログ技術だった。パーソナル・コンピューターがまだなかった一九七〇年代でさえ、ビジネス界は「ペーパーレス・オフィス」という強迫観念に取り憑かれていた。紙に記録された膨大な情報を印刷、保管、整理するには途方もないコストと労力、それに空間も必要であり、それらを削減できるコンピューターの可能性は絶大だった。オフィスで働く人々は、もっともな理由から「書類整理係」と呼ばれ、事務処理に費やす時間が減ることは、ほかの仕事にあてる時間とお金ができることを意味していた。現在、一〇〇パーセント・ペーパーレスのオフィスはまだないが、いくつかの紙のやりとりはほぼデジタルに置き換わった。たとえば、メモ、電信、ファックスには、ワープロソフト、Eメール、ＰＤＦが使われている。私が大学に入学した一九九八年、クラスで小型ノートパソコンでノートを取っている学生は、私を含めて数人しかいなかった。それがいまや、大教室はスクリーンだらけだ。紙はまだ存在するが、もう主流ではない。

また、紙はデジタルの挑戦を真っ向から受ける最古のアナログ技術でもある。ＣＤが出現したとき、レコードは誕生から四〇年もたっていなかったが、紙はさまざまな形態で数千年も前から存在していた。私たちが文明と呼ぶ経済、文化、科学、精神の中心を支える重要な要素でもある。モレスキンの中核となる技術である冊子状の手帳さえ、元をたどればヨーロッパ人が南北アメリカに入植する前に遡る。紙と人間の関係は、ほかのどのアナログ技術よりも古く、深く、多様なのだ。そこで、紙のメリットが何なのか、デジタル技術とどのような点で張り合おうとしてきたのか、どこに新しいアイデンティティを作り出したのかを知ることが、アナログの逆襲を理解する鍵となる。

紙の逆襲からわかることは、アナログ技術が、とりわけデジタル技術と比べて、特定の仕事と用途において実務面で勝るということだ。デジタル通信の導入以降、特定の分野では紙の使用が減ったかもしれないが、ほかの用途や目的では紙の感情的、機能的、経済的な価値が高まっている。全体の使用量は減っているが、利用が増えている分野では値打ちが上がっているというわけだ。

このニッチ市場をもっともうまくつかんでいるのが、モレスキンのノートとその製造会社だ。ノートに取って代わるはずだったデジタル・テクノロジーと平行して成長し続けるモレスキンは（パームパイロットのデジタル・プランナー〔携帯情報端末〕は、モレスキン初のノートと同じ年に発売された）、インターネット時代の紙の製品とブランドの〝決定版〟と言ってよい。破壊的なデジタルとの競争に屈しなかっただけでなく、スマートフォン、タブレット、バーチャルノート・マネジメントサービス、デジタル・イラストレーション・ソフトウェアの理想的な相棒、という地位を確立した。その著しい成長により、手書きを避けるはずだった世代にとって、紙のノートは当たり前のツールになった。

今日、モレスキンは高収益をあげる数億ユーロ相当の株式公開企業である。年間売上は一億ユーロを超え、一〇〇カ国以上で七〇〇強の製品を展開している。世界中のオフィスと、ややわかりにくいミラノ本社（中庭に面していて、通りに看板がない）で働く従業員は二〇〇人以上に及ぶ。そのすべてを指揮するのが、イタリアの新聞が「ママ・モレスキン」と呼ぶ女性、マリア・セブレゴンディだ。ブランド・エクイティおよびコミュニケーション担当副社長といういささか無味乾燥な肩書ながら、セブレゴンディはモレスキンの中心的人物だ。デザインウィーク初日、私は日当たりのよい彼女のオフィスで初めて本人と対面した。六〇代半ばの銀色がかったブロンドの〝お祖母ちゃん〟は、鮮やかなピンクのドレスに紫色の眼鏡、というさりげなくエレガントで意表をつく独自のミラノスタイルで現れた。そして、デザイン業界にいた自分が、目の前のデスクに置かれたお馴染みのノートを作るようになった経緯を話してくれた。

セブレゴンディはローマで生まれた。父親は経済学者、母親は編集およびグラフィックスタジオの経営者だった。社会学を勉強した後、セブレゴンディはデザイナーとして出版業界で働き、デザイン雑誌に寄稿するかたわら、ミラノにスタジオを立ち上げてデザイン、社会学、トレンドに関する創造的思考（クリエイティブ・シンキング）を教えたという。「私がデザインで重視するのは、運動感覚的なアプローチです」。彼女はそう言って、感覚に重点を置くメソッドについて語りはじめた。「私たち人間は、感覚によって肉体的な刺激を受ける必要がある。つまり、視覚、嗅覚、味覚、触覚、聴覚によってね」。一九八〇年代にデザイン界にコンピューターが導入されると、デザイナーは手を使わない視覚だけの経験にのめりこんでいった。このような経験を長期間続けた者は、手で触れられるものを求めるようになるという。「過去三〇年間で、デジタルの夢は現実になった。でも、それが素晴らしいことだけじゃないと私たちは気がついた。人間には、フィジカルなモノと経験が不可欠なの」

一九九五年夏、セブレゴンディは友人のファビオ・ロシリオーネのヨットでチュニジア沿岸をセーリングしていた。ロシリオーネは、デザイン商品とTシャツの流通会社モド&モド〔現モレスキン社〕を経営するもうひとりの友人、フランセスコ・フランセッチからアドバイスをもらっていた。ある晩、空一面の星の下で夕食をとりながら、フランセッチはモド&モドがどんな商品を、他社のデザインを使わずに独自に製造できるかを話しはじめた。そのうちに話題はそうした商品の購買層に移り、世界の変化に及んだ。冷戦が終結したと思ったら、慌ただしくグローバル化がはじまったこと、航空運賃が安くなったおかげで以前より海外旅行が自由になっただけでなく、手軽にもなったこと、安価な携帯電話、ウェブサイト、Eメールの普及により、自立的な思考を持つ人が起業して、住んでいる地域に関係なく夢を追いかけられるようになったこと……。夜が更けるまで話しこんだ三人は、世界中で好奇心と情熱をエネルギーとするクリエイティブな階級が生まれつつあると悟った。そこでセブレゴンディは、モド&モドがこの階級――彼女が「現代の〝ノマド〔放浪者、遊牧民〕〟」と分類する人々――が使うツールを作ってはどうかとフランセッチに提案した。

イタリアに戻った後も、セブレゴンディは「ノマド」のツールのことを考え続けた。使い勝手のよいかばん、さまざまな用途に使えるTシャツ、理想的なペン、それにおそらく万能ナイフ……。そのとき、たまたまイギリスの紀行作家、ブルース・チャトウィンの『ソングライン』(めるくまーる)という本を読んでいた。チャトウィンは、「ノマド」を絵に描いたような人物だった。自著のエッセイのひとつに、彼はお気に入りのノートについて記していた。そのノートはパリの特定の店で買ったもので、「フランスでは、このノートは〝カルネ・モールスキン〔モールスキン手帳。チャトウィンは、モレスキンをモールスキンと呼んでいた〕〟の名で知られていた。私が持っていたのは、黒いオイルクロス張りのものだった」と。しかし、彼が最後にパリに戻ったとき、実に残念なことに、製造元であるトゥール市の家族経営の会社が店をたたみ、愛してやまないカルネ・モールスキンがもうどこにもないことを知ったのだった。

チャトウィンのノートとそれを買った店の描写を読んだとき、セブレゴンディにある記憶が甦った。彼女は、二〇年近く前に通ったパリの大学院の研究資料が入った箱を引っ掻き回し、古いノートを引っ張り出した。チャトウィンが書いた説明とまったく同じノートだった。『ソングライン』が出版されたのは一九八七年。著者が亡くなる二年前だが、このノートは本当に消えてしまったのだろうか。かすかな望みを抱いてパリの文房具店に何軒か問い合わせると、やはり会社は廃業して、もうこの形式のノートが製造されていないことが確認された。それでもセブレゴンディはノートのことが頭から離れなかった。ほどなくして、ローマのアンリ・マティス展を訪れると、マティスのノートが、彼女がパリで使ったものと同じであることに気がついた。ピカソ美術館で見たスケッチブックも、アーネスト・ヘミングウェイのデスクの写真にあったものも、どれもいまは亡きフランスの会社の製品のように見えた。そのとき、セブレゴンディは、モド＆モドの「ノマド」向けツールの第一号は、この失われたノートにすべきだとひらめいた。

「これを、きわめて洗練された方法で復刻させることができると思った」と、彼女は言う。それから二年、セブレゴンディとモド＆モドはモレスキンのノートを旅行用の手帳として再デザインし、製造と流通ができるように尽力した。製造については、イタリア国内にすぐれた製紙会社がたくさんあったが、最終的に中国の業者に決めた。大量市場に必要な規模とコストで、ディテール（丈夫な糸綴じ製本、裏表紙の内側についた手縫いの拡張ポケット、完全に平らな縫い目）を手作業で完成させることができたからだ。目標は、このノートをノートが売られたことがない場所で売ることだった。

「当時のノート市場に、ブランドというものはまったくなかった」と、セブレゴンディは振り返った。文房具店には、安価な学校用のノートや、数百ドルもする手製のノートもあったけれど、どの商品にも基本的に名前がなかった。唯一、認識できるブランドはオフィス用システム手帳のファイロファックスくらいだったが、コンピューターのカレンダーやほかのデジタル手帳の登場により、すでに売上が落ちていた。「ファイロファックスは、生産性と機能性にこだわった商品だった。そのふたつで勝負したら、テクノロジーには絶対にかなわない。だから、私たちは〝イマジネーション〟、〝イメージ〟、〝アート〟に焦点を置くことにしたの」

エモーショナルな力

モレスキン・ブランド初のノートは、一九九七年に三〇〇〇冊制作された。流通先にはイタリアとヨーロッパの都市を厳選し、当初は文房具店に卸さずに、モダンな書店とデザインショップのレジの陳列棚に置いてもらった。コンセプトは、「まだ書かれていない本」。購入者が「自分のストーリーを書き進めることができる製品」として売り出され、セブレゴンディが想定した通り、作家や旅行者、世界中で自由気ままな生活を送る少数の人のあいだで瞬く間に人気となった。ヨーロッパ市場で存在感を増し、やがて北米市場にも進出した（私がはじめてモレスキンのノートを買ったのは、二〇〇五年、トロントの画材店だった）。しかし、セブレゴンディは、モド&モドに「きわめて短時間だけ勤務する」契約社員のままで、たいていはほかの仕事に専念していた。

モレスキンが単なる紙製品からアナログ文化のアイコンに登りつめた最大の理由は、ペンのインクがのりやすい柔らかいクリーム色の紙、ポケットに入れやすい丸みを帯びた角、ページがたわまない頑丈だが革のようにしなやかな表紙、というすぐれたデザインだけでなく、セブレゴンディがモレスキンに吹きこんだ物語だ。そのデザインと、表紙の内側から展開するストーリーから、モレスキンは「ヘミングウェイ、ピカソ、チャトウィンが愛用した伝説のノート」として売り出された。現代の偉大な芸術と文学はここから生まれた、という架空のエピソードを添えられて。彼らのような権威あるアーティストが使ったものと本当に同じだったかどうか（同じではなかった）という点は、特に重視されなかった。

モレスキンがあらゆるプレスリリース、宣伝用資料、インタビューで力説し続けている、製品の基盤となるこの物語は、よみがえったアナログ・ブランドが人の心を動かすエモーショナルな力を理解するうえで欠かせない。発売当初から、セブレゴンディたちはこのノートに第二のピカソとなる画家が素晴らしい作品を描くだろう、などと思っていなかった。メロドラマ風の日記をつけるティーンエイジャーもいるだろうし、いいかげんないたずら書きをしたり、授業のノートや買い物メモに使う人もいるだろう。それでも、モレスキンに書かれることで、ただの紙切れに走り書きされたものよりもクリエイティブに感じられるにちがいない。そう考えたのだ。

「いまの時代、〝クリエイティビティ〟はすっかり使い古された言葉ね。でも、その背後にあるコンセプトは強力だし確かなの。みんなクリエイティブになりたいし、たとえクリエイティブでなくても、自分がクリエイティブだと感じたい。クリエイティブな人たちは人の心を動かす力を持っている。そしてアナログの世界には、この〝エモーショナルな魅力と経験〟を生み出す力がある」と、セブレゴンディは語る。

この力が、モレスキンのノートとその所有者の周りに部族的なアイデンティティを作り上げた。その結果、このブランドはすぐれた実用的ツールとしてだけでなく、たとえ一ページも書いていなくても、持ち主のストーリーを語る製品、みなが憧れるクリエイティビティのシンボルとなった。パタゴニア（環境に配慮するアメリカのアウトドアウェア・メーカー）のジャケットやトヨタのプリウスのように、使う人の価値観、関心、夢を――たとえそれが当人の実生活とかけ離れたものであっても――投影したのだ。だから、いまも昔も広告を出す必要がない。コーヒーショップのテーブルや、ジャーナリストの手のなかにある一冊が、広告板や雑誌のページ以上の役割を果たしてくれるというわけだ。「この会社は、ひとつのカテゴリーを打ち立てて、そのカテゴリーのアイコンになった。人の心を動かし、憧れを引き出すモレスキンの力は、文房具を超えている」と、国際的なブランディング企業、ランドー・アソシエイツのミラノ支店長、アントニオ・マラッツアは言う。モレスキンのノートを買えば、ひと握りの限られた消費者集団、ほかの消費者が常に追いかけるトレンドを作るクリエイティブなイケてる人たちの一員になれるというわけだ。共和党の戦略家カール・ローヴは、リベラル派気取りを触れ回る格好のシンボルとして、モレスキンを引き合いに出したことがある。そんなことができるのは、このノートが形のある持ち歩ける製品だからにほかならない。「フィジカルなもののほうが、そうでないものより魅力的なストーリーを語りやすい」と、彼は言う。

このようなブランディング〔ある商品のコンセプトを顧客に価値があると認識させ、市場でのポジショニングを築くマーケティング戦略〕を展開する企業はモレスキンだけではない。しかし、素晴らしいブランディング・キャンペーンは、モレスキンの成功方程式の片側にすぎない。もう片側は、この紙製のノートそのものの質的な特性だ。セブレゴンディは、代表的な黒のモレスキンを手に取るとこう言った。「このノートは、イマジネーションを発展させることができる、モノを通した経験なの。この点はテクノロジーには真似できない」。クリエイティビティとイノベーションは、イマジネーションによって推進される。イマジネーションは画一化されると衰えるが、デジタルはソフトウェアのなかであらゆるものを0と1に分類しなければならず、画一化が不可欠だ。一方、モレスキンのノートのシンプルで控えめなデザインは、まるで身体の延長のように私たちにしっくり馴染む。使用者のファッション・スタイルを邪魔しないので、ほかの要素が入りこまず、そのままの自分でいられるのだ。「画一化してしまえば、そういう要素はすべて失われてしまう」と、セブレゴンディは言う。

第1章で説明したアナログ式のスタジオ・レコーディングと同じように、空白のページという物理的に限られた空間は、創造できる自由があることを意味している。ランドー・アソシエイツのマラッツァは、一〇年前に同社のデザイナー全員に初めてアドビのフォトショップ・ソフトウェアを支給したときのことを話してくれた。そのときは、たった一晩で彼らのデザインの質が落ちたように見えたという。数カ月後、あるプロジェクトに取りかかるとき、今度は全員にモレスキンのノートを与え、最初の一週間はフォトショップを使わずに作業するよう命じた。デザイナーのアイデアを、ソフトウェア特有のバイアスにかけずに、まずは紙の上で自由に発展させて、その後コンピューターに移転して微調整をおこなおうと考えたのだ。この試みは大成功を収め、現在も続いている。

モレスキンが発売当初に著しい成長を遂げたのは、このような実用的な用途に使われたからだった。セブレゴンディが想定していなかったまったく新しいタイプのユーザー、夢見がちなタイプのノマドとは正反対のコンピューター・サイエンティスト、高業績を収める企業重役、生産性と効率性に長けた専門家たちに支持されたのだ。彼らは冒険心やヘミングウェイへの親近感からではなく、自分の考えを整理するもっとも効率のよい最良のツールとしてモレスキンにはまったのだ。きっかけは、生産性向上コンサルタントのデヴィッド・アレンによる人気の時間管理方法「GTD」（二〇〇二年のベストセラー『はじめてのGTD：ストレスフリーの整理術』［二見書房］で火がついて、「情報時代の新しいカルト」と評された）の信奉者たちが、モレスキンのノートをツールとして推奨したことだ。彼らは、ロマンティックでクリエイティブな走り書きのために考案されたノートを、図表、リスト、箇条書きによって生産性を生み出す打ち出の小槌に変えた。しかし、シンプルなデザインを別にすれば、モレスキンにそのような特性はない。真っ白なページが、たまたまアレンの著作の心酔者たちのより効率的な仕事術――自在に書きこめる石板――にぴったりだった、というだけだ。アレンも、『はじめてのGTD』は、紙に依存するテクニックではない」と私に語っている。しかし、彼はこうも言った――「頭のなかのアイデアを外に出すいちばん簡単で普遍的な方法は紙とペンだ」。紙とペンには電源がいらない。起動時間も、プログラム特有の書式設定も、外づけのドライブやクラウドと同期させる手間も不要だ。「こういうことは全部時間の無駄だ。でも、デジタル世界には、時間をごっそり浪費する機会がいっぱいあるんだ」。その浪費された時間こそ、ＧＴＤが公言する敵だった。

認知心理学者で神経科学者でもあるダニエル・レヴィティンは、自著『オーガナイズされた心（*The Organized Mind*）』で、情報過多が引き起こす多大な損害について、極度の疲労やマリファナよりも脳に悪い、と主張している（一度に複数の仕事をこなすことは、彼いわく「栄養素がないカロリーだけの脳のキャンディ」だ）。多くの研究の結果、メモを手書きすることは、デジタル機器に書くよりも、集中力を高め、情報を保持し、精神衛生によいことが判明している。「書きとめるという行為は、何かを忘れるんじゃないかと心配し、忘れまいとする精神エネルギーを温存する」と、レヴィティンは書いている（おそらく紙に）。

紙には別の利点もある。「技術コンサルタントとして、もう存在しないフォーマットに保存したファイルのリカバリーを手伝ってどれだけ稼いだか知れない」と話してくれたのは、ペンで書くブログ「ザ・グランプト」を運営するミネソタ州のコンピューター・コンサルタント、パトリック・ローヌだ。「ぼくの紙製のノートなら、そんなことは絶対に起こらない。ノートが存在する限り、この先一万年だって読むことができる。火事や災害などで物理的に排除されない限り、手にとれるものが絶対になくならないのは周知の事実だ。一〇億年だって大丈夫さ。デジタル・ファイルが保証するどんなバックアップよりもすぐれている」。私はこれを学生時代の痛い経験から学んだ。小さなノートパソコンにとっていた丸一学期分のノートがデスクトップ・コンピューターと同期せず、三カ月分の講義内容がきれいさっぱり消えたのだ。落第せずにすんだのは、友人が貸してくれた手書きノートをコピーしたおかげだった。

モレスキンのノートを数百万冊（実際、二〇一五年は二〇〇〇万冊近かった）も世界に解き放った最後の要素は、生産性を追求するユーザーとインターネットの融合だった。二〇〇二年ごろ、モレスキンのノートをテーマにしたブログが次々と誕生している。そのなかには、モレスキネリー（美しい絵が満載されたモレスキンのビジュアル・ギャラリー）、GTD、マサチューセッツ工科大学（MIT）のコンピューターサイエンス・クラスの学生ブログのほかに、ウェブデザイナーのマイク・ローデによるスケッチノート・コミュニティがある。

マイク・ローデが初めてモレスキンのノートを使ったのは、二〇〇七年のシカゴの会議だった。「このフィジカルなノートはスペースに限りがあるから、創造性を発揮せざるをえなかったんだ」と、ローデは言う。ふだんの彼は、ノートパソコンに一字一句ノートを取る。「でもそのときは、ページの大きさが限られているから、いつものように細かくノートがとれなかった。だから、もっと構造的に、楽しくノートがとれるように視覚的なイメージを使ったんだ」。アイデアを効果的に伝えるためにイラストと文字を組み合わせる彼のスケッチノート方法は非常に人気が高い。ローデはそれをテーマに二冊のベストセラーを書いたほどだ。この方法の実践者によるオンライン・コミュニティもいくつかあり、数万人のユーザーがスケッチノートでいっぱいのモレスキンの写真やイラスト、ビデオを共有している。

自由と創造性

「モレスキンはウェブから多大な恩恵を受けています」と、同社の取締役会長、マルコ・アリエッロは言う。アリエッロは、二〇〇七年にモレスキンを買収した未公開株式投資会社シンテグラ・キャピタルのパートナーでもある。二〇〇七年、私はミラノ本社のオフィスで彼から話を聞いた。「オンライン・コミュニティを見ると、モレスキナーの熱中ぶりがよくわかりました。あの情熱はノートの機能性をしのいでいました」。そこからこのノートがはるかに大きな可能性を秘めていること、競合他社の台頭を防ぐ忠実な防波堤を持っていることがうかがえたという。

シンテグラ・キャピタルは、六二〇〇万ユーロでモレスキンを買収した。この額は、当時の年間売上高の四倍以上に相当する。当然のことながら、懐疑的な意見も少なくなかった。「シンテグラは急成長とはほど遠い紙業界の会社にインターネット評価額を支払った」と揶揄した新聞もあったらしい。同じようなサイズのノートが四分の一の値段で売られているのに、どうしたら二〇ドルもするノートを売る会社を成長させることができるのか？　しかし、シンテグラはこの会社にノートよりもっと大きなものを見出していた。それは、モレスキン・ブランドが持つ長期的な可能性だ。

このブランドは、モレスキンの成功だけでなく、アナログが小さなニッチを超えて拡大できることを理解するうえできわめて重要な存在だ。ミラノのボッコーニ大学のマーケティング学部長、アンドレア・オルダニーニ教授は、「この製品が成功したもっとも説得力のある理由は、オーセンティシティ（本物であること）です」と言う。それは、何も書かれていないモレスキンのなかにある自由、無限のクリエイティビティを秘めた真っ白なページにある。オルダニーニはこうも言った。「モレスキンを使用するＧＴＯ信奉者のような技術系の人たちでさえ、自由であると感じる必要があるのです」。モレスキンが送るメッセージ、そして同社がモレスキンを中心に築きつつあるブランドのメッセージは、誰もが憧れる資本としてのノートだ。お堅い投資銀行家もオタクっぽいエンジニアも、モレスキンを開いたとたん、カフェで都市公園を設計するクールな建築家と同じクリエイティブな土俵に立てるのだ。

「モレスキンを持つと、その製品、デザイン、高額な価格設定によって人と差をつけられる。そうすることで、ほかの人たちとは違う存在になれる」と、ボッコーニ大学ビジネススクールの戦略・アントレプレナーシップ教授、カルロ・アルベルト・カーネベル・マッフェは言う。ここで重要なのは、アナログ製品としてのモレスキンのステータスだ、と彼は続けた。アップルかサムスンの携帯電話があふれるなかで、紙製のノートは人目を引く。ツイッターやフェイスブックなどのサービスが、世界中に散らばるたいして親しくない大勢をつなぐ「マクロソーシャル」なネットワークである一方で、モレスキンのようなニッチなアナログ・ブランドはきわめて個人的な「マイクロソーシャル」なネットワークを築き上げる。モレスキンのノートを買うことはお金のかかる孤高の体験だ。だからこそ、見知らぬ他人が同じノートをかばんから取り出すと親近感を覚えるのだ。対照的に、ツイッターやフェイスブックはいつでもどこでも無料でアクセスできるため、公の場でアカウントをチェックしても気にとめる人はなく、少々うっとうしくさえ思われる。

加えて、レガシー（後世に残る業績・伝統）の問題がある。デジタルの世界では、レガシー・ブランドは昨日食べたランチのようなものだ。最高のデジタル・テクノロジーはいつだっていちばん新しいものであり、消費者は過去のテクノロジーには何の愛着もない。一方、アナログの世界では、レガシーがプレミアムを設定する。マッフェは、私と話していた高級ホテルのカフェで、近くの席のエレガントな女性のバッグを示して言った。「ルイ・ヴィトンのバッグの完璧な模倣品を作ることはできる。でも、ルイ・ヴィトンに受け継がれる伝統がなければ、それを六〇〇〇ドルで売ることはできない。過去に価値があると納得できれば、購入者は大金を出す。その裏に、合理的な経済学的な理由なんてない」。現代の偉人たちが愛用した伝説のノートというブランドイメージにこだわることで、モレスキンはこれからもレガシーを強化していく。たとえそれが、ほとんど創作されたものであっても。

無形価値と伝統の強み

ミラノに着いて二日目の朝、今度はモレスキンのCEO、アリーゴ・ベルーニと話すために、再び本社を訪れた。色彩あふれるセブレゴンディのオフィスに対し、ベルーニが私を迎えたのは最小限の家具でまとめた落ち着いた色調の部屋だった。頭を剃りあげ、白い顎ひげを短く刈り込んだベルーニは、シンテグラに買収されたときにモレスキンにやってきた。それまでは、プロクター・アンド・ギャンブル社のマーケティング部門、コンサルティング会社、高級ブランドのブルガリと革製品メーカーのア・テストーニの要職を歴任した。モレスキンに注目しはじめたときは、このブランドへの消費者の強い愛着に魅力を感じたという。これほど感情的な結びつきは、数万ドルのブルガリのダイヤモンドネックレスの購入者にも見られなかった。さらに、この典型的なアナログ製品の成功が、デジタル愛好者と密接に結びついていることが皮肉に思えたそうだ。

「もしモレスキンが一九八〇年代に発売されていたら、こんなに支持されなかったでしょう」と、ベルーニは言う。「製品の外見的な特徴を除けば、アナログの特徴は人間とモノのあいだで成り立つ経験です。デジタルと競合して生き残っているアナログ企業は、自社製品で何かが経験できるという信頼（クレディビリティ）を築き、それを強調できてきたものばかりです。気どった言い方に聞こえるかもしれませんが、実際、この信頼が、フランスの製紙会社ロディアが作るノートのようにフィジカルな特徴を前面に出した機能的製品と〝経験するツール〟の違いなのです。こういうビジネスの考え方は、このブランドが誕生したときから組みこまれているDNAの一部と言えます」

ベルーニとセブレゴンディの話にはとても興味をそそられたが、いくぶん苛立ちも感じた。ふたりともモレスキン・ブランドがもたらす心理的な作用や、消費者を引きつけてやまないチャトウィンの精神については快く話してくれたが、私がモレスキンのノートの実用的かつ機能的な要素について、そしてそれらの要素がブランドにどうフィットするかを尋ねると、ボクシングのリングに上がったヘミングウェイさながら器用にかわしてしまうからだ。社の方針により、いまも売上の大部分を牽引している（二〇一四年のモレスキンの収益の九一パーセントは紙製品によるものだ）ノートより、もっと大きなモレスキンというブランドに焦点を当てるように指示されていることは明らかだった。ブランド・アイデンティティ〔ある商品をほかの商品よりすぐれたものにする特性〕をどれだけ語ったところで、結局のところ、モレスキンは世界でもっとも有名なノートを作る会社なのだ。それなのに、なぜその点を避けるのか？

私のもうひとつの質問に対するベルーニの受け答えから、その理由が少しわかったような気がした。二〇一三年にイタリアの証券取引所で上場したことについて尋ねたときだ。シンテグラによる買収からＩＰＯ（新規株式公開）までの六年間で、会社は安定した成長を見せたという。ノートの品ぞろえも拡大し、色と種類が増えたほか、企業向け（フェイスブックなどのテクノロジー企業向けは巨大市場だ）の製品や、ワインと食事の記録用からレゴやスター・ウォーズのキャラクターが印刷されたものまで、さまざまなスペシャル・エディションが発売された。セブレゴンディは、ノートを模したモレスキンのバッグやiPad用ケース、ペン、それに老眼鏡まで発表して、さまざまなオリジナル製品を作りはじめた。取扱店がついに世界中で二万を超え、文字通りグローバルな事業展開を達成した。ＩＰＯ目論見書で、ミラノのメディオバンカ〔イタリアの大手投資銀行〕の投資銀行家（バンカー）たちは、このブランドの独特な位置づけとなる「無形価値（文化、個性、イマジネーション、記憶、旅）と伝統」がモレスキンの最大の強みだと述べた。新しい市場や新興成長市場でシェアを伸ばす将来性は十分にあり、ほかの製品への拡張、モレスキン独自の小売店を展開する機会、デジタル・パートナーとのコラボレーションの可能性も広がっていた。コストと負債が減る一方で、収益と収入は着実に増えていった。

二〇一三年四月三日、モレスキンは一株二・三ユーロ、評価額四億九〇〇〇万ユーロでミラノの証券取引所で上場を果たした。イタリアでは一年ぶりの新規上場であり、当時この国がユーロ圏の不況で大打撃を受けていたことを考えると、ことさら喜ばしい出来事だった。企業の成功の証であるIPOは、アナログの逆襲にとっても朗報だった。ところが、株価はあっという間に急落した。成長率、利益、拡大、その他の財務実績指標が着実に伸びているにもかかわらず、二〇一三年、二〇一四年を通して下がり続け、年末には一株一ユーロの最安値を記録した。二〇一五年になると改善の兆しが見えはじめ、二〇一五年の四月にようやく二ユーロを突破した。それでも、IPO時に株を買った投資家たちが損失を取り戻すまではまだまだ長い道のりだ。

ベルーニによれば、株価下落の要因はいくつかあるという。まず、アナリストたちがモレスキンをプラダやグッチ、サルヴァトーレ・フェラガモなど、服飾業界を中心とするイタリアの高級ブランドとひとくくりにしたことだ。ほかのメーカーのノートと比べると高額で無形価値を前面に出しているものの、モレスキンは高級ブランドとは違う。季節商品をきわめて高い利益率で販売する服飾企業とは経営手法もまったく異なる。アナリストたちの予測も楽観的すぎた。メディオバンカのIPOレポートでは、売上と利益が二年ごとにほぼ倍になると見積もっていたからだ。しかしベルーニは、株価下落の原因は、紙とアナログ・ビジネス全般への偏見のせいだとも感じていた。

「銀行家と投資家たちとのミーティングで、彼らは目の前に置いたiPadを指してこう言いました。〝三年ももたずに倒産するぞ。紙に未来なんてない。iPadを見たまえ！　誰も手書きなんてしなくなる〟。そんな彼らを紙市場に投資させるなんて無理な話です。みんな最初から紙は消滅すると決めつけていたのですから」。同じような懐疑論者がモレスキンの業績悪化を見越していっせいに空売りをはじめ、株価をいっそう押し下げた。「いつだってわが社の成功を認められない人たちがいます」。ベルーニはそう言うと、腕をひと振りして「〝いまはデジタルの時代だぞ！〟と叫ぶ人たちです」とつけ加えた。

しかし彼らは、新しいアプリの急増、ソーシャル・ネットワーク、つながり合ったデジタル機器にとらわれて、モレスキンの最大の功績を見落としていた。それは、メモ取りをデジタル時代におけるきわめて重要な行為にした、ということだ。休暇中の日記、エアビーアンドビーなどの新しいスタートアップのブレインストーミング、日々の仕事や生活での走り書き——モレスキンによって、ペンで紙に書くことがテクノロジーに精通した人々にとって魅力的な行為に変わったのだ。そして、多くの企業がそこに商機を見出した。

いまや市場にはノートが氾濫している。ミラノに滞在中のある午後、本屋を覗いてみたところ、丸みを帯びた角といい、ゴムバンドといい、モレスキンそっくりの製品を二〇以上も見つけたが、どれも他社の製品だった。モレスキンより歴史のある「ロヒトトゥルム１９１７」のような文房具会社のものもあれば、表紙にさまざまなデザイン（スポーツチームのマスコット、博物館のロゴ、ミッキーマウス）を貼りつけた海外のノーブランドの大量生産品もある。「モッド・ノートブックス」のように、書き終わったノートを送ればデジタル・スキャンしてクラウドに保存してくれるハイテクノートや、モレスキンをもっと改善できると考える人々がキックスターターで資金を調達したノートもある。「スパーク・ノートブック」は、マイクロソフトやアマゾンなどでテクノロジー担当重役を兼任するケイト・マツダイラが作ったもので、「真剣に成功したい人」向けに明確な目標を設定している。「バロン・フィグ」社の製品は、共同創業者ジョーイ・コフォンによれば、「ブレインストーミングと観念化」用に作られた。もしメモをとって気分良くなりたければ、「パブリックサプライ」の製品を選ぶとよいだろう。一冊の売り上げの四分の一を公立学校に寄付して学用品の購入にあてている。

これらのノートのほとんどは、モレスキンの製品と驚くほどよく似ている。大きな（そして、おそらく唯一の）違いはブランドだけのようだ。そのなかで、ポスト・モレスキンとしてもっとも成功しているのが、「フィールド・ノート」だ。デザインは、一九三〇年代の農場の作業内容を記したアメリカの農業日誌をもとにしている。ブランドマネジャーのマイケル・サイラーによれば、この製品は「快適なアナログ」だ。国内で手作りされ、表紙の内側には樹林祭の予定や使い方の提案が印刷され、どこかへ置き忘れたときの連絡先と拾ってくれた人への謝礼などを書きこめる。毎年発売される限定版シリーズ（ステートフェアとアメリカの極地探検）はコレクターズ・アイテムとなっており、オンラインで数倍の値で転売される。主に衣料品店、バイクショップ、ホームセンター、銃射撃場、その他大小さまざまな小売店で扱っている。

ノート製造会社の乱立は、手書きの黄金時代へのノスタルジーやロマンスのせいではない。これらのモノに対する消費需要が明らかに高まっており、紙を重んじる市場が存在するからだ。すべての紙がそうであるわけではなく、いちばん安い日用品的な紙はもちろんこれに該当しない。同じ文書をEメールできるのにファックスしようとする者はいないし、紙の手形よりも電子手形のほうが好まれる。けれども、モレスキンとその競合企業は、用済みだったアナログ産業にイノベーションと利益を生み出す多大な可能性があること、人々が買いたがる紙製品を作り出すブランディング力があることを示している。

紙は、コミュニケーションの支配的なツールから転落したことで、より高い地位へ押し上げられたと言ってよい。アナログが持つ無形のメリットで勝負できるようになったのだ。また、その過程で、技術的には「時代遅れ」でも、ろうそくや自転車のように「クール」なものに変化した。その証拠に、町のあちこちに凸版印刷や文房具の会社が出現し、出版業界では大人の塗り絵がベストセラーになっている。ペン、文房具、紙の専門店が世界中でオープンし、二〇一五年にはニューヨークに鉛筆だけを扱った店も現れた。顧客のためにカードを手書きして送ってくれる「パンクポスト」のように、デジタルによって実現する紙ビジネスも急増している。

紙の成功に便乗して、アナログを活用するデジタル企業まで現れた。二〇〇九年創業の高級オンライン招待状会社「ペーパーレス・ポスト」のCEO、ジェイムズ・ハーシュフェルドは、「いまになってみると、この社名はベストではなかったかもしれません」と認めた。同社は、顧客の執拗な要求に応えて二〇一二年に「ペーパー・バイ・ペーパーレス・ポスト〔ペーパーレス・ポストによるペーパー〕」という、紙だけの招待状を作りはじめた。「明らかに矛盾した表現ですがね」。ニューヨーク本社でハーシュフェルドはそう言いおいてから、こう続けた。「うちの顧客は、紙とデジタル機器を併用してコミュニケーションをとるという、実にハイブリッドな生活を送っています。そんな顧客に合わせるために、フィジカルな商品を置かなければならなかったのです」。その努力は報われた。現在、ペーパーレス・ポストの新規ビジネスの半分以上は、紙製品によってもたらされている。

紙が逆襲している分野は、消費者が愛着を感じるカードや文房具などの消費財に限らない。モレスキンがさまざまな業種で使われていることからもわかるように、紙の有用性は長期にわたって持続する。その最たる例が、イギリスのオンライン名刺作成会社「MOO」だ。MOOは、二〇〇四年に「プレジャー・カーズ」という社名で創業された。当初の売りは、名刺に印刷されたウェブコードからその会社のソーシャル・ネットワークのプロフィールにアクセスできることだった。このアイデアは失敗に終わったが、名刺のデザインが好評で、通常の名刺として使いたい、という依頼がきたのだ。

「アイデアはシンプルに限る」と、MOOの創業者兼CEOのリチャード・モロスは、ロンドンのイーストエンドにあるオフィスで語る。海の泡のようなさわやかなミント色のブレザーと、鮮やかなコーラルピンクのズボンという出で立ちだ。「名刺は、五〇〇〇年前のテクノロジーの断片だ。Eメール、携帯電話、その他もろもろよりも人気がある。バッテリーも、ソフトウェアもいらないのに、世界中で通用する。世界のどこにいても誰にでも渡すことができるんだからね」。そう言って、彼は私に自分の名刺を渡しながら、こう続けた。「そのうえ、もらったらすぐに意味がわかる」

ＭＯＯは名刺デザインを多様化する一方で、デジタル・テクノロジーをフルに使って完全にカスタマイズできるデザインと印刷オプションを提示している。たとえば、「プリントフィニティ」シリーズでは、一枚一枚の裏がまったく違うデザインの名刺を注文できる。「ラクス」では、異なる紙と色を重ねた三層の名刺を作成可能だ。毎年三月、モロスはテキサス州オースティンで開催されるテクノロジー会議「サウス・バイ・サウスウェスト・インタラクティブ」に参加し、名刺を消滅させそうな新しいアプリの説明に耳を傾ける。その一方で、この会議の出席者たちはみな、まだＭＯＯにカードを注文し続けている。スカイプ、リンクトイン、ウーバーといったテクノロジー企業も、ＭＯＯから文房具を購入している。「デジタル時代用の新しい名刺を考案しても無駄だ」。『エコノミスト』誌は二〇一五年にそう書いた。「シリコンバレーのもっともトレンディーなテクノロジー関係者の集まりでも、携帯電話をタップせずに、死んだ木から作った小さな長方形のカードを渡しながら挨拶するのだから」

もっともデジタル化が進んでいるテクノロジー業界でもＭＯＯが成功しているのはなぜだろうか？それは、紙には障害を突破する力があるからだ。モロスは毎日数千通のＥメールを受け取り、そのほとんどを読まずに消去するが、デスクに届けられる封筒は必ず開封する。グーグルやフェイスブックでさえ、政治およびビジネスリーダーへの通知には精巧に印刷された刊行物を配布していた。そのほうが目立つからだ。すぐに削除できる添付ファイルよりも、美しい紙のほうが、門番（ゲートキーパー）であるアシスタントを通り抜けてミシェル・オバマやビル・ゲイツのような重要人物に届く確率がはるかに高い。同期化された顧客マネジメント・データベースや簡単に検索できるリンクトインのプロフィールがある時代、確かに名刺は時代錯誤的なツールである。それでも、名刺を受け取ると相手の第一印象を忘れずにいることができる。そのうえ、名刺を見たり指で触れたりするたびに、最初の印象が甦る。その効果は、産業、世代を問わず変わらない。

「実のところ、紙にいちばん関心を持っているのはデジタル世代なんだ」と、MOOに紙を卸しているニューヨーク州北部の創業八五年の製紙会社「モホーク・ペーパー」のクリエイティブディレクター、クリス・ハロルドは言う。「ノスタルジックな気持ちからじゃなくて、単純に紙が美しくて新鮮だからだ。彼らにとってデジタル機器は便利なプラットフォームだけど、印刷ならデジタルではできないやり方で情報を整理できる。ウェブは、情報の無限ループにすぎない」

デジタルとのコラボ

主力商品である紙製のノートとデジタル企業の一体化がますます進んでいるところを見ると、ウェブの無限ループはモレスキンの逆襲の大詰めと言ってよい。最初の一歩は、二〇一二年にクラウドベースのメモ作成サービス「エバーノート」と提携したことだ。このときは、特殊な紙を使ったモレスキン・ノートを開発して、エバーノートのスマートフォン・アプリで手書き文字を正確にスキャンできるようにした。

この話をもちかけられた当初、セブレゴンディとミラノ本社の面々は疑いの目を向けた。エバーノートはペーパーレス・オフィスを明確な目標に掲げるテクノロジー企業だったから無理もない。エバーノートのデザイン担当部長ジェフ・ズワーナーは、私にこう語った。「モレスキンとパートナーを組んだとき、うちは紙との休戦を宣言したんだ。それまで紙のことを嘲笑っていたけれど、デジタルと紙のどちらか一方を選ばなくちゃいけないわけじゃない。私たちは、コミュニケーションが多様な世界に住む現実主義者なんだ」。ズワーナーはさらに続けた。「デジタル・テクノロジーの欠点は、絶えず変化していることだ。ハードウェアやソフトウェアの使い方がやっとわかったと思ったら、もう次のバージョンが出現して、また一から学び直さなくてはならない。これなら、そんなことは起こらないからね」。そう言って、彼は眼の前の「エバーノート／モレスキン・スマート・ノートブック」を手にとった。「かばんから取り出して、いつものように使えばいい」

ほかに、モレスキンは手書きをデジタルに転写する「ライブスクライブ」社のペンに対応するノートを販売したり、デジタル印刷会社「ミルク」とフォトブックを作ったり、「ペーパー・フィフティスリー」社とコラボしてカスタム・ブックを作っている。

「テクノロジーのおかげで、フィジカルな経験ができる素晴らしい機会がたくさん生まれたわ」。セブレゴンディは、ミラノのランブラテ地区にある若いベルギー人デザイナーの展示を通り抜けながら、そう言う。同社が最初にデジタルに進出したきっかけは、まったくの偶然による自然発生的なものだった。初期の使用者たちが、自分が書いた絵や考えの整理方法をブログに投稿して、シンプルな紙のノートの世界的なオンライン・コミュニティを作り上げたのだ。

セブレゴンディと私は、世界中のデザイナーと商品でいっぱいの広い工業用倉庫に入り、奥のほうにあるモレスキンのパビリオンに向かった。パビリオンは、リベットで留めた金属製フレームで囲った高い壇の上にあった。そこでは、ソフトウェアの巨大企業「アドビ」との最新のデジタル・コラボレーションをデモンストレーションしていた。モレスキンのノートとアドビのクリエイティブ・クラウド・サービスの統合は、エバーノートの仕組みと似ている。ノートのページに特別な印をつけて、アドビのアプリでそこに記された絵や文章を撮影すると、歪みを自動的に検知して補正したうえで、さまざまなフォーマットのファイルとして出力できる。ミラノのデザインウィークのあいだ、大勢のデザイナーにこのノートが配布されていた。そこに描かれた絵をモレスキンのデジタル・チームがアドビのソフトウェアにアップロードした後、デザイナーが編集し、その結果を印刷して展示できるようになっていた。うまく機能しているようだったが、機能よりも重要なのは、こうしたデジタルとのコラボレーションがモレスキンにとってもっともな意味があるということだった。まず紙を理想的な創造的テクノロジーとして使用した後、その成果をアプリで最大限に高める手法は、アナログの重要性をはっきりと示している。

セブレゴンディは、あるデザイナーがノートからスキャンし終えた展示家具の絵を確認しながら言った。「私たちはとてもフィジカルな生き物よ。でも、とても利己的な生き物でもある。誰かに見せて共有せずにはいられないのよ」

それでも、これは危ういダンスと言ってよい。これまで数十年間、多くの優良アナログ企業がデジタル・イノベーションを追求して莫大な資金と時間を無駄にしてきた。その結果、市場には安定したアナログ企業から素晴らしいハイテク企業へ転身しそこねた企業の残骸が散乱している。デジタルとのコラボレーションでささやかな成功を収めてきたモレスキンだが、忘れてはいけないことがある。それは、ブランディングという無形の資産とほかの商品やサービスへ拡大できる可能性をどれほど喧伝しても、この会社の成功、成長、利益、アイデンティティは紙製ノートの販売によって生み出されているということだ。セブレゴンディ、ベルーニをはじめとするモレスキンの社員たちがこの点を強調したがらないのは理解できるが、紙こそがモレスキンの最大の強みであり、本質なのだ。

紙産業であることを理由にモレスキンに痛手を与えた市場も、私と同意見かもしれない。ユーロ圏有数の銀行グループ「インテーザ・サンパオロ」の調査アナリスト、アルベルト・フランチェーゼと、ミラノの有名なオペラハウスの向かいでコーヒーを飲みながら話をしたとき、彼はモレスキンの株を買い戻しはじめていた。「結局のところ、モレスキンの中核は紙製品なんだ」と彼は言った。そして、同社のコラボレーションとブランド拡大はすべて有益だが、今後の成長を牽引するのは中国やインド、中南米などで新たに教育を受ける人々や都会の消費者へのノートの売上だろう、と指摘した(二〇一七年、モレスキンはベルギーの高級車輸入販売会社に5億ユーロ強で完全買収された)。「モレスキンというブランドをノートと切り離すのはいいことだろうか?」と、IPOを担当したミラノの弁護士、レオナルド・プロニが尋ねると、「とんでもない」とフランチェーゼは否定した。たとえモレスキンのエモーショナルなブランド力にノート以上の価値があっても、そのようなことは「自殺行為にほかならない」と。

その春の暖かな晩、セブレゴンディとデザインの展示会を見て歩きながら、私はモレスキンのアナログの未来について突っ込んだ質問を連発した。辟易されているのはわかったが、アナログの逆襲のシンボル的存在であるモレスキンが、これからも紙と密接に関わっていくかどうか知る必要があったのだ。セブレゴンディは、同社のリサーチ部門が新しい紙のプロジェクトに取り組んでいることを明らかにし、今後数年で発売予定のモレスキンのノートやほかの紙製品の新しいデザインについてほのめかした。そして、重要なのは、モレスキンが顧客の頭のなかのアイデアを形として記録して永久に残せる商品を作り続けることだ、と強調した。

トロントの自宅に戻った私は、取材ノートに目を通して、あの晩セブレゴンディが最後にくれたコメントのひとつを読み返した。「この会社は常に新しいストーリー、才能、探求を後押ししている」と、彼女は言う。あのときは、伝説のノートの物語をまた強調したとばかり思っていたが、そのときふとコンピューターのスクリーン越しにオフィスの向こう側の本棚が見えた。そこには、私の過去一三年間のジャーナリスト時代のインタビューと取材メモが詰まったノートが数十冊、きれいに一列に並んでいた。モレスキンのノートも何冊かある。これらのノートをもとに、私は三冊の本を出版し、雑誌や新聞に何百という記事を寄稿した。世界中で交わした会話、手当たり次第に書きつけた数えきれないほどたくさんの所見、スケッチ……どれも、私だけのストーリー、才能、探求の永遠に残る証としてそこにあった。それを見た瞬間、二〇年前にセブレゴンディにひらめきを与えたブルース・チャトウィンの運命的なエッセイの一文が思い浮かんだ。

「定住生活の重苦しさが覆いかぶさってくる前に、これらのノートをもう一度開いてみなければ、と思っていた。私を楽しませ、あるいは私の心をとらえた思想の断片や引用文、人々との出会いなどを書きとめておかなければならなかった。それが私にとってもっとも重要な問い、人間のなかに潜む放浪性について、光を投じてくれるのではないかと思ったからだ」

第3章

フィルムの逆襲

フィルム業界の終焉の後で

モレスキンのストーリーは、アナログ企業が、歴史のある製品の新しい未来をどのように築いたかを示してくれた。しかし、紙はまだ比較的堅調なビジネスだ。デジタルによって完全に抹殺され、製品の複雑な性質が仇となったアナログ産業はどうだろうか？　その答えを探すために、私はレンタカーを借りてミラノから南へ向かった。

平坦な地はほどなくして急斜面の丘に変わり、明るかった日差しが雲に覆われ、雨粒が降ってきた。二時間もしないうちに、銀色に広がる地中海が現れた。私は海岸沿いを西へ走ってから内陸の道に戻り、長くて暗いトンネルをいくつも抜けて、霧に覆われた険しい山地に入った。眼下では、古いスキーリフトのようなものが、ケーブルからぶら下げた重厚な鉄のバケツに入った積荷を、海岸からどこかへゆっくりと運んでいた。それを見下ろしながらリグリア州を奥へ奥へと進み続け、ようやくフェッラーニアと呼ばれる谷に着いた。

フェッラーニアは、何かがある場所というよりも、「何かがあった場所」という言葉が似つかわしい。一時期はイタリアの製造業の栄華の象徴だった巨大な工業村の廃墟である。医薬産業向けの化学薬品を製造するフェッラーニア・テクノロジーズ社がまだ操業を続け、崩れかけた廃ビルのあいだに比較的新しい（大部分は稼働していないが）ソーラーパネル工場がぽつんと目を引く以外は、谷全体がゴーストタウンと化していた。湿った空気にさらされて朽ちかけたオフィスやアパートには割れた窓ガラスから風が吹きこみ、荒れ果てたサッカー場は雑草がぼうぼうに生い茂り、ゴールポストの上まで伸びていた。ときおりトラックが減速する音を除けば、解体業者が建物の鉄鋼を曲げ、コンクリートを砕く緩慢な作業音が反響する以外、物音ひとつ聞こえない。谷の上のほうでは、あの謎めいた工業用ゴンドラが休むことなく積荷を運び続けている。後になってからわかったのだが、その積荷は船から下ろされた石炭で、隣接するカイロ・モンテノッテ〔イタリアのリグリア州サヴォーナ県の自治体のひとつ〕にある発電所へ運ばれていくのだった。カイロ・モンテノッテは、ディケンズの小説に登場するうらぶれたイギリスのような、黒い煤にまみれた場所だ。フェッラーニアは、映画『甘い生活』〔フェデリコ・フェリーニ監督が一九五〇年代のローマの上流階級の生態を描いた作品〕で描かれた絵のように美しいイタリアからはほど遠い。

私は無人のセキュリティゲートを通り過ぎ、タイヤの跡で深くくぼんだ道路を進んだ。錆だらけのぼろぼろのパイプラインの下をくぐってさらに行くと、谷の端っこにある四階建ての建物に到着した。窓は黄ばみ、模造煉瓦とコンクリートでできたくすんだ外壁は古い皮膚のようにあちこちが剝がれかけていた。小さなドアの横に、ここがフェッラーニア社であることを示す表示（laboratory recherché fotografiche）がコンクリートに埋めこまれていた。

ほどなくして、もうもうと土埃を巻き上げながら一台の小型のランドローバーがやってきた。車が止まると、ドアが開いてニコラ・バルディーニが飛び降りた。茶色い防水ジャケットを着て、薄い色のついたアルマーニの眼鏡、グリーンのドクター・マーチンのブーツを履いている。

バルディーニは、ＬＲＦと呼ばれるこの建物のドアを開けながら私に言う。「さて、フィルムの未来を見る準備はできてるかい？」

白髪混じりの顎ひげをたくわえた長身のバルディーニは、この後、化学の知識とフィルムの産業史、そして自分たちのビジネスの宣伝を激しい手振りで熱く語りはじめ、私はそれから二四時間、寝るときを除いてずっと彼の話に耳を傾けることになった。

バルディーニと彼のビジネスパートナーのマルコ・パーニは、この人里離れた廃墟の谷で、崩れかけた小さな工場を使っていまは亡き「ＦＩＬＭフェッラーニア」ブランドの新しいスチール写真および映像用のカラーフィルムを復活させようとしていた。そのためには、ポストデジタル経済のなかでアナログ産業が直面するありとあらゆる障害を乗り越えなければならなかった。まず、工場の大量生産用の組立ラインを一〇分の一の規模に縮小する必要があったが、最小限の人手しかなく、ふたりのフィルム生産の知識は素人同然だった。それに原料は取り扱いが危険なものばかりのうえ、もう生産されていない。予算は限りなく乏しい。さらに、隣接するフィルム工場の巨大な機械をこの小さな施設に移転させなければならず、そのための資金も調達する必要がある。このすべてを、フェッラーニアのほかの建物が解体されるまでの数カ月間で終えなければならない。このわずかな期間を逃せば、ＦＩＬＭフェッラーニア再建の機会は永遠に失われる。

バルディーニたちがしようとしていることは、重要なことを思い出させてくれる。アナログが逆襲しつつあるとはいえ、デジタル時代にこのようにビジネスをスタートするには勇気が、それもかなりの勇気が必要なのだ。フィルムやレコードなどアナログ製品を復活させたい、と夢見るのは素晴らしいが、いざやってみるとアナログ製品の工業生産と販売は途方もなく難しい。乏しい原料に知識、スケールメリットの縮小、時代遅れの機械、きわめて有害な化学薬品、不安定な市場、むらのある品質……それに予想もしなかったお金ばかりかかる難題が際限なく現れる。それを乗り越えれば製品というご褒美を手にできるが、そのご褒美にも少なからず問題がある。たとえば写真フィルムは、うまくできても仕上がりが予測できないうえに、まともに写らないこともしょっちゅうだ。この苦労を（私がフェッラーニアで経験したように）ほんの少しでも目にすれば、なぜデジタル写真がこれほど素早く、広範に普及したのかすぐに納得できるはずだ。ふたりの事業は、まるで海底から沈没船を引き揚げた後、もう一度航海できるまで改修するようなものだ。

この状況を暗示するかのように、フェッラーニア社のはじまりも平坦な道のりではなかった。一八八二年、同社はこの谷に火薬製造工場（ＳＩＰＥ）として建設され、ロシア帝国海軍のために爆弾と砲弾の生産をはじめた。しかし一九一七年のソ連誕生により、ＳＩＰＥは最大の顧客を失い、事業を写真フィルムの製造へとシフトさせた。それと同時に社名もＦＩＬＭ（Fabbrica Italiana Lamine Milano）フェッラーニアに改称し、さまざまなフォーマットの写真および映画フィルムを作りはじめた。ムッソリーニのファシスト政権下では、政府指定フィルムとしてイタリアの写真家と製作ディレクターに使われたが、終戦後はフェデリコ・フェリーニなどのイタリアの先駆的な映画製作者たちに愛用された。彼らの作品は、フェッラーニア製フィルム独自の化学作用で形作られ、ソフィア・ローレンの美しい身体のくびれや、マルチェロ・マストロヤンニのきざな笑いを縁取る独特の影と色がイタリア映画の特徴になった。

二〇世紀のほとんどの期間にイタリアで撮影された写真や映画では、十中八九フェッラーニアのフィルムが使われた。このブランドは、イタリアのコダックかポラロイドに匹敵した。ただのフィルム製品の位置にとどまらず、人々の誕生日や休暇の思い出、人生の節目をとどめる貴重な記録でもあった。フェッラーニアは最盛期には四〇〇〇人の従業員を抱え、単なる企業というよりも、生活に必要なものが完備されたコミュニティであり、フィルムを作る住民とリソースで成り立つ谷であった。全盛期の様子は、オンラインに掲載されたぎゅうぎゅうに混み合った昼食用の食堂、真新しい製造所でぴかぴかの顕微鏡で作業する女たち、社内美人コンテスト、フットボールのトーナメントの写真で見ることができる。

そんなフェッラーニアに変化が訪れるのは、一九六四年、アメリカのスリーエムコーポレーション社に買収されたときだ。スリーエムは、フェッラーニア・ブランドの使用を徐々に減らし、この谷で生産を続けながらも、製品の大半は「スリーエムスコッチ」、「イメーション」、「ソラリス」などの別のブランド名か、小売店名で販売された（ある時期、フェッラーニアはプライベート・レーベル・フィルムの世界最大の供給業者だった）。それでも、イタリアではフィアットと肩を並べる有名企業の模範工場であり、イメージング〔画像処理〕と化学製品のイノベーションの中心として、スリーエム関連企業はもちろん、同社独特の専門技術に便乗するパナソニックやコダックなどの競合企業にも活用された。約四六万平方メートルに及ぶ敷地には、建物が二〇ある。その中核となったのが、一九六七年にスリーエムが建設したＬＲＦビル（私がバルディーニとパーニと会った場所）だ。ＬＲＦは、このフィルムグループの研究開発本部だった。ここで働く者たちは、同社きってのエリート、バルディーニの言葉を借りれば「トップのなかのトップ」であり、「この谷に君臨する神のような存在」だったという。

フェッラーニアの終焉は、フィルム業界全体の終焉を表していた。スリーエムは一九九五年に同社を再編成して、まず実入りのよい医療用画像部門を売り払った後、一九九九年に商業フィルム事業部をイタリアの投資会社に売却した。この年がフィルムが権勢を誇った最後の年であり、世界的な生産のピークだった。その何年も前にコダックがデジタル写真技術を開発していたが、二一世紀初期になると画像センサー、コンピューター処理能力、ストレージ容量が大幅に向上し、消費者向けデジタル・カメラを作ることができるようになった。ほとんどの人は、一度デジタル・カメラで撮影すると、フィルム・カメラにはもう見向きもしなかった。

私は自分のカメラ歴を五・〇メガピクセルの映像のように鮮明に覚えている。十代のころに写真にのめりこんで、完全マニュアル操作のペンタックスK100にイルフォード〔イギリスの写真用品メーカー〕のモノクロ・フィルムを入れて、友人たちとよく町を歩き回った。そうやって撮った写真を高校の暗室で現像して引き伸ばしては、会心の一枚を手に化学薬品の臭いをまとって赤色灯の灯る部屋から出てきたものだ。一八歳になると、ペンタックスからキャノン・レベルGというピントと露出を自動補正するデジタルセンサーつきフィルム・カメラに切り替えた。そのときもまだ、どこへ行くにもカメラを持ち歩いていた。旅やスキー旅行に行くたびにフィルム数本を使い切り、『ナショナル・ジオグラフィック』誌やアメリカのスキー雑誌『パウダー』などで見た景色を再現しようと奮闘した。その結果、ノート数十冊が写真でいっぱいになった。プロになれるような才能はなかったが、写真を撮ることが大好きだった。

二〇〇三年、私はフリーランスのジャーナリストになると決めてアルゼンチンのブエノスアイレスへ引っ越した。出発前にキャノンのパワーショット・デジタル・カメラを購入し、仕事以外には使わないと心に決めた。アルゼンチンではどうにかフィルム一本分を撮影して現像したが、二本目を使っている途中ですっかりデジタル・カメラの虜になり――すぐに画像を確認できる即時性、共有性、安いコスト、自由な編集は、便利なことこのうえない――フィルム・カメラを持っていることなど忘れてしまった。二年後にアルゼンチンを出るとき、埃をかぶったキャノン・レベルGはガールフレンドにあげてきた。「なかに入ってるフィルムはどうすればいい？」と訊かれると、捨ててくれ、と返事をした。

デジタル・カメラはフィルム・カメラより明らかにすぐれていて、あっという間に普及した。フィルム産業はこの変化に対応する時間もなく、崖からまっさかさまに転がり落ちた。フィルム工場は、巨大すぎるうえに、大量生産を目的として設計されたため、生産量の激減に対処することができなかった。一九九九年はアメリカ国内だけで八億本のフィルムが生産されていたが、二〇一一年にはわずか二〇〇〇万本まで落ちこんだ。二〇〇二年にポラロイド社が倒産し、翌年にはフェッラーニアが、二〇〇五年にイギリスのイルフォードとドイツのアグファア・ゲバルトが後に続いた。イーストマン・コダックも二〇一二年に連邦破産法第一一章による破産申請をおこない、最盛期は世界中に一四万五〇〇〇人以上いた従業員がわずか八〇〇〇人に激減した。コダックの工場がダイナマイトで爆破されるドラマティックな写真があるが、その瞬間をとらえたのがデジタル・カメラと携帯電話の液晶ディスプレイだったのは実に皮肉だ。アメリカのコダックの事業は映画フィルムのみとなり、写真フィルム製造部門は、現在同社のイギリスの年金基金が所有するコダック・アラリスという別会社に分割された。富士フイルムだけが、イメージングから離れて事業を多角化し、早期にデジタル・カメラに投資したおかげで倒産を免れた。それでも、映画フィルム部門の廃止と写真フィルム製品の大幅な縮小を余儀なくされた。

フェッラーニアのフィルム部門はたび重なるレイオフを乗り越えたが、二〇〇六年のある週末、とうとう経営陣がＬＲＦビルを施錠して全従業員を解雇した。最後のフィルムが製造されたのは二〇一一年初め、同社最後の従業員によってついに機械が止められたときだった。

躍進への道

バルディーニとパーニは、工場から数キロ離れた小さなレストランで、ランチのラザニアとうさぎの蒸し煮を食べながらこの話をしてくれた。ふたりはフィレンツェに住んでおり、パーニ（落ち着いて穏やかに話す、ざっくりしたセーターを着た細身のラッセル・クロウのような人物）はそこでコダックのフィルム現像所を経営している。一五歳からフィルム・ビジネスに関わっており、最初は映写技師として働いていた。独学で学んだ技術者だが、フィルム製造と現像プロセス全般について百科事典並みの知識がある。写真家ではなく、一時期はレコードのプレス機を持っていたこともある。バルディーニは、生粋のアマチュア映画製作者であり、カメラ収集家であり、写真家でもあるが、昼間はコンピューターサイエンスを教えている。専門は人工知能、機械学習、ビッグデータだ。

二〇一一年、バルディーニがパーニの現像所にやってきて（彼は二〇〇六年から顧客だった）、手持ちの富士フイルムの35ミリの映画用ストックを小型カメラに入れたいので、16ミリか８ミリのフォーマットに切ってほしいと言った。そのためには、フィルムを適切なサイズに正確に裁断する穿孔機（パーフォレーター）という特別な装置が必要だった。「これは、スーパーマーケットで買えるようなものじゃない。ほかの会社に売ってもらわなくちゃいけないな」と、パーニは言う。富士フイルムとコダックは見ず知らずのふたりのイタリア人に自社の所有物を売る気などなかったし、アグファ・ゲバルトをはじめとするほかの会社はすでに装置を廃棄していた。幸運にも、ある友人が、フィレンツェに新設された写真博物館にFILMフェッラーニアの穿孔機があると教えてくれた。ふたりが博物館に行ってみると、件の装置には86というシリアルナンバーがついていた。バルディーニは、パーニに訊いた。

「なるほど。じゃあ、ほかの八五台はどこにあるんだ?」

その年の終わりに、ふたりは車でフェッラーニアを訪れて、穿孔機を譲ってもらえるかどうか尋ねようと閉鎖された工場のドアをノックした。が、誰も出てこなかった。町のあちこちで聞き回ったところ、ようやく元マネジャーと電話で話すことができた。その元マネジャーがフェッラーニア・テクノロジーズ社〔一九九九年にスリーエムから再独立した会社〕の管財人たちに連絡すると、工場は取り壊される予定だが、なかを自由に見てもよいと告げられた。ふたりが巨大なフィルム製造ラインを見て回ると、すべての設備が元の状態に保たれており、穿孔機はすぐに見つかった。バルディーニはそれを、一万ユーロというがらくた同然の値で買い取った。だが、重さが一トンもあったため、いったんフィレンツェに帰り、機械を動かす方法を考えることにした。

二〇一二年初め、フェッラーニアに戻ってきたパーニとバルディーニは、穿孔機の設置場所の候補をもう決めていた。ブルガリアだ。そこなら労働力がぐっと安くすむからだ。けれども、フェッラーニアの写真部門の最後のマネジャー(同社の資産処分担当者としてまだ雇われていた)のマルコ・デスカルツォと工場を見学中、リグリア州政府の代表――建物と地所は同州政府の所有物になっていた——とともにLRFビルに案内されると、パーニとバルディーニの質問はますます熱を帯びてきた。もしフィルムを包装する必要が出てきたらどうする？　フィルム包装機も購入すべきだろうか？

コダック、富士フイルムやほかのフィルム・メーカーがこのビジネスから撤退し続けるなら、穿孔機にかけるフィルムはこの先どうやって確保するのか？　必要なものはすべてここフェッラーニアにそろっている。製造方法も近隣の気候に合わせて調整されたものだ（「ピザの生地のように」と、バルディーニは言う）。それなのに、どうしてこれらの巨大な機械をわざわざ海外まで動かすのか？　いっそのこと、ここでフィルムを作ればいいじゃないか。FILMフェッラーニアを再生させよう。

きみたちはどうかしている、とデスカルツォは一蹴した。「フェッラーニアは倒産した。ここではもうフィルムは生産されないんだ！」。しかし、翌日になると、ひょっとしたらできるかもしれないという可能性をしぶしぶ認めた。その根拠として、彼はきわめて重要な情報を明らかにした。もともとスリーエムは、LRFビルを隣にあるもっと大きな工場の小型バージョンとして設計したという。つまり、フィルム製造のもっとも大きくて複雑な機械設備——隣の工場から物理的に切り離せないさまざまなプロセス——がLRFのなかに損なわれずに残っているだけでなく、今日のニッチなフィルム市場にぴったりの少数生産仕様になっているというわけだ。ここでフィルムを作るには、約四六万平方メートルの工場を約六〇〇〇平方メートルに縮小すればいい。理論上は（まさに理論上は）、不可能ではない。

「フェッラーニアを訪れたのは、これ以上ないくらい理想的なタイミングだった」。バルディーニはそう言うと、ほろ苦い栗のプディングをフォークでさっとすくってたいらげた。「もしもう一年早くここにきてたら、工場はまだ操業中で何も手に入らなかった。もう一年遅かったら、すべて売り払われるか廃棄されていただろう」。ふたりはＬＲＦビルを無料で使用する契約をリグリア州政府と交わし、州政府が建物と必要な機械装置の修復費用を負担することになった。両者の目標は、ひとつの建物でフィルムを一から製造できるようにして、ＬＲＦビルを二一世紀のＦＩＬＭフェッラーニアとして甦らせることだった。そうすれば、アナログ・フィルムは少なくともあと一〇〇年間は製造され続けるだろう。

州政府と契約を結んだのは四月半ば。しかし、ＬＲＦビルの隣にある大工場（「ビッグボーイ」というニックネームで呼ばれている）は六月に解体されることになっていた。新生フェッラーニアでカラーリバーサル・フィルム〔ポジフィルム。現像後に現れた画像が、色相・明暗ともに被写体と同じになる〕が生産されるまでにやるべきことは山ほどあった。まず、解体前に製造に必要なすべての機械を買い取り、それらを分解してビッグボーイから運び出し、倉庫に入れる。それをＬＲＦで再び組み立て、テストしてから再調整する。機械以外の必需品は世界中から探し出してフェッラーニアに輸送しなければならない。次に、必要な化学薬品をすべて確保して、安全に保管した後、実際に使えるかテストして、再編成する。重要な文書——きわめて貴重なオリジナル・フィルムの製法と無数にある原料、それに各機械、小型装置、システム、建物の設計図——をひとつ残らず見つけ出して整理し、コピーをとる。ＬＲＦの新しいシステムの購入と据えつけにそなえて、フェッラーニア・テクノロジーズにＬ

ＲＦへのスチーム、電気、水道の供給を停止してもらう。それに、建物からアスベストを除去しなければならない。雨漏りがする屋根に継ぎを当てる。照明も再接続する。二一年前のコンピューターは再起動させる。トイレも大掃除が必要だ。大きいものから小さいものまで、急を要する仕事がごまんとあり、そのすべてがパーニとバルディーニ、再雇用したＦＩＬＭフェッラーニアのひと握りの元従業員の肩にのしかかっていた。

「ここでは迷子になる恐れがあるな」。ＬＲＦビルの暗い階段をパーニとのぼりながら、バルディーニが警告した。じめじめした肌寒い午後だというのに、暖房はない。

バルディーニとパーニが心配で夜も眠れないのは、フィルムを作っても買ってくれる人がいるかどうか、という問題だった。バルディーニは、さまざまなニュース記事、企業の開示資料、産業レポートから集めた情報に基づいて、35ミリのスチール写真用フィルムの世界市場は二〇一五年に毎年一億本に落ち着いた、と見積もった。この数字は、現像サービスと合わせると、まだ一〇億ドルの世界市場があることを示していた。「将来、市場はもう少し拡大すると思う。レコードみたいにね」と彼は言う。コダックが消費者に愛されるコダクローム〔一九三五年発売の商業的に成功した世界初のカラーフィルム。高い鮮鋭度が特徴〕のような製品を生産しなくなればなるほど、フェッラーニアのフィルムが独自のニッチを切り拓く可能性が大きくなる。全盛期のように世界のフィルム市場のたった四パーセントだけでも占めることができれば、年間数百万ドルの手堅いビジネスになるはずだ。

「いまの市場は安定している。でも、新製品が出ないから写真家たちにとっては面白みがない。昔ながらの会社は製品を引き揚げるばっかりで元気がないんだ」と、パーニが言う。投資家は、たとえ気に入ったアイデアでも、すぐに消えそうなものには資金を出さない。しかし、成長が見込めれば、特に一般的なトレンドに逆行するアイデアなら、たちまち投資が殺到する。アナログ写真の場合、その最たる例がロモグラフィーだ。

ロモグラフィーの黄金律

一九八四年、ソ連軍が運営するサンクトペテルブルグのある会社が、ロモ・コンパクト・オートマット（LC‐A）という廉価なプラスチック・カメラを労働者向けに発売した。LC‐A（ロモ）は共産圏で瞬く間に人気となり、ウラジオストクからハバナにいたる全地域で人々の家族の思い出や休暇を記録した。くだって一九九一年、ソヴィエト連邦は崩壊し、東ヨーロッパ諸国の国境が開放された。その先端にあったのが、冷戦中に東西の接点だった芸術と文化の都ウィーンだ。ウィーンは、突如として開かれた鉄のカーテンへの入り口となった。ここからなら、車で一時間もしないうちにスロヴァキアに入れるうえに、三時間足らずで東ドイツ、チェコ共和国、ボスニア、クロアチア、スロヴェニア、セルビア、ルーマニア、ポーランド、ウクライナに着くことができたからだ。

この年の春、ウィーンの学生サリー・ビバウィーとボーイフレンドのマティアス・フィーグルたちがグループで、プラハまで週末旅行に出かけた。カメラ店でLC‐Aを見つけた彼らは、このおかしな外見の安いカメラが素敵なお土産になると考えた。ウィーンに戻って旅行中に撮った写真を現像したところ、日本やドイツの精密なカメラとまったく違う仕上がりに驚いた。ロモの写真は光や色が飽和しており〔彩度が高すぎて、グラデーションが潰れてしまうこと〕、縁の部分が暗く、予測できないトーンのばらつきがあった。ソ連の大量生産体制とプラスチック素材の弊害により、カメラ全体に光が漏れ入ってしまうせいだ。LC-Aで撮った写真は明らかに完全ではなかったが、ビバウェイ、フィーグルと友人たちはその美しさに心を奪われた。

彼らはすぐLC-Aの素晴らしさを触れ回り、現物をありったけ買いこむと、どこへ行くにも持ち歩き、出来上がった写真をじっくりと味わった。ほとんどの写真家はいちばん鮮明なベスト・ショットを選び出し、それを引き伸ばして額に入れるが、彼らはフィルム一本をまるごと街角の安いキオスクで現像し、アパートの部屋の壁に、ピントのぼやけた写真も含めて全部一緒に貼りつけた。それは実験的でどこかシュールレアリスティックな試みで、当時の写真撮影テクニックとはまるで違った。

「ロモグラフィー〔ロモ・カメラで撮影されたアナログでレトロな写真〕の初期は、視覚の解釈が変わろうとしている時期だった」と、ビバウィーは言う。私とビバウィー、フィーグルは、彼らのふたりの息子と一緒に、ウィーンの街を見下ろす丘のレストランでランチを食べていた。「写真撮影テクニックは破綻していたわ。ひどく硬直的で、正確さがすべてだった。守らなくちゃいけないルールが多すぎたの。だから私たちは、〝質がどうこうって話はもうやめよう〟と考えたのよ」

一九九二年夏、ビバウィー、フィーグルと友人たちは「ロモグラフィック・ソサエティ・インターナショナル」を設立し、地元の新聞でロモグラフィー宣言を発表した。そこには、「ロモグラフィー10の黄金律」という、完全ではないことの素晴らしさを称える新しい写真哲学が掲げられていた。「ロモグラフィーは、時間をかけずにすぐに実現できる、飾らない芸術的表現である」と書かれたマニフェストは、以下のように説いていた。①どこに行くにもカメラを持っていけ。②昼でも夜でもいつでもカメラを使え。③状況をすばやく判断して撮ってみよう。④できるだけ接近して撮ろう。⑤考えるな。⑥すばやく。⑦撮る前に、仕上がりが予測できないことを受け入れよう。⑧撮った後も受け入れよう。⑨カメラは生活の一部である。⑩どんなルールにも煩わされるな――ロモグラフィーは、完璧な写真を撮るための技術論ではなく、写真撮影の解放哲学であった。

LC-Aカメラの需要は拡大し、ロモグラフィーはたちまちフィーグルとビバウィーのビジネスに成長した。一九九五年までに、ふたりはLC-Aの公式な国際代理店となり〔一九九四年に友人のウォルフガング・シュトランツィンガーとともにロモグラフィーシェ社を共同創業。「ロモグラフィー」は、同社の登録商標であり、通称でもある〕、ユーザーがLC-Aで撮った写真をスキャンしてアップロードするウェブサイトを立ち上げた。このサイトは、最初のオンライン写真共有プラットフォームのひとつになった。フィーグルたちは、年を追うごとに世界中にさまざまな店舗をオープンし、新しいカメラを発表した。新製品は、「アクションサンプラー（決定的瞬間を四つのレンズで四等分する四連写カメラ）」、レンズが九つある「ポップ9」、さまざまなカラー・フィルターとフラッシュが使える「カラースプラッシュ」など数十に及んだ。一九九五年から二〇〇一年にかけてロモグラフィーのビジネスは年平均五〇パーセントも伸び続けた。

当時はデジタル写真革命がかなり進行していたにもかかわらず、ロモグラフィーはフィルム・ビジネスの大量殺戮を免れた。カメラの売れ行きは順調で、各大陸で次々と新たな店をオープンした。ところが、二〇〇五年になって製造元であるロシアのLC-A工場が生産中止を発表した。ビバウィーとフィーグルは中国で同じカメラの新バージョンを作ることを決めたが、そこで選択を迫られた。ロモグラフィーの主要製品となる新しいLC-Aをアナログ・フィルム・カメラのままにするか、それともデジタル・バージョンを作るべきか？　ふたりはこの問いをオンラインでロモグラフィー・コミュニティに尋ね、デジタルとアナログにまつわる気持ちと体験について調査をおこなった。すると、興味深い結果が出た。

「感情にまつわる言葉がアナログに集中したんだ」と、フィーグルは言う。「その一方で、デジタルは、完璧さとスピードに関するものばかりだったよ」。結果は一目瞭然だった。ロモグラファーの実に九五パーセントが、完全にアナログ式のLC-Aを求めていた。これによって、新しいカメラの形態だけでなく、社の方向性も決定した。ロモグラフィーは、アナログに全力を注ぐ。すぐさま「フィルムは死んでいない」というスローガンを定めると、翌年の映像業界の世界的見本市「フォトキナ」で「アナログの反革命」という巨大な横断幕を掲げた。

作戦は見事に功を奏した。二〇〇五年から二〇一〇年にかけて、ロモグラフィーはさらに飛躍的な成長を遂げ、考えうるあらゆるモデルを毎年発表し（中判カメラ、インスタント・カメラ、三六〇度自動回転しながら撮影するカメラ、ヴィヴィッドな色のケースつきのカメラ……など一五〇以上）、小売店を拡大した。現在の売上は毎年約二〇〇〇万ユーロに達し、拡大戦略の行き過ぎで大量閉店したものの、世界中にまだ四〇以上のフランチャイズと直営店があり、黒字を維持している。「長期的に見ると、私たちのビジネスはとても安定している」と、フィーグルは言う。

デジタル写真の急成長は、ロモグラフィーに打撃を与えるより、むしろその成長を後押しした。デジタル写真が急速に普及したおかげで、若い写真家たちはかえってロモグラフィーの製品に魅力を感じ（同社の平均顧客は二〇歳から四五歳だ）、はるかに高級なキヤノンやニコンの中古品と同等かそれより高い「安っぽいプラスチックのおもちゃ」（私の知り合いのある写真家の言葉を借りれば）に大金を払うようになったからだ。この事実は、ロモグラフィーがデジタル写真の写り(ルック・アンド・フィール)や雰囲気に与えた明らかな影響を考えるとき、特に感慨深い。ぼやけた画像やフィルター効果といい、手当たり次第に撮影することといい、ソーシャル・ネットワークで写真を共有する習慣まで、現代のスマートフォンの写真撮影（特にインスタグラム）はロモグラフィーの10の黄金律そのものだ。

眠れる巨人を起こす

バルディーニとパーニは、ロモグラフィーによって、アナログ・フィルム市場が新しいアイデアと製品に対応できることが証明されたと考える。同社の顧客は、新しいテクノロジーを恐れてフィルムにしがみつくノスタルジックな人々とは違う。技術に過度に依存せず、デジタルのスタンダードとは異なる新しい経験を求める写真家たちだ。「ネットでアナログ写真撮影のニュースグループを覗いてみると、五〇歳のおっさんたちが大勢で、粒子の大きさがどうのこうのとしゃべってるけど……そんなの退屈きわまりない！」と、バルディーニはうんざりしたように言う。「ロモグラフィーを買う客は、二十代だ。アナログ・カメラなんて聞いたこともなくて、シャッターを切る音を初めて聞いて買いにくる客なんだ」

写真家であり映画製作者でもあるバルディーニにとって、デジタルとフィルムのどちらがよいかは問題ではない。解像度、鮮やかな発色、画質などの数値で測定できる要素は関係ない。彼はデジタル・カメラを大量に収集しており、iPhoneを日々の写真を撮る最適なカメラだと考えている。フィルムはあくまでもひとつの選択肢であり、それを選んだ人たちは（いまも世界中のプロとアマチュアの写真家で数百万人はいる）アナログのプロセスと、その仕上がりを愛しているのだ。フィルムを使う写真家は、自分が使う機材ともっと関わりたいと望んでいる。

「芸術と同じさ」と、バルディーニは続けた。「ぼくはミケランジェロで、ダビデ像を彫りたいと思っている。現代はふたつの選択肢がある。ダビデの体を3Dプリンターでスキャンして、完璧な形をプリントアウトすることもできるし、大理石の塊をコツコツと削っていくこともできる。違いは工程であり、大理石を使うほうが創造性を必要とする」。フィルムはこれからも実行可能なクリエイティブなツールとして存続するだろう。写真の出現後も絵具とカンバスがずっとそうであるように。

「ぼくたちは創造の支援ツールとしてフィルムを売りたいんだ」

そのためには、FILMフェッラーニアで「職人的／工業的」な生産工程を確立して、独自の仕上がりと雰囲気を持つプロフェッショナルな高画質フィルムを作らなければならない。フィルムの全盛期には、どのブランドもそうだった。コダックは赤とオレンジ、アグフア・ゲバルトは緑と青、富士フイルムはニュートラルなバランスで知られていた。フィルムには個性が必要だ。製造場所を彷彿とさせる特徴、工場の近くで生産される赤のスパークリングワインのように、ときとともに変化して、進化していくテロワール〔ワイン用語でブドウを取り巻く自然環境の特徴〕のようなものが欠かせない。「すべての人が満足できるフィルムなどない。そういうものが必要なら、iPhoneを使えばいい」

私たちは、バルディーニたちがビッグボーイと呼ぶ元FILMフェッラーニアの塗布（コーティング）施設の入り口に立っていた。バルディーニとパーニが、解体される前になかの機器を運び出している建物だ。コンクリート製の窓のない五階建てのビッグボーイは、幅が街区ひとつ分ほどもある堂々たる建物だ。がらんとしたロビーで、私たちは見学に同行してくれるフェッラーニアの元従業員で、この場所を管理しているパオロがくるのを待っていた。パオロは、白い清掃用の服を着て、懐中電灯を三つ持って現れた。私たちは階段を上がって、ときが止まったオフィスをいくつも通りすぎた。壁にはカレンダーがかかり、黄ばんだ家族写真がモニターにテープでまだ貼ってあった。デスクから落ちた書類が床に散乱し、キーボードは五センチほどの分厚い埃をかぶっている。床には、剥げたペンキが汚れた雪のように積もっていた。

建物の奥のほうへ進んでいくにつれて、入り口からの光が届かなくなり、とうとう真っ暗になった。この建物は、実際のところ、全体が巨大な暗室のようだ。床にぼんやりと見える細長い発光塗料をたどりながら歩いていると、パーニが言う。「このビル全体がひとつの機械になっているんだ。引き離すことは不可能だ」。閉鎖された危険な巨大工場を、真っ暗闇のなか、懐中電灯だけをたよりに歩くのは、興味をそそられる冒険であり、恐ろしい体験でもあった。「ここで働くことを想像してみなよ」とパーニは言う。彼が会ったフェッラーニアの元従業員の多くが、「この永遠の夜に足を踏み入れたその日から性格が一変した」と語ったという。

「解体前に元のままのこの場所を見る部外者は、きみで最後になるだろうな」と彼は言う。私が目にしたのはごく一部だが、きわめて複雑なフィルム製造工程の基本的な部分は理解できた。まず、綿セルロースの繊維と化学薬品から薄くて透明な一枚のフィルムベースが作られ、ジャンボという巨大な心棒に巻き取られる。次に、フィルムの写りと雰囲気、性能を引き出す写真乳剤という特殊なフォーミュラを混ぜ合わせる。写真乳剤はそれぞれゼラチン（コダックはかつて、ゼラチンがとれる骨とひづめを安定供給できるように、コロラド州に牛の牧場を所有していた）と、さまざまな化学薬品、銀粒子、その他の原料を調合した複雑なカクテルで作られる。

その後、透明なフィルムベースがジャンボから巻き出されて塗布機に投入される。そこでフィルムベースに写真乳剤が何層も均一に吹きつけられる。このとき、それぞれの色が電気分解によって所定の場所に組みこまれる。写真乳剤はそれぞれ異なる色に反応するため、フィルムのタイプごとに複数の乳剤が必要だ。カラーフィルムには最大で一六、白黒（モノクロ）フィルムの場合は三つでよい。乳剤が塗布されると、フィルムシートは噴射冷凍機を通ってトンネル乾燥機に入る。一時間約三キロの速さで十数本の二層式のトンネルを、空気圧によって空中で支えられながら上下に縫うように送られる。このすべてが一回の連続した動きでおこなわれなければならない。まるで建物全体が巨大な映写機で、そのなかで映画フィルムが回り続けるように、フィルムが休みなく心棒から巻き出され、動き続けるのだ。塗布が終わったフィルムは再び巻き取られ、一定期間乾燥させる（これによってフィルムのスピードが決まる）。それからコンバーティングという工程でそれぞれのフォーマットに適した大きさに穿孔機で正確に裁断される。最後に、別の機械で小さな容器に巻き取られて、一本一本プラスチックのケースに収納され、厚紙の箱に包装される。

機械に手をつっこむと、ロモグラフィー用のフィルムが二本残っていた。四年前に閉鎖されたとき、ここで製造された最後の製品だった。建物内の機械はそれぞれまだ作動し、設計、製造、設置には莫大な費用が投入されていたが、関連するカスタムソフトウェア、人員、サプライヤーがなければ使いようがない。パーニとバルディーニが救出して隣のビルに運び出せないものは、すべて廃棄される。

ＬＲＦビルに戻ると、パーニが新しい事業計画とそれを実現するための課題を説明してくれた。スリーエムの設計のおかげで、このビルには塗布機とトンネル乾燥機が組みこまれていて、ビッグボーイの年間数億本という生産量に対し、ＬＲＦビルでは最大八〇〇万本を生産できた。塗布機の構成要素をひとつずつ説明した後、パーニは言った。「概念上はどれもひどく簡単だが、その背後には科学があって、話が一気に複雑になるんだ」

パーニと私は、引き続きＬＲＦビルを見て回った。コンピューター・ルームは、冷暖房から化学薬品の混合機、センサー、塗布機そのものまで、さまざまな精密装置を管理しており、一九九一年ごろのラジオ・シャック〔アメリカの大手家電量販店〕の製品でいっぱいだった。年代物のＩＢＭ、ヒューレットパッカード、それにありとあらゆる種類のベージュのディスク・オペレーション・システム（ＤＯＳ）の遺物で動いており、ほとんどがフロッピーディスクを使うモデルだった。ウィンドウズ95より新しいバージョンはほとんどない。「自動製造法は、この部屋のコンピューターに保存されている」と、パーニは絶えずカタカタと音を立てるデスクトップを軽くたたいた。

次に、私たちは設計図や製法が記されたバインダーと、写真乳剤、機械、建物そのものの情報いっさいを収めた大量のマイクロフィルムが入った引き出しのなかを選り分けた。「この中身を失くしたら一巻の終わりだ」と、パーニは言う。ＦＩＬＭフェッラーニアの知識は、これらのぼろぼろの文書のなかにばらばらに埋もれ、隠されていた。

再生後の工場で現代的なコンピューターと装置を使えないことは、パーニたちの頭痛の種だった。ふたりは眠れる巨人を起こそうとしていた。その巨人はこの古い装置一式で動いていて、それでうまくいっていた。装置を突然変えれば、それを要とするプロセスに新たな不安要素が加わることになる。あらゆる工程に、この建物のために特別に調整された高度に専門化したセンサーと機器が必要だった。「これを見てくれ」と言うと、パーニは巨大なミルクシェイク・ミキサーのような機械のほうへ歩いて行った。「これを特定のスピードで回転させて写真乳剤に混ぜる銀粒子の量を決めるんだ。私たちが持ってる製造法は、この特殊な機械用に計算されたものだ。それを新しい機械でリバース・

エンジニアリング（逆行分析）するなんて、簡単にできることじゃない！」

失敗する可能性はとてつもなく大きく、そうなったら出資金を失うだけではすまない。「ここでは、ほんのちょっとのミスも許されない。へまをしたら、人を傷つける恐れがあるからね。化学エンジニアがアンモニアを使っているときにうっかり送風機を止めたりしたら、死んでしまう」。彼は一瞬黙ると、髭を撫でて、天井を仰いだ。「責任は重大だ。専門的な知識がなくちゃ、大変なことになる」

偶然性と意外性

その責任を理解できるごくわずかな人間のひとりが、フロリアン・〝ドク〟・キャプスだ。「私たちは、フェッラーニアと同じ状況にいた」。翌晩、彼はウィーンで私と夕食をとりながらこう語った。「これからやってくるカオスはわかっている。彼らに逃げろと言うべきか、不可能なことをやれと言うべきか？」。髪をポニーテールに束ね、いつもいたずらっぽい笑みを浮かべているキャプスは、「インポッシブル・プロジェクト」の創業者として知られている。インポッシブル・プロジェクトは、ポラロイドがフィルムの生産を中止した後に、ポラロイド・カメラ用のフィルムを作りはじめた。蜘蛛の視覚を専門とする経験豊かな生物学者のキャプスは、一九九九年からロモグラフィーで数年間働いたが、インスタント写真への思い入れが強くなり、独立したのだ。

全盛期のポラロイドは、アップルに匹敵する会社だった。驚くべきイノベーションを次々に連発する、テクノロジー業界の輝ける星だった。しかし、倒産から脱却中の二〇〇四年当時は、ずさんな経営により、その文化資本を無駄にしていた。当然のことながら、デジタルは何の助けにもならず、ポラロイド・フィルムは生産中止の危機にあった。キャプスは、ロモグラフィーで経験したアナログのソーシャル・マーケティングをポラロイドにも適用したかったが、ポラロイドはまったく関心をもたなかった。そこで二〇万ドル以上分のフィルムを注文し、「アンセーラブル」というオンラインストアを立ち上げた。「ポラロイドは、最高のマーケティングをしてくれたよ。年々工場の閉鎖を進めていき、すべてのフォーマットを処分しはじめたんだ。私はその最後の製品を買い取った」。それまでの一〇年間、ポラロイドはフィルム市場が縮小し続けると予測していた。ところが需要は上がり続け、年間約二五〇〇万パックのフィルムが売れた。

キャプスが説明した。「デジタルがアナログを抹殺すると思われていたけど、突然、みんながフィルムの感触を恋しがりはじめたんだ。最初は、デジタル写真の最大の問題は画質だと思われてたから、画質が向上すればすぐに解決すると誰もが思った。でも、デジタル写真の本当の問題は、実在しないってことなんだ。写真は姿を消し、実体化する画像は激減した。家族アルバムはもう存在しない。プリントもない。手で触ったり振ったりできるものが何もない。で、それを恋しく思いはじめたというわけさ」

私にはその気持ちがよくわかった。私もデジタルで撮影するようになってから一万五〇〇〇枚以上の写真を撮ったが、プリントしたのはほんの一部だ——おそらくアルバムにしたら六冊と少しくらいだろう。デジタルで撮ると、写真をフィジカルな形にしようという気が失せる。撮るのは簡単だが、その後の作業がとてつもなく面倒なのだ。編集にフォーマットの設定、選別、プリント価格の比較、レイアウト、またまたフォーマットの設定、そしてさらなる編集が待っている。妻と私は、結婚式のアルバムをプリントするまで実に二年近くもかかった。インスタント・フィルム写真は、デジタルとアナログの両方のよいところが手に入る。すぐに画像が見られる満足感と、フィジカルな作品だ。

二〇〇八年になって、キャプスのもとにポラロイドから痛ましいメッセージが届いた。それは、六月一四日におこなわれるオランダのエンスヘーデにある同社最後のフィルム工場の閉鎖式への招待状だった。キャプスはパニックになった。アンセーラブルは、ポラロイドの珍しいフィルムや、使用期限が過ぎたものまで、あらゆるフィルムを元値の倍以上で世界中に発送して、毎年数十万ユーロの利益をあげていた。もしエンスヘーデの工場がなくなったら、ポラロイド・フィルムもおしまいだ。二億個のポラロイド・カメラは一夜にしてがらくたと化し、キャプスの商売もあがったりだ。

夏のあいだじゅう、彼は工場を売ってほしいと執拗にポラロイドを説得したが、耳を貸してもらえなかった。そうこうするうちに九月二四日、二〇〇五年にポラロイドを買収したペターズ・グループ・ワールドワイドというミネソタ州の投資会社のオフィスにＦＢＩと国税庁の強制捜査が入った。幹部たちが三四億ドルのポンジ・スキーム〔ネズミ講に似た出資金詐欺の一種〕を働いていたことが発覚したのだ。ポラロイドの代理人が、キャプスに電話をかけてきてこう告げた。「工場を買いたければ、きみに一週間の猶予をあげよう」。キャプスは、大急ぎでどうにか一八万ユーロをかき集め、オランダの工場の設備を買い取り、建物のリース契約を締結した。そしてポラロイド・フィルムの在庫を買い占めると、それを転売して四〇〇万ユーロの工場再生資金にあてた。新会社は、ポラロイド創業者エドウィン・ランドの言葉、「明らかに重要で不可能に近いプロジェクトなら、きっとやりがいがある」にちなんで命名された。こうして「インポッシブル・プロジェクト」が誕生した。

キャプスのおとぎ話はここで終わり、次に待っていたのは厳しい現実だった。ポラロイド・フィルムをバラバラに分解し、構造を分析して、製造方法を調べなければならなかった。「何もかもが思った以上に難しいとわかりはじめた」。自分の無知ぶりに笑いながら、キャプスは言う。インスタント・フィルムは、よりによってイメージングのなかでもっとも複雑な製品のひとつなのだ。フェッラーニアが作る35ミリのフィルムが時代を超えた頑丈なフィアットなら、ポラロイドは精密に調整されたフェラーリだ。理論は似ているが、道路わきに寄せるのは途方もなく難しい。基本的に、ポラロイド・フィルムには二六の異なる層が挟みこまれ、カメラから排出されるとそれらの層が露出および圧縮して、化学現像という反応を引き起こす。インポッシブル・プロジェクトの仕事は、ポラロイドの製造ネットワーク全体からこれらの二六の成分を集めて、パック入りのフィルムにすることだった。問題は、この二六の原料が世界中のさまざまな工場や企業で生産され、その多くがすでに閉鎖されたか製造を中止していたことだった。ポラロイドは、数十億ドルの研究費を投入し、数千人の技師を雇い、複雑な品質管理と調達システムを運営する巨大企業だった。ところが、インポッシブル・プロジェクトには、この長くて複雑な工程の最後の部分以外は何も知らない男が五人いるだけだった。

それでも二〇一〇年の春、どうにか最初の製品が発売された。キャプスは肩をすくめて言う。「思い出したくもないよ。〝実験的〟な製品だったと言っておこう。どうしようもなくひどい代物だった」。初めて作ったフィルムは、ほとんどまともに写らなかった。写ったとしても、ぼやけていたり、白い斑点が残ったり、奇妙な形でいっぱいだった。おまけにひどく繊細で、カメラから排出されると同時に光の入らない容器に入れ、体温で温め続けなければならなかった（といっても、薬品が漏れる恐れがあるため、皮膚に直接触れてはいけない）。「アメリカでは大失敗だった。みんな一パック九ドルの発色が鮮やかなポラロイド・フィルムに慣れていたからね」。本来のポラロイドは一分で現像できた。ところが、インポッシブル・プロジェクトの新しいフィルムは、現像できたとしても、一時間近くかかった。こんな博打を打つために、顧客は八枚入りの一パック〔オリジナルは一パック一〇枚入りだった〕に二五ドルも払ったのだ。

インポッシブル・プロジェクトは、新車のフェラーリを売る代わりに、中古のアルファロメオ、問題だらけの美しい夢の車を売っていたようなものだった。けれども、中古のアルファロメオがいまも人気であるように（バルディーニも一台持っていた）、インポッシブル・プロジェクトの欠陥だらけのフィルムを買う人も大勢いた。これはバルディーニとパーニが得た重要な教訓であり、デジタルと競合する新しいアナログ・ブランドの成功の核となる事実でもある。インポッシブル・プロジェクトは、デジタルの完璧さを追求せずに、アナログ・フィルムの欠陥を称賛したからこそ成功したのだ。予測のつかない仕上がりを、セールスポイントに変えたのだ。かつてロモグラファーたちがソ連の安いカメラに対してそうであったように、新しいアナログ写真家たち、とりわけ初めてインスタント写真を使ってみる若い世代は、このフィルムの偶然性と意外性を歓迎した。デジタルだと被写体を完全に再現できるが、誰もが常にそれを望むわけではない。彼らは、ほかにはないたった一枚の写真を撮るために、アナログ・カメラを購入したのだ。たとえば、アルバム『１９８９』のジャケットにあるテイラー・スウィフトの、目のところで切れた上半身の少しぼやけたポートレートのような写真だ。この写真はインポッシブル・プロジェクトのフィルムで撮影された。インポッシブル・プロジェクトは、やっかいで欠陥のある製品を生み出して成功した。なぜなら、それが完璧とはほど遠いものであり、デジタル写真のアンチテーゼだったからだ。

その後、フィルムの性能は少しずつ向上し、同社の現在の売上は年間一〇〇万本以上（一パックの枚数は八枚のまま）に達し、毎年約二〇パーセントの勢いで伸びている。さらに、入手できるすべての中古ポラロイド・カメラを買い占め、修理調整した後に一台二〇〇ドルから四〇〇ドルで再販している。二〇一二年、キャプスはインポッシブル・プロジェクトの企業支配権を日用品の販売で財を成したポーランド人の億万長者、スラヴァ・スモロコウスキに売却した。仲介したのは、スモロコウスキの息子のオスカーだ。ほどなくして、キャプスはオスカー・スモロコウスキを自分の補佐役として招聘し、二〇一四年四月に私とウィーンでディナーをともにしたときは、オスカーも同席した。そのとき、オスカーは弱冠二五歳でインポッシブル・プロジェクトのＣＥＯに就任したばかりだった。二〇一六年春、彼は同社初の新しいカメラを発表した。スマートフォンから操作可能なブルートゥースが搭載され（アナログの写りとデジタルの柔軟性の混合）、五つのレンズと柔らかく自然な光が出せるフラッシュが特徴だ。それでも、スモロコウスキによれば、インスタント・フィルム市場は富士フイルムの「インスタックス」という製品に独占されており、インポッシブル・プロジェクトのシェアはごくわずかだという。

インスタックスは、ポラロイドに代わる、より小型で安価な製品として一九九八年に日本で発売された。製造に使われたのは、富士フイルムがポラロイドからライセンスを取得した技術だ。主に日本の女子中高生を対象とし、ステッカーが付属でついていた。インスタックス・グループの総括マネジャーの中村祥敬によれば、二〇〇二年のピーク時には一〇〇万台を売り上げたが、その後二〇〇五年に一〇万台まで落ちこんだ。そのせいで生産が劇的に縮小され、販売終了になりかけた。しかし、二〇〇七年に販売台数が再び上向きはじめ、以降、二〇一二年の一六〇万台から、ハローキティ・バージョンが発売された二〇一四年には四六〇万台へと飛躍的に伸び、二〇一五年には六〇〇万台を超えそうな勢いだ。現在、インスタックスは、スモロコウスキの推定によると四〇〇〇万パック以上を売り上げる、世界でもっとも成功した写真用フィルムになった。この数字は、ポラロイドが二〇〇八年に製造を中止するまでに売ったフィルムの半分に迫るという。スマートフォンのカメラがデジタル・カメラの売上を直撃していた時期（二〇〇八年に一億一〇〇〇万台だった日本のメーカーのデジタル・カメラの出荷数は、二〇一四年にはわずか二九〇〇万台に激減した）、二〇一四年にインスタックス部門が同社のイメージング部を立て直したとされている。そう、フィルム（とハローキティ）は、富士フイルムをデジタルによる低迷から救ったのだ。

ほかにも多くの新しい冒険が、このニッチなインスタント・フィルム市場にひしめいている。たとえば、近年発売された「ニュー55」はポラロイド製品のもうひとつの復刻版で、ポジ・ネガ兼用の大判フィルムだ。インスタント・フィルムの復活は、新しいデジタル対応製品の開発にもひと役買っている。例をあげると、その場でプリントしてデータを保存できるポラロイドのデジタル・インスタント・カメラ「スナップ」や、スマートフォンに取りつけてデジタル感熱プリント技術（もともとはポラロイドが開発した）を使うフォトプリンターの「プリント（Ｐｒｙｎｔ）」などだ。プリント（Ｐｒｙｎｔ）は厳密に言えばアナログではないが、もっとも普及しているスマートフォンのカメラでフィジカルな作品を生み出す新しいソリューションになる。プリント社の共同創設者クレメント・ペローは、サンフランシスコで開かれたパーティーで、友人のひとりがインポッシブル・プロジェクトのフィルムで写真を撮っているのを見たときに、このアイデアを思いついた。「私たちの世代は、死ぬまでに何十万枚も写真を撮ることになると思ったんだ」と、二五歳のペローは私に語る。「でも、撮れば撮るほど、価値はなくなっていく。ウェブで公開した後は、膨大な量のデジタル情報に消されてしまうんだからね」

大物監督たちも続々支持

ほかの伝統的なフィルム会社も、倒産後に新たな道を歩みはじめた。モノクロ・フィルムを主力製品とするイギリスの写真用品メーカー、イルフォードは、二〇〇五年に元マネジャーらに買い取られ、ハーマンテクノロジー社として再生した。それと同時に、製品規模も現在のニッチ市場に合わせて変更された。ほどなくして新製品を開発すると、たちまち業績が好転し、二〇一四年に三〇〇〇万ポンドを売り上げ、再編後は一貫して利益を出し続けている。ドイツに拠点を置くアドックスも、ロモグラフィー用を含めたフィルムの減量生産を実施した。同社は、世界最小の光化学工場を建設したと豪語している。以下は、アドックスのウェブサイトからの引用だ。「アナログ写真の全盛期は終わった。わが社の目標は、設備と建物への投資を最小限に抑え、最高品質のアナログ製品を作ることだ。そうすることによって、柔軟な態勢と、将来の市場に見合った規模を保つことができる」

もうかっての生産量の約一パーセントのフィルムしか生産していないコダックも、アナログに新たな関心を寄せているようだ。とりわけ注目しているのが、映画フィルム（アメリカに拠点を置くイーストマン・コダック社が、倒産後も維持していた事業の一部）だ。富士フイルムが二〇一三年に映画フィルム事業から撤退したため、イーストマン・コダックが世界唯一の映画フィルムの大手プロバイダーになった。といっても、大して喜ばしいことではない。映画とテレビのほとんどはデジタルで撮影および映写される時代であり、コダックの映画部門の終焉は避けられないかに見えたからだ。そこへ二〇一四年に、ハリウッドが救いの手を差し伸べた。映画界きっての大物監督J・J・エイブラムス、クエンティン・タランティーノ、クリストファー・ノーラン、ジャド・アパトー、マーティン・スコセッシらが、映画フィルム延命のためにコダックからフィルムを長期的に購入するように、スタジオに強く働きかけたのだ。これによってコダックはフィルムに注力するようになり、オンラインやメディアで絶えず宣伝するようになった。そして二〇一六年一月、同社のアイコン的な8ミリ・フィルム・カメラ「スーパー8」の次世代版を同年末に発売すると発表した。

「フィルムで映画を作り続けることができたらいい、というのは単なる思いつきじゃない。フィルムの紛れもない美しさと質感が大事なんだ」とエイブラムスは『ハリウッド・レポーター』誌に語っている。彼は、『スーパーエイト』、『スタートレック』、『スター・ウォーズ／フォースの覚醒』などの大ヒット作を生み出している。

ノーラン（『ダーク・ナイト』、『インセプション』、『インターステラー』）は、もっと率直だった。

「フィルムには、とてつもない根性がある。ただそれだけだ」

二〇一四年末にエイブラムスがロンドンで『スター・ウォーズ／フォースの覚醒』を撮影中、私は彼と電話で話した。彼は次のように言った。「フィルム対デジタル、テープ対プロ・ツールス、絵具対フォトショップ――何にしろ、ツールにはそれぞれ適した役割や要件があるんだ」。エイブラムスはアナログなツールとアイデアにほれ込んでいる。最初の草稿は常に紙製のノートに書いているし、『S』というベストセラー小説も共同製作した。『S』には、紙、メモ、大学新聞の切り抜き、写真、絵葉書などのアナログなモノが挟みこまれており、読者は文章だけの物語を超えた、紙媒体ならではの読書経験を楽しめる。『スター・ウォーズ』の最新作を撮るとき、彼は一〇年前にジョージ・ルーカスが制作した新三部作とは意図的に反対の方向を目指した。新三部作が発表されたのは、デジタルを使ったエフェクトと映画製作が持て囃されたテクノロジーの最盛期で、ルーカスもそれをフルに活用した。けれども、このデジタルへの心酔が、結果として作品を損なった。新三部作は登場人物と設定が薄っぺらで、ビデオゲームとほとんど変わらなかった。ジャー・ジャー・ビンクス〔アメリカですさまじく不人気だったキャラクター〕にいたっては言うに及ばず。

「私たちは映画を撮っている。これは重大なことだ」。エイブラムスはそう言って、どちらか選べるなら、フィルムの視覚的なテクスチャー、温かみ、画質のほうが好きだ、と認めた。「でも、『フォースの覚醒』の方向性は映画への取り組み方をもっともよく表していたと思う。私たちはアナログ的な取り組み方をしたかった。だからといって、デジタル効果を使わないとか、インダストリアル・ライト・アンド・マジック〔ルーカス・フィルムが所有するアメリカの特殊効果およびＶＦＸ制作会社〕を使わないってわけじゃない。ただ、今日それほど使われてないものも使っているということさ」

『スター・ウォーズ／フォースの覚醒』のセットと小道具のほとんどは手作りで、丹念に塗装が施されている。「コンピューターによって生み出されたもの特有の完璧さ」を削ぐためだ。エイブラムスは、一九七〇年代にルーカスがしていたように、登場する生き物が生き生きとするように、通常より多くのマスク、メーキャップ、合成ではない実物のロボットを使用した。これは重要なことだった。なぜなら、それが俳優の演技と同じくらい、映画が観客にどう見えるかを決めるからだ。「私は実在しない生き物やモノが出てくる映画を、いままでたくさん撮ってきた。うまく言えないけど、実際に人間がメーキャップを施して演じていればそうとわかる。スタッフでさえ、その生き物の扱いが変わってくる。だって、それはそこにいるから……誰かがいると思いこませようとするんじゃなくてね」

エイブラムスの名前は、二〇一四年末にバルディーニがキックスターターでおこなったＦＩＬＭフェッラーニアの資金調達キャンペーンについて話してくれたときも登場した。キックスターターでは「アナログ・フィルムをあと一〇〇年延命する」という目標を実現するために、合計三一万五〇〇〇ドルを集めることに成功した（エイブラムスはこのプロジェクトの六〇〇〇人の出資者のひとりだったようだ）。調達した資金はビッグボーイとほかの建物にある設備の購入と、ＬＲＦビルへの移設準備にあてられた。現在のところ、バルディーニとパーニは、二〇一六年に約三〇万本のフィルムを生産するために、友人たちと家族からの追加支援を含め、すでに一〇〇万ユーロをこのプロジェクトに投資していた。さらに一〇〇万ユーロを集めようと外部の投資者を精力的に募集中だ。

ふたりはＦＩＬＭフェッラーニアに大きな夢を描いていた。ゆくゆくはカメラを製造したいと考えていた。国際的レベルのフィルム研究所も設立しよう。珠玉のイタリア映画を復元するための保管庫も必要だ。ｉＰｈｏｎｅから手軽にフィルムを現像できる自動現像サービスも実現させたい……しかしいまは、暖房もないほぼ真っ暗なＬＲＦビルのなかに、主任研究者のコラド・バレストラとひっそりと座っていた。ビッグボーイの解体までに政府がアスベストを除去するのを待ちながら、くる日もくる日も数えきれないほどたくさんの細かい問題に取り組んでいた。電気と水道が止まり、化学乳剤の最初のテスト・バッチの使用期限が切れる前に、すべての作業を終えなくてはならなかった。スケジュールの遅れはその都度、出資者たちに知らせてあり、励ましと協力的なメッセージが寄せられていた。「あきらめないで！」と、ある支援者は書いてきた。「助けが必要なら言ってくれ。そっちへ行くよ！」とコメントしてくれた者もいた。とはいえ、遅延が何カ月も続くうちに、その忍耐も限界に近づいてきた。ふたりはこのプロジェクトに全身全霊をかけて打ちこんでいた。最初のフィルムができるのはまだ一年かそれ以上先だったが、ＦＩＬＭフェッラーニアが通常のビジネスのように進行したり、完璧な製品を生産できるとは誰ひとり思っていない（二〇一七年二月、フェッラーニアはＰ30モノクロ・フィルムの35ミリ・フォーマットの復活に成功し、最初の製品が初期の支援者たちに届けられた）。

「経験も資本もないふたりの若造が、この地域最大級の産業を引き継いだなんて、誰も思っちゃいないだろうな」。パーニはそうつぶやきながら、キイキイと軋みながら最後に残った一本の足で彼の体重を支えている、壊れた事務用椅子の背にもたれかかった。

最初にできたフィルムをカメラに入れて写真を撮るときはどんな気分がするだろうか、と私は尋ねた。

「リベンジ！」と、バレストラがいたずらっぽく含み笑いをした。

「いや、最初の写真は、本当の挑戦のはじまりにすぎない」と、バルディーニが真面目な顔で言う。

「これだけで終わらせるつもりはないよ」

第4章 ボードゲームの逆襲

社会と交わりたい

「やあ、ベン」。アーロン・ザックが自分のノートパソコンのスクリーンから、ビジネスパートナーのベン・カスタニーを見上げながら話しかけた。「ダウンタウンにもう一軒、ボードゲームカフェがオープンするみたいだよ」

ザックがこのニュースを伝えたとき、私はちょうどカスタニーにインタビューするために腰を下ろしたところだった。カスタニーは、トロントのボードゲームカフェの草分けであるスネークス・アンド・ラテズ（「スネークス・アンド・ラダー（蛇と梯子）」というゲームをもじったもの）のオーナーで、ザックは同社の業務担当部長を兼任する共同オーナーだ。カスタニーは三四歳、がっしりとした体格のパリっ子で、うすい顎ひげをたくわえ、白髪混じりの髪をドレッドヘアにして、腕にじゃらじゃらとブレスレットをつけている。彼は戸惑い気味に笑みを浮かべて頭を振ると、肩をすくめた。最近ますます頻繁に聞くようになったこの台詞には、もう慣れっこになっていた。

それは私がイタリアを訪れるひと月前、三月の寒い火曜日の朝だった。それでも、スネークス・アンド・ラテズのなかは暖かく、活気に満ちあふれていた。エスプレッソマシンがシューッと蒸気を吹き出し、十余りのテーブルから笑い声が聞こえていた。およそ一二〇ある席はランチタイムまでに徐々に埋まり、夕方六時にはすべてのテーブルがいっぱいになる。それと同時に、店内のざわめきもエスカレートし、夜は会話も聞こえないほどにぎやかだ。腹を抱えた大笑いが響きわたったと思えば、無念の唸り声が漏れてくる。驚きの叫び、勝利の雄叫び、それに厚紙の上でプラスチックと木がぶつかりあうカチャカチャという音……そのすべてに店内に流れる昔ながらのポップミュージックが重なって、夜中を回っても少しも静まる気配がない。

週末ともなれば、店内の人混みは歩道まであふれ、順番待ちはときに三時間に及ぶ。この混雑に対応するために、スネークス・アンド・ラテズは同店専用の予約ソフトウェアを開発しなければならなかった。すでに店のスペースを倍以上に拡張し（元の客席数は約五〇）、数キロ南に二号店もオープンしている。元ビリヤード場のその店は、一号店の倍の広さで、席数も数百人分は多い。ガタついたテーブルに、座り心地の悪い椅子、Ｗｉ‐Ｆｉはないし、食事は……そそられるとは言いがたい。それでいて、入店料としてひとり五ドルを払うのだ。

年間数万にのぼる来店者の目当ては、世界でいちばん面白いボードゲームとカードゲームだ。ここには、『ジェンガ』や『スクラブル』〔アルファベットで単語を作成して得点を競う、欧米で大人気のゲーム〕のような昔ながらのものから、『カタンの開拓者たち』などの現代の人気ゲーム、『バット・ウェイト、ゼアーズ・モア！〔製品の売りこみを実演して票を集めるゲーム〕』のような独立系メーカーの新製品まで、ありとあらゆるゲームがそろっている。つまり、スネークス・アンド・ラテズは、アナログ愛好家のメッカであり、遊び放題のゲーム・バイキングを提供する店なのだ。それと同時に、人が実際に集う現実世界のコミュニティが、アナログの逆襲と密接に結びついていることを示す実例でもある。

紙による通信、レコード、写真用フィルムと違って、ボードゲームとカードゲーム（業界用語では両方とも「テーブルゲーム」という）はデジタルに打倒されなかった。一九八〇年代初期の全盛期に比べると、主にビデオゲームの台頭により売上が全般的に落ちこんだが、テーブルゲーム産業は消滅しかけているわけでも、大手メーカーが軒並み倒産したわけでもない。テーブルゲームが衰退したと言われる一〇年間に子供時代を過ごした私だが、メンバーを交代しながらプレイし続ける『モノポリー』マラソンや、『クレニアム〔四つのジャンルで時間内に課題をクリアして、駒をゴールさせるゲーム〕』に熱中した夏の日々、『ボルダーダッシュ〔カードに書かれた意味のない言葉にもっともらしい説明をつけて得点を稼ぐ〕』を延々と遊んだ五年生の昼休みはいまも懐かしい思い出だ。任天堂のテレビCMはひとつも覚えてないが、『マウストラップ〔ブロックをうまく動かしてねずみを出口まで導く脱出ゲーム〕』や、『ゲス・フー〔さまざまな人種の人間からひとりを選び、その人になって、互いに誰を選んだか当てる〕』、『ハングリー・ハングリー・ヒッポ』のCMソングは記憶に残っている。

では、テーブルゲームにいったい何が起きたのか？　テーブルゲームは人気が着実に下火になり、それによって売上だけでなく――ここが重要なのだが――質が下がったのだ。『クレニアム』などの一〇年に一度の大ヒット作を除き、ボードゲームは〝古臭い〟ものになってしまった。そこでハズブロ、ミルトン・ブラッドリーなどの大手玩具メーカーは、大ヒット製品の新バージョンの売り出しに専念した（たとえば『モノポリー』なら、『ビートルズ版モノポリー』、『アングリーバード版モノポリー』、『エレクトロニック・バンキング版モノポリー』など）。イノベーションを実現したのはビデオゲームのほうだった。最初はゲームセンターで遊ばれたが、それがパーソナル・コンピューターへ移り、ゲーム機、携帯機器で楽しめるまで進化した。インターネットの帯域幅が広がるにつれて、リアルタイムで世界中の人とプレイできる大規模多人数同時参加型（MMG）ゲームが無限の可能性をもたらした。リビングルームから戦車隊を指揮してナチ支配下のベルリンに侵攻したり、バスのなかで『ワーズ・ウィズ・フレンズ』〔『スクラブル』のスマートフォン版〕で海外の対戦相手と競い合えるのに、どうしてボードゲームの『リスク』〔フランスの映画監督アルベール・ラモリスが考案した戦略ボードゲーム〕や『スクラブル』が太刀打ちできる？

ゲーム業界はずっとこんな調子だった。おもちゃ屋の棚には『モノポリー』、『リスク』、『スクラブル』の新バージョンが陣取ったまま、さっぱり売れない。しかし、ここ数年、ホビー部門という、プレーヤーが運営する独立系メーカーで構成されるテーブルゲーム業界の一角で大きな変化が起きている。ホビーゲームの売上は、二〇〇八年以降、北米だけで倍以上に増えており、毎年二桁台の伸びを見せている。かつて北米のテーブルゲーム業界で冷遇されていた零細部門が、いまやゲームパズル部門の二〇億ドルの収益の半分近くを占め、数年前とは状況が一変した。アメリカの業界団体であるゲーム製造会社協会（ＧＡＭＡ）は、二〇〇九年以降、会員企業が倍以上に急増した。ＧＡＭＡ主催のゲーム・イベント「オリジンズ」、「ジェンコン〔北米最大のテーブルゲーム・コンベンション〕」、それにドイツのエッセンで毎年おこなわれる「エッセン・シュピール」の参加者数は、プロ、ゲーム愛好者ともに毎年記録を塗り替えている。

新しいテーブルゲームは数えきれないほど多く、成長中のこの市場に合わせて発売元とデザイナー〔ゲームのシステムやアイデアを設計し、デザインする人〕が増え、ブログやポッドキャスト、小売店とゲームカフェも拡大している。ニュースでも、「ボードゲームの売上が急増」（米ナショナル・パブリック・ラジオ）、「ボードゲーム、再び人気上昇中」（ロサンゼルス・タイムズ紙）、「ボードゲーム復活」（フォーチュン誌）、現代は「ボードゲーム・ルネッサンス」（ガーディアン紙）だ、と宣言する記事がたびたび登場する。テーブルゲームは、売上も文化における重要性も急激に増大している。その理由は、ボードゲームがアナログな遊びであり、社会と交わりたいという欲求を満たしてくれるからにほかならない。

第三の場所

ベン・カスタニーにとって、ゲームは子供時代の楽しい思い出だった。パリ郊外の貧しい団地で育ち、極貧とまではいかなかったが、両親はゲームにお金を使わなかった。「父も母もゲーム嫌いだったんだ」と、彼は言う。そんな環境が変わったのは、毎年夏に兄弟たちと滞在するマルセイユの親戚の家で、無料でおもちゃを貸し出すルードテックという図書館を知ってからだ。その公共施設は、子供にとって夢のような場所だった。バービー人形からレゴまでのあらゆる玩具がそろっていて、ゲームがぎっしり詰まった大きな棚もあった。カスタニーは夏のあいだじゅう、『スコットランド・ヤード〔ロンドン市内に潜伏する怪盗を刑事たちが追いかける〕』と『モノポリー』に夢中になり、『ミールボーンズ』というカードゲームを飽きもせずに繰り返した。

二〇〇八年、大人になった彼はトロントにある物流関係のソフトウェア会社で働いていた。幼馴染だった当時のガールフレンドとシカゴへ週末旅行に出かけたとき、ひょんなことからゲームと玩具の店に入った。買い物はしなかったが、その短い訪問から、子供のころ通った素晴らしいルードテックの話になった。「カナダにはこういう場所が全然なかった。だから、トロントにおもちゃ図書館を作ってみたらどうだろうって思ったんだ」と、カスタニーは振り返った。しかしすぐに、ルードテックを作ることは、毎日何百人という子供を相手にすることだと気がついた。そこで、二十代のふたりにはボードゲームカフェのほうがいいだろう、という話になった。

カスタニーはボードゲームカフェに行ったことはなかったが、インターネットで調べてみると、二〇〇二年ごろからソウルで急増し、わずか数年後に下火になっていたことがわかった。ボードゲーム人気が高いドイツには、ゲームを置いたバーやカフェがたくさんあり、ブラジルのサンパウロにも一軒あった。しかし、カナダを見ると、大都市にはホビーとゲームの専門店しかないようだ。カスタニーはこの手の店が大嫌いだった。たいてい地下か二階にあり、店のなかはファンタジー小説のミニチュア・フィギュアがところ狭しと並び、店員は皮肉っぽい、他人を見下したような気難しい中年男と相場が決まっている。客は筋金入りのゲームオタクばかりで、『ダンジョンズ&ドラゴンズ』というロールプレイング・ゲームの一〇面ダイスを転がしにきたか、トレーディング・カードゲームの『マジック：ザ・ギャザリング』のカードに貴重なお金をしぶしぶ払いにきたのだった。

こうした店が、店内に並ぶ小人や魔術師、独身男の絶望的な孤独、オタクの排他性への世間の軽蔑とともにカナダのボードゲームの活気を吸い取っていた。カスタニーは、その活気を取り戻そうと決心した。「私はオタク・ゲーマーやオタク文化に反対だ。だから、あらゆる人を歓迎すること、この場所をオタク文化からできるだけ遠い場所にすることをいちばんの目標にした」。ヨーロッパのゲーム図書館のような豊富な品ぞろえと、気軽に入れる近所のコーヒーショップの雰囲気を併せ持った場所を作りたかった。おいしいコーヒーと、ゲームと、気のいい人たち。大勢の人々のため、あらゆる男性とあらゆる女性（ここが重要なところだ）のためのボードゲーム。それは実にシンプルな公式だった。

それから二年間、カスタニーとガールフレンドはゲームの収集に熱中した。カスタニーは、救世軍が経営する小売店やリサイクルショップに仕事帰りに立ち寄っては、ゲームを棚ごとごっそり買い上げた。クレイグリスト〔不用品売買などができる情報掲示板サイト〕でボードゲーム・コレクションの投げ売り広告があれば、近隣の町や都市まで車を走らせた。二年後、カスタニーとガールフレンド（現在は彼ともこのビジネスとも関わっていない）は二〇〇〇ドル弱をかけて数千のゲームを手に入れた。

それから五万ドルをローンで借りて、トロントのコリアタウン地区にある、アネックスという学生街のすぐそばのたばこのヤニだらけの薄汚れた元ドーナツショップの賃貸契約を結んだ。

こうしてスネークス・アンド・ラテズが、二〇一〇年の労働者の日〔九月の第一日曜日〕を控えた月曜日にオープンした。午前一一時に店の窓を覆った工事用の紙をはがすと、すでに外に行列ができていた。一番乗りでやってきたもっとも熱心な客は、彼がなんとしても避けたかったゲームオタク集団だった。が、客層はすぐに拡大し、スネークス・アンド・ラテズはとんとん拍子に成功した。私は当時のことをかなりよく覚えている。友人のアダム・キャプランと住んでいたアパートが、店からほんの二ブロックのところにあったからだ。店の前を通ると、なかはいつも満席だった。マニアックな潮流を支える人々に気に入られ、たちまちたまり場になったのだ。アルコールを置かなかったので、バーやクラブに代わる健全な場所で楽しみたい若者たちが集まった。たとえば、アジア系学生の団体、グループデートに出かける正統派ユダヤ教徒、イスラム教徒のティーンエイジャーやカップル、若い女性のグループ、それに数えきれないほどたくさんのデート・カップルがテーブルの半分を占めた。

「このコミュニティは、ボードゲームをする場所というよりも、クールなたまり場、楽しめる場所という感じなんだ」と、カスタニーは言う。「ここにくる人たちは、必ずしもボードゲームだけをしにくるわけじゃない。ゲームのよさを発見しにくる人、ましてやゲームを買いにくる人はほとんどいない」。彼の推測によれば、ゲームオタクの割合は、客の一〇パーセントにも満たない。そういう人たちがゲームをするのは、主に自宅かホビーストアだ。「ボードゲームに力を入れすぎてしまうと、焦点が少しずれてしまう」。テーブルゲームは単にみんなが集まるための口実なのだが、特にこれらのゲームの性質がアナログなため、口実として完璧に考えられていて、これ以上ないほどぴったりなのだ。

テーブルゲームは、デジタル世界の外で独特の社交スペースを作り出す。延々と流れ続けるきらびやかな情報や、ソーシャル・ネットワークでの友情を装ったマーケティングとはまるで反対だ。ツイッターの会話は、高度に編集された軽口の連鎖にすぎない。フェイスブックの友情は、本物の絆というよりもEメールで送り合うクリスマスカードのようなものだ。インスタグラムのフィードが見せるのは、日々の生活の輝かしいハイライトだけ。「私たちはネットワークでつながることで他人と関わっているけれど、互いに多くを期待しないので、どうしようもなく孤独である」――マサチューセッツ工科大学の社会学および心理学教授シェリー・タークルは自著『つながっているのに孤独：人生を豊かにするはずのインターネットの正体』（ダイヤモンド社）でそう書いている。「それに、ネットワークでつながると、他人をアクセスの対象と見なすようになるリスクがある――そして、役に立つ、気分が安らぐ、あるいは面白いと感じる部分だけのためにアクセスするようになる。人生の面倒でまとまりのないフィジカルな流れから離れてしまうと、いまいる場所を抜け出してチャンスをつかもうという気が失せるのだ」

スネークス・アンド・ラテズのようなニュートラルな環境でボードゲームをすると、プレーヤーたちの関わり合いが変わる。ゲームに熱中し、会話が生まれ、声を出して笑い、自分の弱さを受け入れる。人間らしさが全開になる。この店は、そこに集まる多くの人々にとって、「第三の場所」と社会学者が呼ぶ存在になった。自宅と職場以外の、自分を歓迎してくれる安全で神聖な空間であり、アイデンティティと人と関わる範囲を自由に探索できる場所だ。「神聖な空間とは、身を隠すための場所ではない。自分と自分のコミットメントを認識できる場所なのだ」と、タークルは書いている。

本来なら、このような交流を提供するのはビデオゲームの役割だった。実際、ある時期はそうだった。私にとって、自宅の地下室で兄のダニエルの隣に座って、『スーパー・マリオ・ブラザーズ』や『ＮＢＡジャム』をプレイしながら、飛び上がったり大声で叫んだりしたことや、八年生の昼休みに友達のジョシュやダンと『ストリート・ファイター２』で戦った日々、大学のまる一学期間を『ゴールデンアイ　００７』でルームメイトにナイフや銃弾を浴びせながら過ごしたことは、とても懐かしい思い出だ。埃っぽいゲームセンターだろうと、自宅だろうと、ビデオゲームはきわめて社会的な経験だった。身体を使い、感情を解放し、確かに相手と心を触れ合わせていた。

けれどもテクノロジーが進歩するにつれて、ビデオゲームはひとりでするものになった。同じ顔ぶれの世界中の友人と毎日『ワールド・オブ・ウォークラフト』や『コール・オブ・デューティ』に熱中して、ヘッドセットを通じて罵ったり、会話の断片をタイプしたところで、部屋のなかのスクリーンの前にひとりぼっちでいることに変わりはなかった。ゲームが終わると、寂しさが波のように打ち寄せてきた。ほどなくしてｉＰａｄが登場し、いつでもどこでもプレイできるモバイルゲームが盛んになると、ビデオゲームにわずかに残っていた本物の社会的交流が消え去った。いまでは、ベッドで恋人の横に寝そべりながら、ゲームに没頭して隣の存在を完全に無視することもできる。そのゲームが『セカンドライフ』で、バーチャルの恋人とバーチャル・セックスをしていることだってありえるのだ。

テーブルゲームの逆襲の中心にあるのは、まさにこの「社会的交流を持ちたい」という人間の欲求だ。「バーチャル世界では自分が望む交流ができないことに個々のプレーヤーが気づき、それが社会全体に広まったんだ」と、バーニー・デ・コーヴンは言う。彼は、コンピューター・ゲームデザイナーの草分け的存在で、理論家であり、遊びと面白さの研究をテーマにした作家でもある。シングルプレーヤーのゲームでもマルチプレーヤーのゲームでも、コンピューターで遊ぶことは、ソフトウェアによるその体験を分かち合うことだ。プログラムとデバイスは私たちの能力を制限するので、想像力を発揮する経験を作れない。たとえ『マインクラフト』〔ブロックを地面や空中に配置し、自由な形の建造物などを作っていくゲーム〕のように自分で自由に組み立てることができるゲームでもだ。「バーチャルな環境で、フィジカルな環境と同じくらい完全に相手と関わることは絶対にできない。向かい合ってチェスをするほうが、オンラインでするよりはるかに引きこまれる。オンラインは、相手と会えないときはとても便利だ。けれども究極の戦いは、直接顔を合わせるとき、目の前で相手が焦ったり悩んだりするときに実現するんだ」

その点、アナログ・ゲームでは、複雑なボードゲームでも子供の鬼ごっこでも、プレーヤーはそのゲームの世界を一緒に築き上げなければならない。自分が実際にパークアベニューに豪邸を所有して、手のなかの色のついた紙切れに何らかの価値があると信じられるくらい、現実と虚構が混じり合う空間にありったけのイマジネーションを注がなければならないのだ。ゲーム中にそれができれば、デ・コーヴンが相互解放（コリベレーション）と呼ぶものが起きる。「私たちは、ある社会空間に一緒にいると、それぞれが他者を解き放ち、より完全になり充実する。より自分らしくいられる」と、デ・コーヴンは言う。つまるところ、みんなで協力し合って互いを現実から解放するということだ。それこそが、毎晩スネークス・アンド・ラテズに集まる何百という人たちがしていることだ。デジタル世界でも同じことはできるが、限度がある。「直接顔を合わせると、私たちはもっと生き生きする。コンピューターではそうはならない。ゲームに集中できるし興奮もするけど、生き生きとはしないんだ」

身体が出す無数の合図

アナログのゲームには深くて長続きする友情を生み出す力がある。私の祖父母は、毎週決まった顔ぶれの夫婦四組でブリッジをしていた。義母はもう何年も、うわさ好きの麻雀友だちと牌をカチャカチャ鳴らしており、私の妻も友だちと毎月卓を囲むようになった。いまや麻雀の夕べは、（しょっちゅうルールを忘れてしまうにもかかわらず）彼女の社交行事のハイライトになっている。ボーリング、ソフトボール、トランプ、ドミノ、チェス、ダンジョンズ&ドラゴンズ……どんなゲームだろうと、目的は、勝つことと同じくらい人間関係を築くことなのだ。

『アナログ・ゲーム・スタディーズ』というジャーナルを共同編集する学者のエヴァン・トーナーは、ゲームをプレーヤーが特定の行為に関わる口実と考える。「友人を五人自宅に呼んで、〝ねえ、宇宙船ごっこしようよ!〟なんて言えないだろう?」と、彼は想像力豊かな子供の口ぶりをまねて言う。「でも、私の友人が作ったカードゲーム、『ヴァスト・アンド・スターリット〔星に照らされた広大な宇宙〕』で遊ぶためなら、友だちを招待できる。こんなちっちゃな厚紙ひとつで、全員が一緒に宇宙船に乗ってる気分になれるんだ。ゲームでは、アナログの要素が新しい実社会へのゲートウェイとなり、キャラクターを選んで、さまざまな経済活動に関わり、未開の地に入植したり、商売をしなければならない。私たちが日常の社会的状況で行動するのと同じ能力が必要というわけだ。アナログのゲームは、私たちにフィクションを通じて共同作業をさせるだけでなく、フィクションに内在する(現実世界の)戦略と戦術も使わせるんだよ」

スネークス・アンド・ラテズを訪れる人々は、スコット・ニコルソンいわく「現実の人間との多彩な情報伝達による三次元での豊かな交流」を求めている。ニコルソンは北米のゲーム研究の第一人者で、トロント郊外のウィルフリッド・ローリエ大学でゲームデザイン・プログラムを教えている。デジタルとアナログ両方のゲームを広く研究した(そしてプレイした)彼は、ゲーマーのあいだでバーチャル世界の行為を拡張するリアルなアナログ体験への欲求が高まっていることに気がついた。たとえば、『コール・オブ・デューティ』〔シューティングゲーム〕のプレーヤーは、現実世界でペイントボール〔塗料入りの弾丸を対戦相手に向けて発射し勝敗を競う〕もする。『オンライン・ポーカー』のプレーヤーは毎年ラスヴェガスに集結し、『ファンタジー』のファンはお金を払って閉じ込められた部屋から脱出を試みる。『ワールド・オブ・ウォークラフト』の正会員は、肩マントと発泡スチロール製の剣を身に着けて、「ライブ・アクション・ロール・プレイ（ＬＡＲＰ）」リトリートに出席する。

アナログ・ゲームは複数の認知レベルでプレイされ、それがより豊かな経験をもたらす。それはペイントボールをよけながら森のなかを走り回ることでも明らかだが、ニコルソンによれば、チェッカーやポーカーのようなもっともシンプルなテーブルゲームをしているときも同じだという。「腰を下ろしてゲームをするとき、プレーヤーは社会的契約を結んでいる。このゲーム空間では、現実世界では容認できないことをお互いにする。嘘をつき、ほかの人たちを攻撃したり、操ったりするが、本心からの行為ではない。誰かと顔を突き合わせてテーブルゲームを遊ぶときは、現実世界でできるやり方とはまったく違うやり方でお互いとプレイする。デジタルゲームではできることが限られるから、それが難しい」。テーブルゲームでは、プレーヤーは実際にはふたつのゲームをプレイしている。テーブルでするゲームと、テーブルの周りでするゲームだ。ビデオゲームでは、ひたすらボタンを押すだけだ。

最高のビデオゲームは画像と音が信じられないほど高品質で、素晴らしい知覚経験ができる。バーチャルリアリティの誕生により、今後さらに進化していくだろう。現実性、高速で繰り出す兵器、たちどころに得られる喜び、遠く離れた異なる人々をつなぐことにかけて、ビデオゲームを超えるものはない。けれども社会的なレベルでは、ほかの人間と四角い平らなボール紙の上でゲームするよりも人と関わる余地が明らかに小さい。たとえ最高品質のウェブカメラとマイクで相手の表情をとらえても、相手の姿勢、息づかい、飲み物をすする様子、テーブルの下の貧乏ゆすりなど、身体が出す無数の合図を見逃してしまう。それらの合図は、苛立ち、恐れ、喜び、自信過剰といった心の変化を表す信号だ。人間のもっとも複雑な感情を示すシグナルであり、それらの感情によってどう対応するかが左右される。

最高のゲームにはこれらの合図が欠かせない。ポーカーについて考えてみよう。このゲームでいちばん重要なのは、誰もが持つこうしたサインを隠し、巧みに操ることだ。では、マルチプレーヤーのデジタルゲームはどうだろう。サインはすべて奪われ、マイクに向かって、へまをした別のプレーヤーに「このバカ女」と叫んでも、相手の状況や反応を知る手立ては何もない。それでいて、あなたの言葉は相手にしっかりと聞こえている。オンラインゲームは、プレーヤー同士の、不快で、男女差別主義的で、あからさまに人を罵倒するやりとりで悪名高い。スネークス・アンド・ラテズでそんなことをしたら、同じテーブルの相手に椅子から突き飛ばされるだろう。デジタル・プレーヤーは、スクリーンの向こう側の相手をめったに人間と見なさない。彼らは銃を持った単なるアバターで、どこかのパソコン・オタクにコントロールされているにすぎないのだ。

それにもかかわらず、さまざまなゲームメーカーがこのふたつを統合しようとして、ほとんどが失敗に終わっている。市場には、ボタンや電池、面白そうな装置がついているが全然面白くないボードゲームがあふれ、誰にもプレイされずに放置されている。かつてiPhoneとiPadが出現したとき、テーブルゲーム業界は未来のゲーム端末として歓迎したが、ゲームデザイナー（『パンデミック』、『レガシー』、『ファンエンプロイド』）のロブ・ダヴィオーが言ったように、テーブルゲーム端末としてのｉＰｈｏｎｅは、現時点では技術先行で使い道はまだ模索中だ。「デジタルの玩具（とゲーム）が成功しないのは、ひどい代物ばかりだからだ」と、業界ブログ「トイ・タイム」の作者で『ピクショナリー』というゲーム〔カードに示されたお題を絵で描いて当ててもらうゲーム〕のオリジナル・クリエイターのひとり、クリス・バーンは言う。「単純に面白くないんだよ……アナログ・ゲームとｉＰａｄを合体させれば、最先端を行く会社だとウォール街に示すことはできるけど、そのゲームじゃ実際の経験はできないんだ」と語ってくれたのは、ワンダー・フォージ・ゲームズというシアトルの会社を運営するジェイコブ・クリスマンだ。ワンダー・フォージ・ゲームズは、ドクター・スーズ、ディズニー、お猿のジョージなどのライセンスをもとに、幼稚園児向けのボードゲームを作って急成長を遂げている。「テクノロジーを使用できるゲーム」に大いに懐疑的であり、社の九九パーセントの力をアナログに集中させている。

このような状況にもかかわらず、テーブルゲーム業界の大半が、ボードゲームのブーム再来をビデオゲームのおかげと考えている。実際、ゲームはどんなゲームからも生まれるし、デジタル・ゲーマーがアナログ・ゲーマーに移行するケースは多い。「ある時点で、ビデオゲームをすることは超オタクっぽいとか子供っぽいことじゃなくなった。いまじゃみんながビデオゲームをする」と、オハイオ州のプラッド・ハット・ゲームズ社のオーナー、コルビー・ドウは言う。同社は、年間二〇〇万ドル以上のボードゲーム（『デッド・オブ・ウィンター』や『サモナー・ウォーズ』など）をデザインおよび販売しており、この五年間、毎年二、三倍の伸びを見せている。「そんなビデオゲーマーの一部が、ゲーム愛をもっと深めようとして、ボードゲームを手にとったんだ」。ドウは、テーブルゲームの成長を後押しするもうひとつの大きな要因にオタク文化の一般化をあげる。この一〇年間、大衆文化とオタクは相思相愛の関係だ。例をあげれば、映画シリーズ『ロード・オブ・ザ・リング』のようなファンタジー作品、『ビッグバン・セオリー：ギークなぼくらの恋愛法則』や『ゲーム・オブ・スローンズ』などのオタク番組のヒットをはじめ、ベストセラー『ハンガー・ゲーム』、多数のスーパー・ヒーロー映画、大人向けアニメ番組、それにクールなものに仲間入りしたアカペラの合唱まで、きりがない。いまでは、昔なら運動選手に踏みつぶされただろう分厚い眼鏡がファッション・アクセサリーとして人気を博し、「コンピューター・プログラマー」はもっともセクシーな肩書だ。

ジョニー・オニールは、二〇一〇年ごろマテル社〔世界最大規模の玩具メーカー〕に勤めていたとき、コレクション用フィギュア（ヒーマン、バットマン、世界レスリング・エンターテインメントのレスラーなど）のウェブサイトの管理も担当していた。顧客は総じて母親の家の地下に住むノスタルジックなオタク系の男性で、まさにスネークス・アンド・ラテズが避けようとした客の典型だった。「ここ六年ほどでオタクの世界が若年化して、女性がずいぶん増えた」と、オニールは言う。「テーブルゲームは社会的活動だ。友達と集まって対面でゲームするのは、本来オタクっぽいことじゃない。生身の人々と接しはじめると、男ばかりじゃつまらないしね」。彼は、日中はスピン・マスターという玩具会社で少年向け玩具のマーケティング・ディレクターとして働き、夜は兄のクリスとブラザーワイズ・ゲームという会社を運営している。主要商品『ボス・モンスター』は、レトロなビデオゲームにヒントを得たカードゲームのヒット作だ。プレーヤーがスーパー・ヒーローを殺そうとする地下牢の邪悪なボスを演じるという、一風変わったスーパー・マリオ・ブラザーズのような設定だ。オニールが初めてジェンコンなどのゲーム業界のコンベンションに参加したとき、会場は男ばかりだったという。それがいまでは、出席者の半分を女性が占める。

閉鎖的な暗いオタクの世界が、明るくてフレンドリーなオタク・ランドに変わったおかげで、テーブルゲームは主流層にも親しまれるようになった。私がオニールと電話で話したとき、彼はロサンゼルスの自宅近くの大型ストア「ターゲット」で買い物中だった。玩具市場全体がボードゲームの持つ可能性を少しずつ認めはじめている、と彼は言う。「なあ、いま、ターゲットにいるんだが、目の前の棚にゲームが一四種類も並んでる。どれも一年前はホビーストアでしかお目にかかれなかった商品だ」。そのなかには、『カタンの開拓者たち』、『チケット・トゥ・ライド』、『マンチキン』、『パンデミック』、『キング・オブ・トーキョー』、『スモール・ワールド』、『アルケミスト』、『レジスタンス』などの海外のゲーム、それに『ダンジョンズ&ドラゴンズ』の新版まであった。これらすべてが、アメリカの店であるターゲットに、『スクラブル』や『トリビアル・パスート』といったアメリカ製ゲームと一緒に並んでいるのだ。

ゲームのソムリエ

ボードゲームをもっと魅力的なものにすることと、プレイさせて楽しませることは別だ。スネークス・アンド・ラテズで後者の役割を担うのがゲーム・グルだ。ゲーム・グルは、この店のソムリエに相当する。店内にある三〇〇〇ものゲームに精通し、お客の希望をかなえる案内人と言ってよい。そのテーブルの好みを探りあて、その場にふさわしいゲームを提供する。グルのリーダーは、スティーヴ・タッシーという、髪をポニーテールに束ねた中年男性だ。ナレーターのようなよく響く声の持ち主で、毎日違う柄のアロハシャツを着て現れる。コメディアン、教師、ボードゲームデザイナーであり、ゲームとホビー専門店のベテランでもある彼は、誰よりもスネークス・アンド・ラテズに忠実で知識が豊富という理由から、オープンして半年も経たないうちにスカウトされた。店にくる客層は、ゲームをするのはまったく初めてという初心者から、ほどほどに楽しむゲーマー、それに少数だが口うるさいゲームオタクまで多岐にわたる。そのため、各テーブルの社会的な手がかりを読み取ることがグルに重要なスキルとなる。ほとんどの客は、どんなゲームがしたいかわからず、「何か楽しいもの」を選んでほしいと言うだけなので、頭の回転の速さと、ゲームの百科事典的な知識、たった二〇秒の宣伝文句で相手を納得させる能力が必要だ。これは、ゲームで勝つために欠かせないきわめて人間的な能力でもある。だからゲーマーは非常によいグルになれる。

「おれたちは説教っぽくならずにゲームを熱く語れなくちゃいけない」。初めて会ったときに、タッシー――シャツの柄は、燃えるような真っ赤なポリネシアの仮面だった――はそう話してくれた。「ボードゲームストアの仕事とは正反対だ。おれたちの仕事は、モノポリーを棚から降ろすことじゃない。ホビー大使なんだ。みんなを楽しませようとすると同時に、楽しいゲームのコンセプトも変えようとしている。子供のころ好きだったゲームは、大人になってからするとつまらないものが多いからね」。実際、かの有名な『人生ゲーム』をリクエストした客が、一〇分もすると別のゲームと交換したいと言ってくるのをタッシーも経験したことがある。理由は、彼も言うように「『人生ゲーム』は全然面白くない」からだ。だからグルの仕事はむしろ、古臭いゲームをリクエストした客に新しいゲームを紹介することだ。たとえば、『モノポリー』をしたいと言われたら、『フォー・セール』か『アイム・ザ・ボス』を勧める。どちらも、『モノポリー』よりも展開が速くて勝者が確定しやすい。

ある日、私は友人のウェンディとタッシーの能力を試してみた。

「どんなゲームがしたい?」と、タッシーは私たちに尋ねた。

私は、雑学的な知識を競うトリビアゲームが得意だと答え、いくつか試してみたいが一時間しか時間がないと告げた。ウェンディは、「とにかくつまらなくないものがいいわ」とにっこり笑った。

するとタッシーは小さな箱を持ってきて、説明をはじめた。その口調はとても明快で自信に満ちあふれ、車だって売れそうだった。「これは『タイムライン』だ。いろんなトリビアを年代順に並べるカードゲームだよ。それぞれのカードが映画、アルバム、本、歌を表していて、裏にそれが作られた年代が記されている。最初に引いたカードがタイムラインの真ん中になる。製作年が明らかになる前にタイムラインに沿ってカードを正しく並べていき、手持ちのカードが全部なくなったら上がりだ。

間違えたら、もう一枚引かなくちゃならない」

最初のタイムラインは、アメリカのソウル・ミュージック・シンガー、ジェームズ・ブラウンの

『ゲット・オン・アップ／セックスマシーン』（一九七〇年）だった。私とウェンディは次々とカードをタイムラインに置いていった――『理由なき反抗』、U2の『ブラディ・サンデー』、『悪魔のいけにえ』。一回戦では、ウェンディが『二〇〇一年宇宙の旅』を『戦場に架ける橋』と『タクシー・ドライバー』のあいだに置いて勝利を収めた。

「やった！」。彼女は得意満面でそう叫んだ。それからさらに二回『タイムライン』を楽しんだあと、私たちはタッシーに別のゲームをリクエストした。

「それじゃあ、次は奥の深い戦略の世界に入りこもう」と彼は言って、『クワトロ』を開けた。「これは〝〇×ゲーム〟のセクシーなヨーロッパの従妹だ。四つのピースを一列に並べなくちゃいけないけど、どのピースを動かすかは対戦相手が選ぶんだ」。『クワトロ』は一見シンプルで、色が違う碁盤目の上で木製のコマを動かす、という昔ながらのゲームのように見えた。が、まだ二回目が終わらないうちに早くも勝負は白熱してきた。

「今回はぼくの勝ちみたいだな」。私は決め手となる駒をボードに置く用意をしながら、得意げにそう言う。

「そうかしら？」。ウェンディはもっと得意げに言い返すと、置いたばかりの丸い駒が作った完璧な対角線を指差した。「じゃあ、これはどう？」

しまった！

タッシーが最後に持ってきたのは、『ジャイプル』だった。カードを交換してインドの市場で金持ちになるゲームで、品物を売買して手持ちのラクダを増やす。少し複雑だが、数分もしないうちにラクダのジョークが飛び交いはじめ、私たちはバザールで大儲けした。

タッシーは、店の六人のグルを束ね、新しいゲームを調達するためにゲーム・コンベンションを訪れたり、スネークス・アンド・ラテズのウェブサイトのビデオをはじめ、ブログやレビュー、ポッドキャストを定期的に作っている。だが、もっとも重要な仕事は、カフェのコア資産であるゲーム・ライブラリの管理だった。ライブラリは、絶えず手を加えられている。ある日、タッシー（この日はビンテージのキャデラック柄のシャツを着用）ともうひとりのグル、トッド・キャンベルが新作ゲームを試すというので、私も一緒に参加してみた。ボードゲーム市場が好況でよい点は、店に置いたり小売店とネットで販売できる新しい作品が次から次へと出てくることだ。とはいえ、毎年何千という新作が発売されるため、面白さもピンからキリまでいろいろだ。そのため、カフェに置くゲームはすべてタッシーとほかのグルたちが試さなければならない。タッシーはいくつかの箱を持ってくると、テーブルの上に置いた。

最初のゲーム、『セイ・チーズ！』という自撮りをテーマにした台湾製のマッチング・カードゲームは、奇妙なイラスト、それにタッシーいわく「ウサギへの変なこだわり」と、マイノリティへの微妙な差別的描写があるせいで即座に却下された。次の『レッド７』は、数字と色を使った一見シンプルなカードゲームだったが、必要以上に複雑なことがわかった。『ホワット・ザ・フード？』というフード・ファイト系のカードゲームは、全部開けないうちに、ルールも確認せずに箱のなかに戻された。ゲームは面白くて簡単そうなのが身上なのに、すぐに失くしてしまいそうな小さなコマが大量にあったからだ。「私は管理人だ。ゲームを壁際の棚に置くからには、しかるべき理由がなくちゃいけない。つまり、みんなが遊ぶべきよいゲームだ」と、タッシーは言う。最後のゲームは、『サムライ・スピリット』という小ぶりのゲームで、魔法の力を持つ七人の侍戦士が幽霊から村を守るというものだった。「協力ゲーム」というカテゴリーに相当し、プレーヤーが対戦せずに、力を合わせて共通の目的を達成する。

起業家たちが次々と参入

よいゲームを作るのはたやすいことではない。タッシーは、ボードゲームへの関心が再び高まった原因は、ゲームデザインの変化だと考える。以前のゲームは大きくふたつに分かれていた。「アメリトラッシュ〔アメリカ的なゲームの総称〕対ユーロゲーム〔ドイツ生まれのボードゲーム〕だ」と、得意げににやにや笑いながら彼は教えてくれた。歴史的に、アメリカのゲームのほうがヨーロッパのゲームに比べてシンプルだが、展開が遅いうえに明確な勝敗がつかず、プレイ時間が非常に長い。最後に『モノポリー』を完全に終わらせたのはいつだった？　まったくその通り。一方、ヨーロッパのゲームでは戦略が重視されるが、ルールが複雑すぎて弁護士に連絡しないと遊べない。そのうえ中身もデザインも無味乾燥だ。とりわけ、アメリカのゲームのカラフルでポップなデザインやキャラクターの隣にあると、ひときわ味気なく見えてしまう。

「この五年から一〇年のあいだに、アメリカ的ゲームとヨーロッパ的ゲームの真のハイブリッドが出現した」と、タッシーは言う。その結果、アメリカ的な製品をヨーロッパの感覚で遊ぶ新種のデザイナー・ゲームが誕生した。こうしたゲームは、戦略的で、プレーヤー同士が協力し合うことが多く、独創性がある。すぐにはじめられて、明確な結果が出るうえ、一時間かそこらで勝者が決まる。ボードゲーム業界の多くの人々が、現代はゲームデザインの黄金期だと口をそろえる。その大半が、それをクライス・トイバーというドイツの歯科技工士が発明した『カタンの開拓者たち』のおかげだと考えている。

一九九五年にドイツで最初に発売された『カタンの開拓者たち』は、三五カ国語に翻訳され、さまざまなバージョンを含め二三〇〇万セット以上を売り上げている。ゲームごとに地形図が異なり、プレーヤーがカタンという島に入植する。入植地で産出される資源を売買または交換して開拓地や街道を建設していき、最後に勝者が決定する。ほかのゲームと比べて際立っているのは、最初のボードの構成が毎回異なることと、ルールが明解なこと、一時間以内に決着がつくことだ。それでいて、戦略の使い方——ほかのプレーヤーと同盟を結んだり、感情を利用してさらに相手を欺いたり——は無限にある。

『カタンの開拓者たち』は、アメリカで初めて大ヒットしたヨーロッパのテーブルゲームだ。最初は大学とテクノロジー業界（伝えられるところによれば、フェイスブックのCEO、マーク・ザッカーバーグはこのゲームの大ファンだそうだ）で人気が定着したが、熱狂的なファンが増えるにつれて、国民全体に知られるようになった。「ヨーロッパ製のゲームは、デジタルゲームと同時期に台頭しているのに、アナログ的な性質を維持している」と、エイドリアン・ラフェルは、『ニューヨーカー』誌に掲載したトイバーのプロフィールで述べている。「ビデオゲームと同じくらい複雑になれるが、用意されたストーリーがないから、大勢の人が何度一緒に遊んでも飽きない」。『ワイアード』誌と『ウォール・ストリート・ジャーナル』紙は、『カタンの開拓者たち』を第二の『リスク』や『モノポリー』として歓迎した。

クラウス・トイバーの息子で『カタンの開拓者たち』の製作に協力し、現在カリフォルニア州オークランドで同ゲームのアメリカ事業部を運営するグイドは、ゲームが成功して家族一同驚いたという。「だって、退屈そうに見えたんだ」と彼は言う。「でも、それ以上の何かがあった。ルールを聞くとつまらなそうだけど、実際にやりはじめると、がぜん面白くなる。私たちは、コアなゲーマーだけでなく一般の人々も引きつける魅力があることに気づいていなかったんだ。いまだって、ルールを説明するとみんな退屈そうな顔をする。でもいざはじめると、何かが刺激されるんだ」。私も、妻と友人ふたりと一緒に楽しもうとスネークス・アンド・ラテズでひとつ買い求めたところ、まったく同じ経験をした。みんなでルールを読みながら、ボール紙でできた構成品を三〇分ほど見つめていただろうか。とうとう、このゲームをしたことがある友人のヴァネッサに、早くはじめようと急き立てられた。いざはじめると、たちまち植民地主義者たちの熾烈な土地争奪戦が勃発した。情け容赦のない道路や町の建設、無情な取引、騙しの数々ののち、突如として勝利を宣言した妻が叫んだ。「ワオ、これって最高」

『カタンの開拓者たち』はデジタル版も販売されているが、オリジナルのボードゲームほど人気がないことがわかった。理由を突き詰めれば、テーブルゲームが持つ「ゲームを通じて人と交流する」という基本的な役割がデジタル版にはないからだ。「人間がアナログな経験をしたいときは、心からそうすることを望んでいる」と、グイド・トイバーは言う。「確かにスキルと運も必要だけど、コミュニケーション能力も欠かせない……感情の表出を利用すればうまくいくんだ」。これは、性別、階級、文化に関係なく、どんな人間にも共通する。カタンは外向的な文化の国（ブラジル、イタリア、イスラエル）や内向的な文化の国（ドイツ、日本、イギリス）を含め、世界中でプレイされているが、どこでも公平な競争環境を作り上げる。あけっぴろげな人はもっと慎重に、穏やかなプレーヤーは好戦的になれる、とトイバーは言う。勝つためには戦略を練らなければならないが、高度な感情的知能〔自分と他者の感情を理解し、自分の感情をコントロールする知能〕と直感も必要だ。だからこそ、デジタルゲームに支配される娯楽市場で成功したのだ。「『カタンの開拓者たち』で重要とされる交渉とはったり、嘘、ごまかしは、人間なら誰でもできる」。テーブルゲームの人気ブログ「シャット・アップ・アンド・シット・ダウン」を共同設立した元プロのビデオゲーム評論家、ポール・ディーンはそう述べている。「コンピューターはそれが上手くできない。チェスはうまくできてもね」

多少の異論はあるものの、テーブルゲームは『カタンの開拓者たち』の登場前から復活していた。カタンがアメリカで成功を収める数年前に、シリコンバレーのふたりの起業家が設立したデイズ・オブ・ワンダー社の『チケット・トゥ・ライド』という鉄道路線で都市を結ぶ戦略ゲームがヒットしている。現在、同じカテゴリーには、病原体の感染から世界を救う協力型医療危機ゲーム『パンデミック』から、映画やテレビ番組を下敷きにした『ウォーキング・デッド』や『Xファイル』まで、多数の作品がひしめいている。激しい戦略合戦が必要なものばかりではない。雑学的知識を競う『クウィズニアック』や、氷点下の海で魚を取り合う『それはオレの魚だ！』のように楽しいパーティー用ゲームもある。

テーブルゲーム・ブームを引き起こしたもっとも重要な要因は、デジタル・ツールによって、閉鎖的だったテーブルゲームのデザインに起業家たちが次々と参入したことだろう。最初のきっかけとなったのが、二〇〇〇年に立ち上げられたオンライン・コミュニティ「ボードゲーム・ギーク」だ。このコミュニティは、新しいゲームを発見したり、デザインや商業化のアイデアとアドバイスを共有したり、メンバーが直接顔を合わせる集まりを企画するフォーラムを提供した。さらに、ユーチューブ、フェイスブック、ツイッターが、ファン・ページやゲーム関連のニュース、それにゲームのレビュー・ビデオを紹介してこの流れを拡大した。業界でもっともよく知られた代弁者は、ウィル・ウィートンという、アメリカのSFテレビドラマ・シリーズ『新スタートレック』でウェスリー・クラッシャーを演じた俳優だ。彼がユーチューブに投稿する愉快なゲーム・レビュー・ショー「テーブルトップ」は、一回の視聴回数が一〇〇万を超える人気ぶりだ。ゲーム業界関係者は、彼のショーで取り上げられたゲームが飛ぶように売れることを「〝テーブルトップ〟効果」と呼んでいる。

低コストでオープンソースのゲームデザイン・ソフトウェアとテンプレート、３Ｄプリンター（小さなドラゴンを手彫りするよりも、プリントしたほうがはるかに簡単だ）、それにオンデマンドのプリントサービスも、テーブルゲーム・ブームに貢献した。たとえば「ドライブスルーカード」は、デザイナーにカードゲームをアップロードさせて、注文が入るたびに印刷する。しかし、もっとも破壊的でパワフルな支援ツールはキックスターターだろう。二〇〇九年の開始以降、このクラウドファンディング・サービスは瞬く間に大小さまざまな数万のボードゲームとカードゲームを世に送り出す発射台となった。サイトでは常時約二〇〇の新しいテーブルゲーム・プロジェクトが資金を調達しており、そのおよそ半分が目標額を達成する。調達資金額と成功率の両方において、テーブルゲームはキックスターターでもっとも人気のあるプロジェクトのひとつである。ゲーム部門（ビデオゲームとテーブルゲーム両方を含む）の統計データは定期的に分析されていないが、『ニューヨーク・タイムズ』紙によれば、二〇一三年のビデオゲーム・プロジェクトの資金調達額が四五三〇万ドルであったのに対し、テーブルゲーム・プロジェクトは五二一〇万ドルだったという。

ミルトン・ブラッドリー社が『人生ゲーム』を発売して以来、新しいゲームの誕生にキックスターターほど貢献したものはない。本書の執筆のために取材したゲームデザイナーは、ほぼ全員キックスターターでゲーム制作に乗り出していた。『エクスプローディング・キトゥンズ』というばかげたカードゲーム〔「爆発する子猫」。爆弾をくわえた子猫のカードを引き当てると、大爆発してゲームオーバーになる〕のように、わずか数日で八〇〇万ドル以上を集めた華々しい成功例もあるが、ゲーム製作費として数千ドルを募るプロジェクトがほとんどだ。なかには、ささやかなスタートを切った後に大化けするゲームもある。その走りが、『カーズ・アゲンスト・ヒューマニティ〔人道に反するカード〕』だ。

孤独な世代

『カーズ・アゲンスト・ヒューマニティ』では、プレーヤーが次のような文章を完成させる。「この季節、ティム・アレン〔ファミリー映画『サンタクロース』で、サンタ役をコミカルに演じた俳優〕はクリスマスを守るために○○○への恐怖を克服しなければならない」。○○○の部分を埋める言葉の候補として、「信じられないくらい巨大な切れ痔」、「人種と階級を超えて味わえるリブ」、「よろよろ歩くラリー・キングの死体」、「ユダヤ人」などがある。もっとも不快なカードで文章を完成させた人がポイントを獲得する。もっとも、プレーヤーはたいてい酔っぱらっているので得点を数える者ほとんどいない。このゲームに勝ち負けはない。ただ礼儀をわきまえた社会が徐々に損なわれ、破壊されていくだけだ。ゲームの答えのひとつ、「このカードを作った中国の子供たちの小さなタコだらけの手」のように。

『カーズ・アゲンスト・ヒューマニティ』は、シカゴ郊外で育った幼なじみ八人が共同で作成した。最初は、大学から帰省中に参加したニューイヤーズ・パーティーで考案したものをオンラインで無料で手に入るようにした。すると、二年間でカルト的な人気を集めたので、商品化できるかどうか探るために二〇一一年にキックスターターに掲載したのだ。「キックスターターは、素晴らしい機会をくれた」と、ゲーム制作者のひとりで、パートタイムでこのビジネスを運営するマックス・テムキンは言う。「ぼくたちには実現したいアイデアがあって、ほかの人たちがそれを面白いと思うかどうかわからなかった。それに、ゲームを作って、それをシカゴのプリントショップで印刷するには四〇〇〇ドルが必要だった。そんな大金はなかったからね。キックスターターに頼るしかなかったんだ」。結果として、一万五〇〇〇ドル以上が集まった。

いざ発売されると、『カーズ・アゲンスト・ヒューマニティ』は予想を超える人気を集めた。販売数量は未公表だが、ある推計によれば一〇〇万セット以上（平均販売価格二五ドル）を売り上げたという。アマゾンではベストセラー・ゲームの常連で、カナダの代理店を兼ねるスネークス・アンド・ラテズではゲームの売上の六〇パーセントを占めている。「その前は、うちはちっちゃな零細代理店にすぎなかった」と、同カフェのオンライン通販と卸小売ビジネスを手伝うアーロン・ザックは言う。「それがいまじゃ、発送数が多くて郵便局からディスカウントを受けているくらいだ。あのゲームのおかげだよ」

テムキンと仲間は、このゲームを使って、自分たちの成功を後押しする消費主義文化の過熱ぶりを証明した。二〇一三年のブラックフライデーで、定価に五ドル上乗せしてゲームを販売したのだ。これは明らかに暴利行為だ、と宣伝して。値段の高いセットは、なんと前年よりもたくさん売れた。そこで翌年のブラックフライデーは、ゲームを購入できないようにオンラインストアから削除して、その代わりに六ドルで「bullshit（ブルシット）〔くだらないたわごと。直訳すると、牛の糞〕」入りの箱を売り出した。熱狂的なファンがこのバーゲン品に殺到し、三〇分足らずで三万個が完売した。数週間後、彼らのもとに乾燥した本物の牛の糞が箱入りで届けられた。「収益はアメリカ政治の財政の透明性を支援するある基金へ寄付されました」と書かれたメモが添えられていた。

言うまでもなく、『カーズ・アゲンスト・ヒューマニティ』の成功は業界内で批判を浴びた。侮辱的な内容だけでなく、このゲームをほかの洗練されたゲームと同列に扱うことにも反対の声が多かった。ゲーム愛好者は、ゲーム全体の品位が落とされた、と感じている。「『カーズ・アゲンスト・ヒューマニティ』は、ゲームが好きになるきっかけというよりも、一時的に楽しむ下品なおもしろグッズだ。ポルノ映画の視聴者が映画好きにならないように、このゲームを遊んだ初心者もテーブルゲームを好きになることはないだろう」と。ゲーム自体、世間が言うほど冴えてるわけではなく、面白くもない、という意見もある。

こうした批判はもっともだが、重要なポイントを見落としている。『カーズ・アゲンスト・ヒューマニティ』は、ゲームデザイナーによるテーブルゲームの急速な発展にあやかって作られたものではない。社交の究極の潤滑油として生まれたのだ。ばかばかしいほどシンプルで、おかしくて、子供じみているせいで、どんなに常識的なグループも手にとって数秒で笑いはじめる。『カタンの開拓者たち』とは対極にありながら、カタンと同じようにアナログなゲーム経験の魅力を少しずつ発揮して、人との交流を促進する。

「ぼくたちはとても孤独な世代なんだ」と、二九歳のテムキンは言う。ゲームを作った彼と友人たち

（みんな正真正銘のオタクだ）はインターネットで育った。チャットルームにたむろして、オンラインで『スタークラフト』をプレイしながら高校時代を過ごし、大学に入るころには、現実世界で人とつながりたい、という欲求がどうしようもなく高まっていた。「身の周りには他人とつながるツールがあふれ、慎重に選りすぐった日常のワンシーンを大勢と共有している。それなのに実際には会うこともない。そんな毎日を過ごしていると不安がひたひたと押し寄せてくる。フェイスブックの友だちはたくさんいるけど、実生活で一緒に過ごす相手はひとりもいない。インスタグラムのなかの生活は完璧に見えるのに、日々の現実はなんて惨めなんだろう。いったんその寂しさにとらわれると、ソーシャルメディアと、リスクのない形だけの結びつきからますます抜け出せなくなる。つかの間の安らぎを求め、SNSに戻ってはクリックを繰り返し、フィードを更新し続ける。誰だって、常に新しいものを求めるサイクルにはまりこんで、必死で人とつながろうとした経験があるはずだ」

テムキンは、ポストモダン文学の旗手のひとり、デヴィッド・フォスター・ウォレスの言葉を言い換えて、デジタル・ソーシャル・メディアを「孤独を感じなくなる麻酔」と呼んだ。「だから、現実世界で友だちとテーブルに座ってこのゲームをすると、すごく気分がいいんだよ。ゲームをすれば、すぐに人とつながれるからね。ルールはわかってるし、ゲームの展開に従って社会的な関係を簡単に築ける。ぼくたちが『カーズ・アゲンスト・ヒューマニティ』を作ったのは、友だちと一緒に何かをして、一緒に笑いたかったからなんだ。あのゲームは、ちょうどいいタイミングでそのニーズに応えてくれた。ゲーム方式で安全に趣味の境界を押し広げる格好の口実になったんだ。みんなも現実世界で同じひとときを共有して、つながり合えたらうれしいな」

『カーズ・アゲンスト・ヒューマニティ』の批判者の多くは、キックスターターがテーブルゲーム業界に悪影響を及ぼしている、とも考えている。クラウドファンディングで手軽に得た資金のせいで、市場にはお粗末なデザインのゲーム、途中で頓挫したプロジェクト、約束した発売期限をとうに過ぎた新作ゲームが氾濫している。そのせいでテーブルゲームへの興味が失われるだけでなく、比較的小さなこの市場が供給過多に陥っている。けれども、クラウドファンディングに代わる方法——ゲームをゼロから考案し、自腹を切って試作品を作り、さまざまなゲームやホビーショップでプレイしてもらってから、コンベンションで伝統的なメーカーに売りこむ、という以前のプロセス——は、ゲームデザイナーにとって魅力的とはいいがたい。

年代や性別を超えてにぎわう

ある晩、私はアレハンドロ・ヴェルナッツァに会いにスネークス・アンド・ラテズへ足を運んだ。彼が考案したゲーム『ディール：アメリカン・ドリーム』は、キックスターター・キャンペーンの最終週に突入していた。ヴェルナッツァはコロンビアのボゴタ出身だが、現在はトロントで教師をしている。『ディール』は、彼とトリスタン・フロベールを含むフランス在住の仲間との共同ベンチャー事業だった。二〇一〇年、彼らは六日間のロシア横断旅行中、窮屈な列車のコンパートメントで知り合った。一行はすぐに退屈し、紙でゲームを作りはじめた。旅行が終わってほどなくして、フロベールがヴェルナッツァにメールを送り、ドラッグ・カルテルを基盤にした『リスク』風のゲームを作りたい、と提案した。それから数年間かけて一緒にゲームを開発し、初期の試作品をボードゲーム業界のさまざまな見本市に持ちこんだ。そのなかのひとつ、ドイツで開催される巨大なアナログ・ゲームの祭典「エッセン・シュピール」でキックスターターのことを知ったのだ。二〇一五年五月末にキャンペーンをはじめたとき、彼らは二万九〇〇〇ユーロという調達目標を設定した。私がヴェルナッツァに会ったのは、キャンペーン終了まで残すところ六日というときで、資金はまだ二万ユーロしか集まっていなかった。

「キックスターターがこんなにドキドキするなんて知らなかったよ。ほんと、めちゃくちゃ心臓に悪い」と、彼は試作品のボードを広げてカードを並べながら言う。

『ディール：アメリカン・ドリーム』では、南北アメリカのドラッグの生産・消費市場で犯罪ネットワーク同士がしのぎを削る。プレーヤーは、まずどのギャング（シカゴ・マフィア、メキシコのカルテル、バンクーバーのヤクザなど）になるか選び、資金を調達し、兵士を買ったり、縄張りを奪ったりする。それから麻薬を運んで売りさばき、ポイントを獲得する。最初に一〇ポイントを獲得したプレーヤーが勝者になるが、そこにいたるまでに、麻薬を巻き上げようとしたり、縄張りに侵攻してきたり、あらゆる武器を使って自分を殺そうとする競争相手たちに立ち向かわなくてはならない。ゲームのはじめに――偶然にも、カフェのステレオではこのゲームにぴったりのノトーリアスB・I・G〔アメリカのラッパーで、元麻薬の売人〕の曲がかかっていた――私はアメリカ東海岸沿いを自分の縄張りに定め、ヴェルナッツァは南西部に陣取った。私は中西部とテキサスで彼の攻撃をかわした後にマイアミを掌握、最後は彼の故国コロンビアも配下に収め、そこからアメリカに麻薬をたんまり運びこんで彼を負かした。『ディール：アメリカン・ドリーム』は、スピーディーな展開の楽しい独創的なゲームだった。私はさっそく彼のキックスターター・キャンペーンに一〇ドルを出資すると、次の週に成り行きを見守った。キャンペーン終了まであと五日の時点で、成功の見込みはますますなくなったように見えた。ところが、最後の三日間で突然出資者がぐんぐん増えて見事に目標額を上回った。本書が刊行されるころには、もう商品化されているはずだ。

キックスターターに掲載された『ディール：アメリカン・ドリーム』のキャンペーン・ビデオは、スネークス・アンド・ラテズで撮影された。私が初めてヴェルナッツァに会ったのも、カフェが毎月奥の部屋で開催するゲームデザイナー・ナイトだった。そのとき、彼はまさにキックスターター・キャンペーンをスタートするところだった。

キックスターターと「ボードゲーム・ギーク」がボードゲームの逆襲を後押しするデジタル・コミュニティなら、カフェでの夜の集いはそのアナログ版と言えるだろう。毎月、有名なプロフェッショナルから初めてゲームを作ったアマチュアまで、二〇人から三〇人のゲームデザイナーが仲間を招き、試作品を実際にプレイしてもらってフィードバックを受け取っている。集まる顔ぶれは、ふだんこの店にくる客層ほど幅広くない。男性とオタク率が高いが（スター・ウォーズのTシャツが目につく）、展示されるゲームの種類と範囲を見れば、ゲームデザインの新時代が素晴らしい創造性を生み出しているのがよくわかる。バイク便や在宅勤務者を扱ったシンプルなカードゲーム、一筋縄ではいかなさそうな数当てゲーム、面白いトリビアクイズ、切り離した紙切れに書かれただけのゲームもあれば、手彫りの木板に手作りの凝ったコマがついたものや、店頭に並べてもおかしくないしゃれた作品もあった。ハーメルンの笛吹き男の物語や、第二次世界大戦中に英国海峡を渡る伝書鳩をテーマにしたゲーム、それから実にたくさんのファンタジーゲームがあった。

トロピカル・カクテル柄のシャツを着こんだタッシーもきていた。意欲的な熟練デザイナーにアドバイスとフィードバックを与えるためだが、今回は新たにデザインした自作のB級映画カードゲーム『グレイヴ・ロバーズ・フロム・アウター・スペース（宇宙からやってきた墓荒らし）』を試すという目的もあった。このゲームは二〇〇一年に発売されたがもう絶版になっており、彼は最新版の資金をキックスターターで募ることを検討していた。「需要はあると思う」。タッシーは、さまざまなモンスター、小道具、キャラクターのカード（「最初に死ぬ奴」、「最初に胸を見せる女の子」など）を並べながらそう言う。ゲームでは、それらを使ってプレーヤーがB級映画を製作する。「おれにとって初めてのキックスターター・キャンペーンだ。めちゃくちゃ怖いよ。オリジナル版がすごく面白いのはわかっているけど、このゲームをしたことがない人たちに見せて、面白いということをわかってもらわなくちゃいけないんだからね」。キックスターターやボードゲーム・ギークは資金調達や宣伝にはもってこいのツールだが、タッシーに言わせると、ゲームが成功するかどうか本当の手ごたえが知りたければ、このような場で初めてプレイする人たちの反応を見るしかない。

その晩参加したデザイナーのひとりで、トロント郊外からやってきたジェニー・ミッチェルというもの静かなアーティスト兼ミュージシャン兼スクールバスの運転手は、初めて自作したゲームを紹介していた。手作りと中古の掘り出し物の再利用に熱中するミッチェルは、冬のあいだ友人たちと集まってリサイクルショップから救い出したボードゲームでよく遊ぶという。「私が作ったゲームは、『ホーダーズ（溜め込む人たち）』っていうのよ。私自身もホーダーなの」と、ミッチェルは言う。父親がかつてアンティークショップを経営していたため、そういう人たちによく出会ったという。「部屋にものを溜め込みすぎて、立った姿勢のまま亡くなった女性もいたわ」。ゲームは彼女にとって、黄ばんだ新聞の山のあいだで直立状態で死なない程度に、ちょっと変わった自分の習癖を楽しむ方法のようだった。

『ホーダーズ』は、洗練されてはいないがよくできていた。コンポーネントは、糊で張り合わせたボール紙、手書きのルール、一ドル・ショップ〔一ドル以下の商品を売る店〕用のお金、ミッチェルが丹念に絵を描いた小さなカードだ。まず最初に、プレーヤーはゴミ捨て場から利用できるスクラップ（木、金属、針金、道具）を探し出し、それらを組み合わせてラジオやテーブルや家具セットを作り、ゴミ捨て場やほかのプレーヤーに売ることができる。一ラウンドを週で数え、毎週ゴミ出しの日や、鉄砲水、保健衛生調査、誕生日、ガレージセール、竜巻などがあって、プレーヤーの溜め込みを邪魔したり助けたりする。一二週間後にもっともお金を持っているプレーヤーが勝ちだ。私はレックスとテリー（彼らは私に「パパラッツォ」というあだ名をつけた）というカップルと、フランソワという魔法使いのような髭をはやした年上のデザイナーと一緒にこのゲームをプレイした。フランソワはミッチェルに、詳しいフィードバックを求めているかどうか尋ねた。「ルールについて意見をもらえればうれしいかも。でも、自然に任せるわ」とミッチェルは答えた。私たちはボードをセットしてガイダンスに従ってスタートした。最初に各自が手に入れられるものを獲得すると、いくつかの小さなアイテムの販売がはじまった。第五週で竜巻が起こって全員のカードが混ぜ合わされ、テリーの金属のかけらがさまよっているのを見つけた私がそれをくすねた。テリーは怒ったふりをして「パパラッツォったら！」と大声をあげた。ゲームが進むにつれて、やりにくい部分が出てきたので、改善案が出されはじめた。進行ペースが遅くなって次のプレーヤーの番がなかなかこなくなったので、自分の番でなくても好きなときに取引できるようにしたほうがいい、とフランソワがアドバイスした。「猫が描かれたカードを一組用意して、勝った人が猫に囲まれて賞賛されるというのもいいかもね」。フランソワに続いて二位になるちょっと前に、テリーが意見を述べた。

集まりが終わりかけたころ、私は部屋の隅のテーブルのそばに立って、五人の男性が『リバー・ランナー』という子供向けのゲームをしているのを見守った。プレーヤーは、荒れ狂う川を渡るために、記憶を頼りにカードを一致させなければならない。とてもシンプルで申し分ないように見えたので、デザイナーのジョシュア・カペルにその場で試作品を購入できないか尋ねた。プレイしている男たちは、「ゲーム職人」というコミュニティのメンバーで、仲間が自作のゲームを売り出せるように指導したり助けたりするという。指導陣のひとりであるセン＝フォン・リムは、作業療法士で発達心理学の教授でもある。彼は、実に面白いインフォマーシャルなパーティー用ゲーム『バット・ウェイト、ゼアーズ・モア！』やカナダのテレビ番組のSFスリラー『オーファン・ブラック』のアレンジ作品など、さまざまなゲームをデザインしてきた。

リムはゲームのデザインを、仕事（ジョブ）と趣味（ホビー）をかけあわせた「ジョビー」と考えている。家族との時間が減るのを納得できるだけの収入を得られる趣味、という意味だ。世の中には大ヒット・ゲームもあるが、テーブルゲームの圧倒的多数はゲーム好きのために作られた。「私の目標はシンプルだ。世の中にゲームをたくさん送り出して、ゲーム文化を育てるんだ」。リムは、デジタル・ツールの力によってアナログ文化が活気づいていることを認めていた。彼自身もキックスターターで資金を調達したことがあり、ボードゲーム・ギークの常連であるだけでなく、自分のポッドキャストさえ配信している。その一方で、ボードゲームの復活はスネークス・アンド・ラテズのような現実世界のフィジカルなコミュニティのおかげでもあると確信していた。

「このカフェがその証拠だよ」。彼はそう言うと、店内を見回した。月曜日の夜一一時だというのに、店はあらゆる年代、性別、背景の人たちでにぎわい、さまざまなゲームへの関心であふれていた。「母親の家の地下に住んで『ダンジョンズ&ドラゴンズ』に熱中する大勢のオタク以外にも、この趣味が広がっている。ここは、リアルの人間がリアルなゲームで遊ぶリアルの場所なんだ」。リムはそう言って、また別のゲームの準備をしはじめた。その周りに彼の友人たちが集まった——一緒にゲームを楽しむために。

PART Ⅱ アナログな「発想」の逆襲

第5章

プリントの逆襲

デジタル出版の問題

私の前作『食の流行請負い人たち（*The Tastemakers*）』が出版されてからほどなくして、ニューヨークのある有名マーケティング機関の女性から連絡を受けた。拙著を読んでくれたそうで、彼女がクライアントのために製作中の食のトレンドに関するオンライン番組について意見を訊きたいとのことだった。私たちはニューヨークで一緒にコーヒーを飲むことになった。会話はすぐに私が現在取り組んでいる仕事へと移り、私は『アナログの逆襲』の話をした。彼女はそのアイデアを面白いと感じたが、ひとつ疑問に思うことがあった。

「なぜ本なの？」

どういうことだ？

「なぜまた本を書くの？」

そう言うと、彼女は表現方法として本を選んだことに、こと細かに反論を並べたてた。本を書くには取材と執筆に膨大な時間と労力が必要だが、出版社から支払われる報酬はごくわずかだし、作家が大金を稼げるほど売れる本はほとんどない。それに加えて、印刷されたものなんて誰も読まない、と。

じゃあ、どうすればいいんです？と、私は尋ねた。

「ブランド・コンテンツよ」。さもわかりきったことのように答えが返ってきた。世界はブランドによって動いていて、アーティストやほかのクリエイティブな人たちはブランドのために素晴らしい作品を創っている。彼女にとって、『アナログの逆襲』をそうしたプロジェクトのひとつと見なすのはいともたやすいことだった。レコードに関するウェブ動画サイトにソニー・ミュージックが資金を出してくれるかもしれないし、キャノンがアナログ〝製造者たち〟をテーマにしたブログを後援してくれるかもしれない。もう本を読みたがる人なんていない、と彼女は言う。「みんなが求めているのは、消化しやすいブランド・コンテンツのかけら」なのであって、私のようにアートやアイデアを生み出す人間は、そうしたコンテンツを作って金を稼ぐか、絶滅寸前の文化の象徴にしがみついてますます貧乏になっていくかのどちらかだ、と。

私は激しく動揺してその場を後にした。彼女はいったい何様なんだ？　スキーのジャンプ台みたいな鼻をしたモデル上がりのくせに、会ってからたった五分で、他人の職業を全否定するなんて。日がたつにつれて、彼女の質問は私の心をむしばんでいった。あんなに憤慨したのは、彼女が正しかったからだろうか？　いったい何だってまた私は本を書いたりしているのだろう？

物書きを生業にした二〇〇二年以降、デジタルのせいで印刷がなくなるという不安は常にあった。だから私は自然の成り行きとしてその真実を受け入れるようになった。活字メディア（本、雑誌、新聞）で働くことは、ラストベルト〔錆びついた工業地帯〕の都市で暮らしているようなものだ。周囲の世界がどんどん縮んでいくなかで、色あせた過去の栄光に慰めを見出しているというわけだ。年を経るごとに、寄稿してきた出版物が次々と廃刊になり、紙面を縮小する雑誌や新聞、首を切られる編集者が増えるばかりで、執筆料は減る一方だ。印刷出版物は、情け容赦ないデジタル重力の法則に抗えず、下降の一途をたどっているように見えた。

印刷出版物は、デジタル出版物より製造にも流通にもコストがかかる。雑誌、新聞、本を読者のもとへ届けるには、木、製紙工場、巨大な印刷機のほか、大量のトラック、倉庫、それに郵便配達員や小売店が必要だ。購入にお金がかかるし、スペースもとる。対照的に、デジタル出版物に物理資源はいらないし、配達する人間も、スペースも必要ない。廃棄物も出ないうえに、無料であるか、信じられないほど安いかのどちらかだ。たった一部でも、百万部と同じコストで、同じくらい簡単に作って流通させることができる。

これをすべて承知のうえで、印刷を選ぶ者などいるだろうか？

それにもかかわらず、印刷は持ちこたえているばかりか、特定の分野では成長を遂げ、新しい出版物や、デジタル出版物のアナログ版さえ生み出している。現時点では定期刊行物で何十億も利益を出す企業はほとんどないが、低コストで即時配信できるデジタル出版物の輝かしい成功物語がほんの一面にすぎないことがますます明確になってきた。アナログは、ユーザーのエンゲージメント（愛着のある絆）、関心の持続、思わぬ発見など、デジタル出版社が抱える悩みの種を解決する。もしデジタルのほうがアナログより先に発明されていたならば、印刷は真に破壊的なテクノロジーになったかもしれないのだ。

印刷出版物は利益を生む

気まずいコーヒーを飲んでから数カ月後、私はロンドンのトレンディーなショーディッチ地区にある「ブッククラブ」というバーの地下で、人混みにもまれていた。この街、とりわけこのあたりのようなイーストエンドは、雑誌を主とする活気にあふれた新しい印刷出版の中心地だ。二十代から三十代はじめの百人近い人々が、数千の使用済みの電球を飾りつけた天井の下に集まったのは、「スタック・ライブ」というイベントに参加するためだった。スタック・ライブは、独立系の雑誌定期購読サービス「スタック」を創業したスティーヴン・ワトソンが、その月に配布した雑誌の創刊者を招いておこなう毎月恒例のインタビューだ。今晩のゲストはローザ・パーク。年二回刊行される雑誌『シリアル』を共同制作する饒舌なアメリカ人だ。『シリアル』は、イギリスの独立系雑誌出版で人気急上昇中の花形誌だった。

ソウル生まれのパークは、バンクーバーで育ち、ニューヨークのファッション・マーケティング業界で働いた後、修士号を取るためにイギリスのエーヴォン州バス市に移った。そこでイギリス人デザイナーのリッチ・ステープルトンと出会い、二〇一二年に北欧の感性がほのかに漂う、デザイン重視のトラベル・マガジン『シリアル』を共同創刊した。最初は一五〇〇部だった印刷部数は、二〇一五年秋号は三万五〇〇〇部に跳ね上がり、瞬く間に完売した。この勢いは現在も変わらない（ネットでは中古が定価の倍以上の値で転売される）。すでに韓国語、中国語、日本語版もスタートした。アメリカ国内での流通部数も伸びている。文芸特集版も作成され、家具、絵画などのコラボレーションや陶芸の連載もはじまった。現在、パークはレコードプレス機の記事とフラワーアレンジメントの連載企画を準備中だ。これらすべてを、パークとステープルトンはたったふたりのフルタイムの従業員とともにやってのけた。

「どうやったらそんなことができるんだろう。まさか子供はいないだろうね」と、ワトソンが笑いながら言う。

彼はパークに、新たにはじめた都市ガイドについて尋ね、紙とインクを使うと財政的にも物流的にも困難なのに、なぜデジタルではなく印刷の雑誌にしたのかと訊いた。私は耳をそばだてた。「実は、最初は絶対オンラインにするつもりだったの」と、パークは言う。「でも、印刷にしてほしいという声がとても強かったから。試しにロンドン・ガイドを刷ってみたら、二週間で売り切れたわ。いまは、有料の印刷版と、もっと小規模で簡約されたオンライン版の並行モデルにシフトしている」

私は手をあげて、パークに質問した。デジタル出版物と競合する市場で、雑誌の強みは何だと思いますか？「印刷されたもののほうが、ネットよりずっと早く認知されるわ。だって、私たちの雑誌は、あなたが店やホテルに入るときや、電車のなかで隣に座った人が読んでいれば、いやでも目に入るもの。製品がモノとして世に出れば、誰かが必ず気づいてくれる」。パークが『シリアル』誌のビジョン、財務状況、なぜ一冊も無料にしないのか、といったことを語るあいだ、私の周囲では大勢がそのコメントを一語一句熱心にノートに書きとめていた。彼らは愛読者であるだけでなく、印刷の逆襲の推進者でもあった。全員がまだ若く、デジタルに精通しているにもかかわらず、紙媒体で雑誌を成功させたパークの話を聞くために、わざわざ参加費を払ってここにやってきた。そして彼女の成功を、自分の雑誌で再現したいと願っていた。

「〝デジタルが印刷を抹殺する〟という大見出しは、シンプルだけど説得力のある嘘だ」。スタック・ライブのイベントの翌朝、私と近所でお茶を飲みながらジェレミー・レスリーは言う。新聞と雑誌のデザイナーだった彼は、雑誌デザインに関する本を二冊上梓し、現在は人気ブログ「マグ・カルチャー」で世界的な出版状況を追跡している。「〝どうして印刷はなくならないのか教えてほしい〟と訊かれたら、私はこう答えている。印刷にはさまざまな問題があるにもかかわらず、どの出版社もまだ利益の大部分を印刷物から得ているからだ。それに、これまでより出版物が増えている」

雑誌はいつだって波乱万丈の業界だ、とレスリーは言う。廃刊によって印刷出版物がひとつ消えるたびに、新しい雑誌がぽこぽこ生まれる。「ミスター・マガジン」というあだ名で通っているアメリカの研究者、サミール・ホスニがまとめた統計によると、アメリカ国内だけで毎月平均二〇の雑誌が創刊されているという。そのなかには、『シリアル』、『リトル・ブラザー』(エッセイ誌)、『キンフォーク』（ヒップスターの愛読誌）、『ラッキー・ピーチ』（世界的な食文化）、『ドリフト』（コーヒーと旅行）、『カリフォルニア・サンデー』（西海岸のニューヨーカー誌）のような流行誌のほか、『ゲイ・ウェディング・マガジン』から『ガールズ・ガンズ・アンド・ロッズ』、『3Dメイク・アンド・プリント』、『ギニー・ピッグ』（モルモットという意味だが、人間モルモットではなくフワフワした動物の雑誌）までさまざまなタイトルがある。

これらの雑誌が示すのは、印刷出版物の作成と販売方法が新しいモデルにシフトしているという事実だ。具体的に言えば、ポストデジタル経済で機能するように設計されたモデルに変わっている。新雑誌は、数百から数千というささやかな発行部数からスタートして、愛読者のコミュニティを通して徐々に読者を増やしていく。創刊号を数十万部刷って全国の書店に並べる、という伝統的な出版社のやり方とは正反対だ。それにもかかわらず、この一〇年間に創刊されたインディペンデント誌〔大手資本に属さない独立経営の雑誌〕の多くが、多国籍出版社の雑誌の発行部数に迫りつつある。「これからは『ヴォーグ』を展開するコンデナストや、世界最大級のハーストのような出版社が、インディペンデント出版社を真似しはじめるだろうね」と、レスリーは言う。つまり、より少数の貴重な読者に、より質の高い雑誌を少しだけ販売するということだ。

レスリーはこうも言った。新しいグローバル・クラスの印刷雑誌の出現には、デジタル技術、とりわけどんなに小さな出版社でも見栄えのする雑誌を作ることができる出版ソフトウェアが大きな役割を果たしている。スティーヴン・ワトソンも、この印刷ルネッサンスはデジタルによってはじまった、と同意している。『シリアル』誌を取り上げたスタック・ライブ・イベントの少し前に、彼はブッククラブでこう話した「雑誌業界では、雑誌の作成費や発行部数ではなく、創刊される雑誌の数が増えている。テクノロジーのおかげだよ」。こうしたテクノロジーは、デザインソフトウェア、クラウドファンディング・キャンペーン、デジタル印刷などを指すが、ワトソンはブログの功績も大きいと感じている。「大勢の人がブログをした。ブログを読んで育ち、自己表現の一形態としてブログを書いたんだ。その人たちがいま、自分の考えに正統性を持たせるために、印刷媒体に書きたがっている」。いつまでも形として残る紙の永続性が、オンラインでは得られない別のレベルの信頼（クレディビリティ）を与えてくれるというわけだ。

こうした新雑誌が成長するにつれて、ワトソンは市場に根本的なギャップがあることに気がついた。新しい雑誌が続々と創刊され、それぞれに大勢の愛読者がいるというのに、流通システムは大手出版社に合わせて作られている。大手の雑誌（『タイム』、『プレイボーイ』、『ゴルフ・ダイジェスト』、『フォーブス』など）は大量に印刷され、投げ売りされて、経費はすべて広告で賄われる。「従来の雑誌市場のモデルは、恐ろしく無駄が多い。必要な部数の倍も刷り、あらゆる店に出荷して、売れ残った半分を溶かしてパルプにしている」とレスリーは言う。ワトソンが注目する、より新しいニッチに焦点をあてた雑誌、たとえばドイツの革新的な『ＭＣＩＲ』という赤毛の人向けのライフスタイル誌は、そのような方法では絶対に成功できない。単純にコストがかかりすぎるのだ。それを救うのがスタックだ。毎月、ワトソンは異なるインディペンデント誌を選んでその最新号をスタックの購読者に送る。九月は『アドレス』（文学的な暮らし方）、一〇月は『エレファント』（アートと文化）、一一月は『インターン』（無給労働者向け）、一二月は『ラップ』（ラッピングペーパーを挿入したグラフィックデザイン）というように。購読料は、年間一九〇ドルだ。

ワトソンは、まだ編集者として働いていた二〇〇八年に副業としてスタックをはじめ、二〇一四年には購読者を四〇〇〇人以上まで増やした。二〇一八年までに一万人にしたいと抱負を語る。このビジネス（利益は微々たるものだ）は、会員に送付する雑誌を卸売価格で購入して儲けを出している。雑誌にとって、スタックは売上を保証してくれるうえ、新しい読者を開拓できるありがたい存在だ。最高の雑誌を定価より安く紹介してくれるため、読者にも歓迎されている。現在は、北米へ精力的に拡大するかたわら、新しい流通サービスを立ち上げようとしている。そのなかには、雑誌のクリエイターがスタックのウェブサイトを通じて特定のバックナンバーだけを販売したり、年間購読を受けつけるサービスも含まれる。

「スティーヴン・ワトソンは間違いなく伝説的な男だよ」と語るのは、二〇一四年一月にスタックに紹介された『ディレイド・グラティフィケーション』誌の共同創刊者であり、編集長でもあるロブ・オーチャードだ。『ディレイド・グラティフィケーション』はスロー・ジャーナリズムと呼ばれ、過去に遡った分析的な見地からニュースに取り組む。デジタル出版業者が放つ即席の専門家的意見のアンチテーゼのようなものだ。「うちもスタックも同じころスタートして、互いに助け合ってきた。スタックは、確実に雑誌への関心を掘り起こす。印刷部数が少なくても読者を確保してくれるし、こっちにお金も入ってくるから、とても実用的なんだ。彼はとっても頭がいいよ。小さな雑誌が抱える問題をよくわかっている」

私が取材したイギリスのインディペンデント誌業界の人々に共通していたことがひとつある。それは、印刷出版物そのものと、印刷出版物がデジタル出版物に対して優位にあるということに強い自信を持っていることだ。これは理想論ではなく、確固たる経済議論だった。「重要なのは、印刷したものにはみんながお金を払うってことだ」と、オーチャードは言う。印刷は実証済みのビジネスモデルだ、と彼は続けた。『ディレイド・グラティフィケーション』は広告収入をいっさい得ずに毎号約五〇〇〇部を完売し、年四回の発行で毎年二〇万ポンド以上の収入を生み出している。彼はこれを、作成費以上の値段で販売することで成し遂げる。大した金額には見えないが、長期的に見れば、適切なビジネスモデルを見つけるまでに何百万ドルも無駄にするよりも採算が合う。「本当に成功したデジタル出版物にはお目にかかったことがない」と、オーチャードは言う。「デジタルにすれば売れる、と考えてデジタル出版をはじめる人を大勢見てきた。でも、誰も利益を出せていない」

読者という価値

デジタル出版物は、流通面では明らかに印刷より勝っているが、その利益モデルの大部分はまだ確立されていない。印刷の消滅という威勢のいい言葉を吐いているにもかかわらず、収入より経費が多いパターンがほとんどだ。これはデジタル出版業界を支える想定に逆行している。その想定とは、二〇〇八年一〇月に「ゴーカー」というゴシップ専門サイトからデジタル出版物の帝国に成長したメディアがニューヨークで主催したパーティーで、同社のブロガーが言ったコメントに要約されている。当時は、その数週間前にリーマン・ブラザーズが破綻し、株式相場は暴落、不況の波がメディア業界にも押し寄せようとしていた。印刷出版物はまさに滅びつつある斜陽産業だった。その女性は、悲観的な将来についてこう言い放った。「素晴らしいわ！　これでようやくコンデナストの広告が全部こっちに流れてくる！」。彼女の言ったことは半分は正しかった。

不況によって、広告費は印刷出版物からオンライン情報サイトへと急速に移行した。しかし残念なことに、すべてがデジタル出版物へ流れたわけではなく、ウェブ全体に拡散したのだ。たとえば、クレイグリストとイーベイに三行広告が増えた。グーグルのアドワーズとイェルプに地元企業が広告を掲載した。それ以外のブランドや広告主は、ユーザーのブラウザが行き着くページにソフトウェアによって自動的に表示される広告に、ページビューに応じて掲載料を支払った。それまでと同じ額の広告費が、それまでより多い場所に散らばった結果、広告掲載費が引き下げられて、出版社のデジタルと印刷の両方の収入が減少した。

ロンドン滞在中のある日、私はジェーン・ウォルフソンとスティーヴ・ヘアと話をした。ふたりとも、イニシアチブというメディア・プランニング・エージェンシーで、コカコーラやアマゾンなどの広告の買いつけをコーディネートしている。ヘアによると、印刷離れのせいで、メディア掲載費における印刷の割合が二〇〇五年の三〇パーセントから二〇一五年にはわずか七パーセントに激減し、その分がデジタルへ流れたという（テレビ、看板広告、その他のメディアはまだ安定していた）。「でも、それは人目を引く記事の影響だと思う」。たとえ印刷の強みが実際には薄れていなくても、クライアントは「消滅する」と繰り返し言われているものには投資したがらない、とウォルフソンは指摘する。「印刷出版物は、いつだって純投資利益率が高いのに」

印刷広告は、デジタル広告よりもエンゲージメント（消費者とブランドとの絆）が高い。消費者が目にする時間が長く、アルゴリズムで表示される広告よりも、表示する場所と方法をはるかにコントロールできる（最近の私のコンピューター・スクリーンを例にあげると、『ニューヨーク・タイムズ』のウェブサイトにケイト・ミドルトンのフェイク・セックス・ビデオの広告が出てくることもある）。デジタル広告は、クリックをせがむか、広告ブロック・ソフトウェアで一掃されるかのどちらかで、押しつけがましい不快な邪魔ものと見られがちだか、紙媒体の広告は紙面にしっかり収まっている。それに『ヴォーグ』のような高級ファッション誌の場合、本文の内容と同じくらい広告を目当てに購入する読者がいる。

「印刷の読者は、デジタルの読者よりも価値があると思う」とウォルフソンが続けた。「印刷の読者のほうが商品（雑誌や新聞）に対する愛着や忠誠心が高く、それがブランド広告にも移行するからよ」。イギリスの雑誌出版業界のマーケティング・エージェンシー、マグネティックが先ごろおこなった調査によれば、雑誌読者の九〇パーセントは広告を見ており（この数字はほかのメディアよりはるかに高い）、調査参加者の七〇パーセントは雑誌で広告を見た後に何かを購入したり店を訪れているという。ネット広告の場合、その数字は著しく低い。「ネットでブランドを確立するのは至難の業よ。ユーザーはクリックの連続で忙しすぎて、ブランドと関係を構築する余裕なんてないのだから」

こうした要素はすべて、出版社の広告収入に転換される。「デジタル広告の収益は、雑誌広告の五分の一にすぎないわ」と、ニコール・ヴォーゲルは二〇一四年にテキサス州ヒューストンのオフィスで会ったときに言った。「デジタル広告収入はあぶく銭にすぎない」。ヴォーゲルは、シティマガジン『ヒューストニア』の社長であり創刊者でもある。同誌は、一〇年前に彼女が兄と立ち上げたサガシティ・メディア社の刊行物だ。サガシティは現在、『ポートランド・マンスリー』と『シアトル・メット』など全米の有料月刊シティマガジンを五〇誌所有しているが、そのすべてが印刷版購読者数を伸ばしており、同社のビジネスの中心であり続けている。「印刷版はマーケティングにぴったりなの。だって、中断されないし、読み手に決定権があるんですもの。読み手がどの広告を見るか決めるので、アルゴリズムが選ぶポップアップ広告よりも長く見ることになる。ネットで広告がポップアップしたら即座に×マークをクリックして閉じるけど、印刷広告が目に入っても〝強制的に見せられた〟と言ってページを破り取ったりはしないでしょう?」

ベンチャーキャピタルが援助する最新のデジタル出版物も、実体は広告収入以上の費用をかけてコンテンツを作成している会社ばかりだ。そんなものは出版業の革新的変化でも衰弱した産業への応急処置でもなく、単なる経営不振だ。私はこれまで、ブログ、アプリ、ウェブサイトなどの「新しい形態のデジタル・ストーリーテーリング」の編集者から、数えきれないほど執筆依頼を受けてきた。ところが報酬について尋ねると、たいていの場合、「いまのところ、執筆者に払う余裕はないんです。その代わり、認知度がぐっとあがりますよ」という答えが返ってくる。私は決まって、必要な知名度はもうあるので、と辞退する。私が心から必要なのは報酬なのだ。底辺をめざすこの競争を、ロンドン在住のある作家はこう表現した。「デジタルのペニーvs印刷のポンド」

高級アイテムとして

印刷とデジタル出版物の大きな違いのひとつは、手元の商品に料金を請求できることだ。ほとんどの印刷出版物が数ドルで購入されるのに対し、デジタル出版物は無料だ。無料であることは、可能な限り多くの読者を獲得できる、という意味で広告主には素晴らしく思えるかもしれないが、実際には読者の価値を下げている。新しいインディペンデント誌のほとんどは、無料で配布するよりも、読者に販売するほうを選ぶ。無料コンテンツ・モデルは、デジタル版であっても大きな問題があるからだ。「オンライン・メディアはいま、〝無料〟のせいで首が回らなくなっている」と、ジャーナリストのマイケル・ウォルフは二〇一五年に『ニューヨーク・タイムズ』の論説で書いている。「誰もが使っている集約サイトのグーグルとフェイスブックは、アクセス量の流れをコントロールして広告料を効果的に設定する。これらのサイトのアクセス量が驚異的に増えたため、広告市場が供給過剰に陥って、レートが下がっている。『ガーディアン』〔デジタルに注力するイギリスの大手新聞〕から『バズフィード』にいたるまで、デジタル出版社はアクセス量を増やし続けなければトップの座を維持できない。必要なのは忠実な読者ではなく、つかの間の数百万の目線(アイボール)なのだ。ユーザーは一瞬しか広告に目をとめないので、当然のことながら広告主が払う掲載料も少なくなる一方だ」

〝無料〟に逆行する素晴らしい例が、私が一〇年にわたって購読している『エコノミスト』誌だ。ロンドンに発つ前、私は多くの印刷出版物が発行部数を減らしているご時世に、同誌が二〇一五年に印刷版の発行部数を二〇〇六年の週一〇〇万部から一六〇万部以上に増やしたという記事を読んだ。『エコノミスト』は、印刷版とデジタル版の購読に年間平均約一五〇ドルも請求し、デジタル版に印刷版と同じ料金を課していた。「うちのビジネスモデルでは、印刷広告は消えるものと仮定していた」。副編集長のトム・スタンデージは、ランチの寿司を慌ただしくほおばりながらそう言う。「でも、広告収入欲しさにコンテンツを作ったら、広告収入がなくなったときにコンテンツを提供できなくなる。われわれは到達度〔広告を見ている人数や世帯数またはその割合〕には関心がない。欲しいのは利益なんだ!」。『エコノミスト』は、読者が金を払う限り、印刷とデジタルのどちらにも肩入れしていなかった。

スタンデージは、『エコノミスト』の印刷版が部数を伸ばしたのは、彼が「フィニッシャビリティー」——読者が最後まで読み終えられること——と呼ぶもののおかげだと感じていた。雑誌には明確なはじまり、中間、終わりがあり、読者は終わりに到達すると大きな満足感を覚える。「われわれは、最後まで読み切ったときに自分が賢くなったと感じる、その感覚を売っているんだ。いわば読了のカタルシスだね」と、スタンデージは言う。それとは対照的に、ニュースサイトには終わりがない。記事、最新情報、特集記事がひっきりなしに流れている。果てしなく続くコンテンツ――それこそがデジタルの魅力なのだ。スタンデージが面白いと思うのは、私のような若い読者が印刷版を好む一方で、『エコノミスト』のデジタル版の成長を押し上げているのが主に年輩の購読者だということだ。「若い人たちは読んでいることを社会に示すために印刷版『エコノミスト』を買いたがる。デジタル版では、何を読んでいるか他人に見せられない。自分が賢いことを示すためにｉＰａｄをその辺に置いておくことはできないからね」

スタンデージがｉＰａｄに触れたのはまさに言い得て妙だった。このデバイスは、デジタル出版物の大きな将来性と現実のギャップを示している。発売当初はコストを減らす救世主として歓迎され、出版社は種々雑多な独占コンテンツを閲覧できる精巧なアプリをこぞって開発した。ネットの記事に金を払う読者はほとんどいないが、ｉＰａｄなら喜んで財布のひもを緩めるだろうと思ったのだ。しかし、ふたを開けてみると、アプリの開発費用が思った以上に高額なうえ、もっと重要なことに、読者はアプリを望まなかった。ｉＰａｄの売れ行きが頭打ちになり、やがて下がりはじめると、出版社は大慌てでタブレット用高級アプリから撤退した。「二、三年前は誰もｉＰａｄの人気急騰を疑わず、印刷に取って代わると確信する者もいた。でも、そんなことは起きなかった」。『マーサ・スチュワート・リビング』誌の発行者ダレン・マズッカは、「ローンチ・モニター」という同誌のブログにそう書いている。「読者が読みたい主な媒体は、いまも紙のフォーマットだ。彼らは紙の新聞や雑誌を読みながらくつろぎ、どこへでも持ち歩く。一方、タブレットは市場でほとんど停滞中だ」

私がタブレットに言及すると、ジェレミー・レスリーは首を横に振った。「ｉＰａｄとデジタル版の作成会議にうんざりするほど参加して、デザインやらユーザー・エクスペリエンスやらについて話し合った。でも、誰かが〝いいフォーマットがあるぞ！　Ａ４の紙の束で、それに印刷してパラパラめくることができるんだ！〟って叫んだら、〝よかった！　それで行こう！〟と大喜びしたと思う。紙の雑誌のほうがいいということだ」

理由は単純だ。紙で読むことはきわめて機能的で、私たちにとってほとんど習性になっているからだ。マリア・セブレゴンディが説明したモレスキンのノートの魅力と同じように、紙に触れることは五感を使う行為だ。たとえ『エコノミスト』の印刷版がウェブサイトやアプリで読める記事と同じでも、インクの匂い、ページをめくるときのカサカサという音、指に感じる紙の手触りはデジタルでは経験できない。こうしたことは、記事を読むうえで関係ないと思うかもしれないが、実は重要だ。ｉＰａｄで読むと、どの記事も同じように見えるし、同じように感じられる。印刷版は、ページを指でめくることで、過剰な情報にさらされているという感覚をせき止めることができるのだ。

デジタル出版社もこの事実に気づきはじめ、多くが印刷出版物を試しはじめた。ここ数年、音楽サイトの「ピッチフォーク」、アメリカの政治ブログ「ポリティコ」、ユダヤ人向けの「タブレット」、テクノロジー・カルチャーのサイト「パンド・デイリー」が、さまざまな印刷商品をいっせいにスタートしている。その種類は、特別限定盤レコードがついてくる月刊誌から、ワシントンＤＣ周辺の新聞自販機で買えるタブロイド週刊紙まで多岐にわたる。

「本当のところ、この業界では紙はデジタルよりずっと価値が高いのよ」と、ペニー・マーティンは、彼女のオフィスで私と話したときにそう言った。彼女が編集長を務める年二回刊の才気煥発な女性向けファッション誌『ジェントルウーマン』は、イギリスのインディペンデント誌業界で最大級の成功を収めた。毎号一〇万部以上が発行されるが、たちまち売り切れとなり、バックナンバーはネットで元値と同じ価格で何度も売買される。マーティンはファッション・ブログの世界にいたが、次第にジャーナリズムのデジタル化はコンテンツとアイデアの荒っぽい露天掘りだと考えるようになった（彼女の背後の壁に飾ってある額入りポスターには「私はインターネットを非難する」と書かれている。もうひとつは、イギリス出身の女優アンジェラ・ランズバリーを載せた『ジェントルウーマン』のサイン入り表紙だ）。デジタル出版の世界にいたときのことを、マーティンはこう振り返った。「ファッション広告がオンラインにきてくれることを期待したけど、決してそうはならなかった」。『ジェントルウーマン』に広告を出すようなシャネルなどの高級ファッション・ブランドは、印刷に倍賭けしていた。どんなに緻密に計画されたオンライン・キャンペーンも、画面（スクリーン）では安っぽく見えるからだ。彼女は、印刷は高級アイテムになったと確信していた。「紙が資源の不快な無駄遣いだというのなら、革と同じくらい高級品ということよ」

イギリス国内で成功を収めた最近の雑誌のほとんどは、制作費を価格に反映させた高級路線を採っている。そのパイオニアとして有名なのが、ロンドンに拠点を置くカナダ人ジャーナリスト、タイラー・ブリュレだ。彼はアフガニスタンでスナイパーに撃たれた怪我から回復後、一九九六年に光沢紙を使った雑誌『ウォールペーパー』をスタートさせた。同誌をタイム社に売却した後は、二〇〇七年に『モノクル』というグローバル・スタイルやビジネスを扱った雑誌を立ち上げた。紙とアナログ・フィルムの写真をふんだんに使った上質誌で、世界中に記者と支局を置いている。どの号も約三センチの厚みがあり、平均価格は二〇ドルだ。

『モノクル』の編集長アンドリュー・タックは、大手出版社が紙からデジタルに乗り換えるなか、ブリュレが採った直感に反した出版アプローチが、金融危機が襲った創刊一年後の二〇〇八年に功を奏した、と私に語った。「金融危機のすぐ後が、うちにとって最高の年になった」。ロンドン中心部の木が生い茂る「ミドリハウス」と呼ばれるモノクル本社で、彼はそう振り返った。以降、『モノクル』はソーシャルメディアにそれほど力を注ぐことも、一号も無料にすることもなく、年間約七パーセントの勢いで発行部数を伸ばしてきた。同社は洋服、旅行鞄、本から多数のカフェまで、ほかにもさまざまなビジネスを手がけているが、利益の大部分を生み出すのは印刷広告と雑誌の売上だ。

『モノクル』は、印刷という媒体のおかげで読者と長期にわたる関係を築くことができている、とタックは言う。雑誌は発行されてから何年も生き続ける。読者の自宅に保管され、繰り返し手にとられ、ほかの読者に幾度となく渡されて。それに比べて、「ウェブサイトやiPadに記事を載せたら、一度見ておしまいだ」。印刷は、『モノクル』の読者にセレンディピティ（偶然の素晴らしい発見）という価値をもたらす。表紙から順番にページをめくって読むうちに、デジタル・フォーマットでは探し出せないさまざまなストーリー、イメージ、アイデアに出会うことができるからだ。その「驚き」の感覚が大切なのだ。

最後に、印刷されたページのほうが見栄えがいい。広告の場合、特にそうだ。これらのメリットを考えると、『モノクル』の決して安くない価格と広告掲載料もうなずける。タックは言う。「私たちはこのような印刷雑誌に強い自信を持っている。デジタルからの揺り戻しがきているのは明らかだ。デジタルの世界にロマンスはない。ある意味では、印刷商品にはロマンスがある。美しくて、手で触れることができる。それに、ページにこめられた野心を感じ取ることができるからね。ウェブサイトを見ても、そうはいかない」。アナログのロマンスと野心は、『モノクル』ならたやすく売れるものだったのだ。

新聞の変革

雑誌が印刷の未来の可能性を示したとすれば、新聞の未来はそこまではっきりしていない（心配ご無用、本については次章で取り上げる）。新聞ビジネスにとって、紙はあくまでも必要な最新情報を伝える手段であり、この点でデジタルには太刀打ちできない。新聞が貴重なアナログ手段であり続けようとするならば、新聞という概念そのものを見直す必要がある。

ほとんどの日刊紙は、将来印刷をどのように活かせるか、懸命に読み取ろうとしている。この任務を負うひとりが、ジョン・ヒルというイギリスの保守系新聞『デイリー・テレグラフ』のチーフデザイナーだ。印刷版のオフィスで会ったとき、彼は印刷版とデジタル版両方の大がかりなデザインの変更を監督していた。彼もまた、ポストデジタル出版ビジネスで新たな足場を築くには、紙が高級品と認知される必要があると感じていた。といっても雑誌の光沢のある外観と雰囲気を真似るのではなく、無料の情報が規制もされずに氾濫する時代に、一度で読み終えられるフィジカルな読書体験という、少数の者だけを対象とした奥の深い個人的な贅沢としてアピールするという意味だ。

ヒルは、その日の『デイリー・テレグラフ』紙をテーブルに広げながら話しはじめた。「今日、新聞を読むという経験は、喜びであるべき……いや、喜びでなくちゃいけない。新聞は楽しめなくちゃいけないんだ。情報を仕入れるデフォルトの手段だけじゃなく、選択肢であるべきだ」。彼は印刷された新聞を、ツイッターのフィードというノイズよりも文化的にすぐれた啓発的な図書館になぞらえ、『デイリー・テレグラフ』紙の社説をフィジカルなものに記録している。フィジカルな文書は、権力の回廊で読まれるときに、画面で表示されるよりも必然的に重みが増す。「死んだ木であることを恥じるな。堂々としよう」

さらに、『デイリー・テレグラフ』紙はいまも収益の大半を印刷から得ている。新聞のほぼすべてがそうであり、『ニューヨーク・タイムズ』紙も例に漏れない。私は、同紙のデジタル版を読むために年三〇〇ドルも払っている（『ニューヨーク・タイムズ』は、デジタル版読者の獲得に成功している数少ない新聞のひとつでもある）。二〇一四年、この新聞は印刷版購読者たちの自宅で民俗学的調査を実施し、読者の日常的な新聞習慣を分析した。その結果、印刷版購読者の中核を成す昔からの熱心な愛読者（マンハッタンのアッパー・ウェストサイドに住み、老舗スーパーのゼイバーズでベーグルとコーヒーを飲みながら同紙の日曜版を読む年輩のユダヤ人女性とか）がいる一方で、かなり多くの新規購読者が若い読者であることがわかった。彼らが積極的に紙の新聞を選んでいるのだ。

回答者たちは、印刷版が一度で読めることを気に入っていた。また、デジタル版読者よりも記事を読む平均時間が長いこともわかった。思いがけない発見をするセレンディピティと、デジタル版では心に引っかからないだろう記事の数々、一日の特定の時間に特定の欄を読む習慣を楽しんでいた。若い購読者の多くが、デジタル機器から離れたいが、世界とその情報とは離れたくないと思っていた。また、携帯電話やタブレットにしょっちゅう気をとられる子供たちと会話が盛り上がるように、夕食のテーブルの上に新聞を開いたまま置いている、という者もいた。

「印刷の魅力は、ウェブじゃないってことだ」と、『ニューヨーク・タイムズ』の副編集長兼チーフ・クリエイティブ・オフィサーのトム・ボドキンは言う。彼は紙版のデザインとデジタル資産を監督している。「なあ、おれはこの素晴らしいものが大好きだ。古い技術が大好きでね。オートバイやフィルム・カメラを収集して使っているくらいだ。でも、こういうものがものすごく成長するなんて勘違いはしてないよ」。印刷収益は安定していたが、紙は決して今後大きく伸びる分野ではなかった。ボドキンはこう続けた。今後の予想としては、印刷はレコードのように若者や年配者など特定のコアな読者をがっちりつかみ、彼らがブランドの忠実な顧客基盤になるだろう。なぜなら、こういう読者はウォールド・ガーデン〔閉ざされた安全な利用環境〕にいて、リンクや競合するほかの情報源に邪魔されずに読むからだ。「印刷版『ニューヨーク・タイムズ』は、邪魔な残りの世界をごっそり運んでくるプラットフォームとは違う」。『バズフィード』や『ハフィントンポスト』のような新しいデジタルメディアは『ニューヨーク・タイムズ』より読者が多いと主張するが、それらの読者の忠誠心は『ニューヨーク・タイムズ』とは比べものにならない。一方はそのブランドとアイデンティティに時間とお金を投資してきたが、もう一方は煽情的な見出しをチラッと見るためにクリックするだけなのだから。『バズフィード』は優秀なライターを何人か雇い入れ、ときに本物の良質なジャーナリズムを生み出しているかもしれないが、アクセスの大部分を促進するのは、九つのブランドのキャットフードを味見する、というおかしなリストや記事ばかりだ。

デジタル購読のおかげで『ニューヨーク・タイムズ』は財政が安定し、それによってこの新しい小さなニッチとともに印刷版を安住させることができた。けれども、自社のニュースをオンラインに譲り渡してしまったほかの新聞社はどうだろうか？　縮小しているが現金を生む印刷という過去と、成長しているが金を喰うデジタルという未来のはざまで立ち往生している。このパラドックスに『ガーディアン』ほど熱心に立ち向かった新聞はないだろう。同紙は、デジタル新聞のリーダーという立場を明確に打ち出していた。「うちの立ち位置ははっきりしている」。『ガーディアン』の日曜版『オブザーバー』の編集者、ロバート・イェーツは、キングスクロス駅近くのしゃれた新本社の階下のパブで、一パイントのビールを飲みながら私に語った。

「うちが印刷にしがみついてるのは、印刷が美しいからじゃない。昔ながらの素晴らしい印刷が収益の大部分を占めているからだ……デジタル版の収益予測は、控えめに言っても楽観的だからね」。『ガーディアン』の印刷版読者の二・五倍の記事を読み、印刷版の広告主にはそれ以上の価値をもたらしていた。しかし、読者数は減りつつあり、イェーツもまたロンドンの同業者の多くと同じように、紙媒体の新聞が生き延びるには高級化しかないと感じていた。「一九六〇年代にはじまった日曜版は高級品だった。向上心あふれる新しい読者層のために、賢明な広告代理店が発行を働きかけたんだ。新しい読者は、従来とは違うクリエイティブなコンテンツを求めていた」

『ガーディアン』は、未来に適応する紙媒体の新聞を作ろうとして、新しいテクノロジーとさまざまなビジネスモデルの融合を模索してきた。二〇一三年には『ザ・ロング・グッド・リード』という紙媒体のダイジェスト版をスタートし、同紙のウェブサイトでその週にもっとも多くの読者とコメントを集めた面白い記事をアルゴリズムで自動的に選んで掲載し、ロンドン東部のガーディアン社のコーヒーショップで無料配布した。このダイジェスト版が、クラウドファンディングで取材や執筆活動の費用を調達する『コントリビュートリア』という野心的なオンライン・ジャーナリズム・プラットフォームに発展した。編集者たちが取材トピックを提案し、フリーランスのジャーナリストはアイデアを売りこみ、読者は書いてほしい記事に直接資金を拠出した。毎月、もっともすぐれた記事が新聞に印刷され、このサービスの購読者に送付されるほか、『ガーディアン』のセレクト版にも挿入された。

「デジタルだと世界中の読者を大勢獲得できるが、印刷媒体を読んで消化する読書経験に勝るものはまだない」と語るのは、同紙の新しいデジタル事業の総責任者マット・マカリスターだ。彼は、『コントリビュートリア』のCEOも務めていた。「読書体験を心から大切にする人たちは、印刷媒体を恋しく思い、紙で読みたがっていると思う」。マカリスターは、イギリスの新聞業界の昔気質の同業者とはほど遠い。ヤフーをはじめとするシリコンバレーのメディア企業を渡り歩いてきたアメリカ人だ。いろいろな意味で、『ガーディアン』のデジタル化を主導した人物であり、印刷版の解決策としてオンデマンド印刷の新聞を提唱していた。「『コントリビュートリア』や『ザ・ロング・グッド・リード』のようなプロジェクトを見れば、将来すべての新聞がこういう形式になることは簡単に想像がつく」。そう豪語した八カ月後、『コントリビュートリア』は廃止された。

ニッチ出版物の隆盛

『ザ・ロング・グッド・リード』と『コントリビュートリア』と同じ手法でオンデマンド新聞の未来を促進するのが、スコットランドのグラスゴーに拠点を置く「ニュースペーパー・クラブ」だ。この会社は、二〇〇八年末に三人組の友人（トム・テイラー、ラッセル・デイヴィース、ベン・テレット）が「二〇〇八年に友人たちがネットに投稿したこと」という新聞を作るときに、必要に迫られて立ち上げた。その新聞は、彼らのオフィスで開くクリスマス・パーティーのゲスト五〇人へのギフトとして作成され、タイトル通り、ゲストたちがオンラインに投稿した記事、画像、見解がぎっしり掲載されていた。「ぼくたちは、フィジカルなものに興味があった」と、現在は名刺作成会社MOOでソフトウェア・デザイナーとして働くテイラーは言う。「ぼくたちみたいにウェブで働く人間は、もうデジタルなものにこだわっていなかったんだ」

ところが、イギリスの新聞印刷業者に見積を依頼する段になって、問題にぶつかった。新聞印刷機は一度に数万部を刷るようにできており、新聞の売上が減少して印刷工場が激減していたにもかかわらず、少ない部数の印刷では利益を出せないのだ。ようやく一〇〇〇部の注文を引き受けてくれる業者を見つけ、刷り上がった「二〇〇八年に友人たちがネットに投稿したこと」を大量にばらまいた後、テイラーたちは残った新聞をブログで販売した。すると驚いたことに、完売した。

三人は、偶然にも偉大なビジネスを生み出すふたつの重大な要素に行き当たったのだ。それは商品の需要（カスタムメイドの新聞）と、その業界で活用されていない生産能力だ。新聞のデザインと印刷を一括請負する簡単な方法を提供できれば、誰でも新聞を作ることができる。このビジネスの鍵となったのが、デジタル新聞印刷という、新聞用紙用の巨大なインクジェット・プリンターを使った比較的新しいテクノロジーだった。レイアウトを特定のフォーマットに統一すれば、たった一部の新聞でも安く印刷できた。「新種の商品を作ることが十分可能になるんだから、とても興味を引かれたよ」と、テイラーは言う。

最初に立ち上げたビジネスは、ユーザーがインターネットの記事を保存して自分だけの新聞を印刷できる「ペーパー・レイター」というサービスだった。しかし、すぐにそこから「ニュースペーパー・クラブ」という、より広範な簡単に利用できる新聞印刷ソリューションが誕生した。ユーザーは、ニュースペーパー・クラブのウェブサイトを開き、そこに記事をアップロードして、サイズ、スタイル、部数を選べば、自動的に新聞が印刷され、それを束ねて世界中どこへでも届けてもらえる。

舞い込む注文は、学生のアートプロジェクト、高校の学校新聞、アートとカルチャーのジャーナル、地元新聞はもちろん、アパレル・ブランドのカタログ、ビジネスのプレゼンテーション、音楽、アート、料理フェスティバルのプログラム、はては結婚式の引き出物にいたるまで、実に多岐にわたる。そのうち、広告代理店が手がける大手小売店の新聞や、ティーンエイジャーが自分の部屋で作った新聞を印刷するようになるかもしれない。ニュースペーパー・クラブは、いろいろな意味で、ブログ・プラットフォームのアナログ版に相当する。新聞を、閉ざされた製品から誰でも作れるものに開放したのだ。同社のモットーは、「プリントは死んでいない」だ。

現在ニュースペーパー・クラブを運営するのは、アン・ウォードというグラスゴー出身の元司書で、穏やかな口調で話すトラベルブック・ライターだ。同社は一枚の新聞を七万部刷ったこともあるが、一〇部以下のプロジェクトがまだ注文の大半を占めている。ロンドンで昼食を一緒にとったとき、彼女はこれまで刷った部数がもうすぐ八〇〇万に達すると話した。「その八〇〇万は、一〇〇万と二〇〇万と五〇〇万が重なったものなの。うちでは、一〇〇万部刷るごとにお祝いしてるんだけど、その間隔がずっと短くなってきている」。毎年四〇パーセント以上の成長率を誇り、二〇一三年から採算が取れるようになった。顧客基盤は、イギリスから北米へと急速に拡大中だ。「うちはニュースはまったく扱ってないの。従来の新聞はひどいビジネスよ。くだらない記事を大量に印刷して、読者の信頼を失ってしまった」。ウォードはそう言って、先ごろイギリスで起きたタブロイド紙の電話ハッキング事件〔イギリス最大手タブロイド紙『ニュース・オブ・ザ・ワールド』が盗聴行為をおこなっていたことが発覚した〕に言及した。「でも、新聞用紙は魅力的よ。安いし、出版方法として効果的だわ。それに、印刷業者の仕事は減っているけど、小さな仕事の機会はむしろ増えている。それがうちの強みなの」

同社の注文の八〇パーセントは三〇〇〇部未満の印刷が占めており、ロンドン近郊のデジタル印刷業者が請け負っている。それ以上の大口注文は、シャーマンズへ送られる。シャーマンズはロンドンから北へ一時間ほど行った、ピーターバラという町の昔ながらの新聞印刷所だ。ウォードと会う前日、私は経営者のマーク・シャーマンに会うために列車に乗って、ピーターバラを訪れた。彼の家族は、一九一〇年より四代にわたってこの仕事を続けてきた。マークは四〇がらみで、ローリング・ストーンズのドラマーのチャーリー・ワッツのようなもじゃもじゃの髪と満面の笑みの持ち主だ。家業を立ち上げた曽祖父は、町や郡向けの地域紙を一度に五万から一〇万部刷っていた。ところが二〇〇〇年代初め、新聞複合企業の世界的な合併がはじまり、地方紙がごっそり買い上げられて運営も統合された。その結果、シャーマンズは二〇〇六年に最大の得意先に契約を切られ、一夜にして事業の六〇パーセントを失った。オフィスに入ると、マークは私を壁のほうへ案内した。そこにはイギリスの地図が貼られ、その上に小さな点が散らばっていた。ひとつひとつが操業中のほかの新聞印刷工場を示しているという。彼が家業を手伝いはじめた二〇〇二年以降、その半分以上が消えてしまった。

シャーマンズは、生き延びるために他社が引き受けない小口の仕事も受注した。たとえば、学校新聞、町議会の新聞、パンフレット、広報などだ。数年前にある音楽祭に行ったマークは、コンサートのプログラムをニュースペーパー・クラブが印刷したことを知った。従来とは違うそのやり方に興味を持ち、同社の大口注文を担当することになった。当初の仕事は週にひとつかふたつだったが、現在は二五に増え、シャーマンズの全印刷部数の二〇パーセント、利益においてはそれ以上を占めている。この仕事が急速に事業の要になりつつあり、二〇一五年には主にニュースペーパー・クラブとの仕事を守るために、同社の経営権も取得した。

彼の工場の床では、巨大な新聞輪転機が大きなロール状の巻取り紙〔新聞の印刷用紙〕を高速で巻き出している。巻取り紙はものすごいスピードで移動しながらさまざまに向きを変え、インクをつけた印刷版にこすりつけられて、ニュースペーパー・クラブの最新の新聞を作っていた。もうすぐアイルランドで開催されるフード・フェスティバルのフルカラーのプログラムだった。約一分後、折りたたまれた最初の束が輪転機の端から出てくると、マークは三〇秒ごとに一部取り出し、すばやくページをめくって、スタッフが調整できるように色、コントラスト、解像度をチェックする。「ニュースペーパー・クラブがなかったら、うちはどうなっていたかわからない」。輪転機のブーンという唸り声に負けじと、彼は大声でそう叫んだ。そのあいだにも、私たちの後ろでは数千という新聞が積み上がっていく。「新聞は斜陽産業かもしれないが、うちはそのなかで成長中の場所にいる」

印刷機が新聞を大量に吐き出すなか、私は倉庫を見て歩き、ニュースペーパー・クラブが請け負ったほかの新聞の山や束、フォークリフトで上下する荷台を眺めた。グラフィックデザイン専攻学生の論文から、ベッドフォードという小さな町の芸術文化新聞『ベッドフォード・クランガー』まで、さまざまなものがあった。『ベッドフォード・クランガー』は、二〇一一年にネットでニュースペーパー・クラブを見つけたエリカ・ロフェが、四〇部からスタートさせた。現在の発行部数は、毎月二万五〇〇〇部に及ぶ。ロフェは私にEメールでこう書いてきた。「ニュースペーパー・クラブで手軽に印刷できるおかげで、草の根出版物が増えているように思います。全国紙が苦戦するなか、ますます多くのニッチ出版物が繁盛しています」

延々と続く新聞紙の海を見渡しながら、私はロンドンを訪れるきっかけとなった「なぜ本なのだろう?」という問いを思い返した。印刷が選ばれる理由には、納得できる論理的な根拠があった。印刷媒体のほうが読者がより注意を払うこと、広告効果が高いこと、見栄えがして、財務モデルもわかりやすいことだ。けれども、私自身の答えは論理的とはほど遠かった。

私が本を執筆したり、印刷出版物に記事を寄稿するのは、印刷されたページを愛しているからにほかならない。その愛情を教えてくれたのは両親だ。彼らは私のために本を読んだり、雑誌を購読したり、家のなかをあらゆる種類の書物でいっぱいにして、私を育んでくれた。娘が毎晩読み聞かせの本を選ぶために本棚へ駆けていくとき、私は彼女に自分と同じ書物への愛情を見てとって、人間への信頼を取り戻す。一二世紀のユダヤ人学者イェフダー・イブン・ティボンは、一〇〇〇年前にこう言っている。「本を宝にしなさい。そして本棚を喜びの庭にしなさい」

印刷されたページを愛する気持ちが、私をこの時代遅れのアナログ業界へと導いた。言葉を書いてページを埋め、それを人々に読んでもらう——それが私のすることだ。たくさんの紙を読み、たくさんの紙に書く。けれども、何を書いたとしても、最後にインクが紙に転写されなければ、真の達成感は得られない。自分の本や記事が発表されても、刷り上がってフィジカルな出版物にならなければ、また、誰かが代金を払って持ち帰ることができなければ、心から満ち足りた気分になれない。なぜ本なのだろう？　なぜ印刷媒体なのだろう？　それは、本や印刷物が実在するモノだからだ。たとえば本書は、印刷されたからこそ手に取ることができる。表紙にある自分の名前を見て、長い時間をかけて執筆した苦労が報われたと実感できる。たとえ売れ行きがどうであろうと、この事実は変わらない。この感覚は究極の贅沢だ。それを味わうことができるなら、私は何度だって喜んでお金を払うだろう。読者としても、執筆者としても。

「どんなものも、手にとったり、どこかへ置き忘れたり、ひらひらと振ったり、地下鉄で読んだりできるフィジカルなモノにはかなわない」。ロンドンのある美術展を私と見て回ったとき、ウォードはニュースペーパー・クラブの印刷物を手にとってそう言う。「私たちは、みんながそれを証明できるようにしたの」

第6章 リアル店舗の逆襲

書店が増え始めた

ＵＰＳとフェデックスの配達員たちが、大量の段ボール箱を台車に乗せて、コロンバス・アベニューのブックカルチャーの店先に次々と運びこむ。店のなかでは、スタッフが床一面に積み上がった箱の山に埋もれまいと、その中身をせっせと棚に移していた。ブックカルチャーが正式にオープンするのはまだ三日も先だったが、近所には早くも新しい店に興味津々の客が大勢いた。そぼ降る雨のなか、一五分おきくらいに誰かが店に入っては出てくると、自分が見た光景に驚きの声を漏らした。

「まあ、本屋だわ！」と、ポンチョを羽織った女性が目を丸くした。

「ここに本屋ができたなんて、素敵じゃない？」。もうひとりの女性が、誰にともなくつぶやいた。

入口に立ちつくした男性は目を瞠り、感嘆の声をあげた。

「素晴らしい」

その友人がやはり驚いたように相槌を打った。

「実にうれしいね」

みんな心の底からびっくりしていて、不自然なところはこれっぽちも見られなかった。アッパー・ウェストサイドの書店は消滅したはずだったのだから、無理もない。あえて言うなら、この地域の本屋がひとつ残らず潰れたときに。だから二〇一四年に、まさか新規開店した書店に入るなんて、近くのアメリカ自然史博物館に展示されたマンモスがセントラルパークに放牧されているくらい、ありそうにないことだった。それでも書店は確かにそこにあり、私が約二八〇平方メートルのブックカルチャー（三つめの店舗になる）に足を踏み入れると、人々が本物の本を買っていた。ブックカルチャーは新しい書店というだけではなかった。希望の象徴であり、このビジネスを襲った長く厳しい冬を耐え忍んだ後、春霜から顔を覗かせた一輪の花であった。

書店は、レコード店と並んで真っ先にデジタル・テクノロジーの挑戦を受けた店舗型小売業だ。その試練は、一九九五年にジェフ・ベゾスがシアトルのガレージでオンライン書店アマゾンを立ち上げたときにはじまった。アマゾンはオンライン小売の底知れぬ力とスピードを存分に発揮して、まず本を、それからほかの商品を次々と呑みこんで、インターネット最大の小売店にのしあがった。さらに、アマゾンが引き起こした電子商取引革命は、イーベイやオークションから、クレイグリスト、案内広告、フレッシュ・ダイレクト〔食材宅配サービス〕、食料雑貨まで、小売業界のあらゆる部門を一変させた。オンライン小売店は、どんなものも実店舗より速く、安く、しかも送料無料で顧客の玄関に届けることができた。

「もうすぐ実店舗は倒産し、買い物は電子商取引でおこなわれるようになるだろう。これは避けられない流れだ」――ベンチャー・キャピタリストのマーク・アンドレッセンは、テック系ウェブサイト「パンド」のインタビューでそう語った。彼が語る未来では、誰も実店舗で買い物しない。その証拠として、アドレッセンは以下の数字をあげた。二〇〇〇年に五〇〇億ドルだったアメリカの電子商取引の売上が、二〇一四年に三五〇〇億ドルに膨れ上がっている。彼はこう予測する。「小売はまだ死んでおらず、われわれはすでに大きな成長の波に乗っている。最高クラスの電子商取引業者は、これからどんどん伸びるだろう。実店舗の小売店チェーンは、存続できる代案がなければ、本来成立しない経済構造なのだ」

書店はその直撃を受けているように見えた。アマゾンは書籍小売市場の四分の一近く（ある推計によれば五〇億ドル以上に相当）を支配し、容赦ない値下げ、圧倒的な品ぞろえのほか、技術イノベーションで武装していた。その内訳は、ユーザーによるブックレビューと格付けから、推奨本を提示するソフトウェア・アルゴリズム、それに電子書籍市場を主導するキンドル――ワイヤレスでアクセスできて、容量が膨大にあり、ワン・タップで購入できる――まで、多岐にわたる。

この二〇年でアメリカ国内だけで数千の書店が廃業し、西欧市場も似たような状況だ。市や町の小さな個人書店はもちろん、数百店舗を展開したウォルデン・ブックスやビー・ドルトン、最盛期には六〇〇以上の店舗を誇ったボーダーズなどの大手株式チェーンまで閉店を余儀なくされた。アメリカでかろうじて生き延びた唯一の大型チェーン「バーンズ・アンド・ノーブル」も、店舗数を二〇パーセント縮小せざるをえなかった。いまや「本屋」という言葉には、「衰退」、「死」、「消滅」という形容詞がつきものになっている。

ところが、墓場へと突進していたこの葬列に異変が起きた。あらゆる予測に反して、書店がまた増えはじめたのだ。世界金融危機時のどん底から徐々に売上を伸ばし、もっと重要なことに、書店の数まで伸びた。とりわけ個人書店の増加が著しい。個人書店とは、たとえば映画『ユー・ガット・メール』でロマンティックに描かれた、地域に愛される小規模経営の本屋である。米国小売書店協会（ABA）によれば、ピーク時の一九九〇年代は四〇〇〇軒だった加盟店が、最悪だった二〇〇九年は一六五〇軒まで落ちこんだものの、以降、新たなメンバーが急増している。二〇一四年にはとうとう二二二七軒に達し、勢いが鈍る気配はない。しかし、ABAの加盟店は市場全体のごく一部にすぎない。さまざまな統計によれば、全米の書店総数は実に一万三〇〇〇近くにのぼるという。この数字は、最近の国勢調査が実施された二〇〇〇年初期の約一万を上回る。

ブックカルチャーのアッパー・ウェストサイド新店舗も、近年マンハッタンの数軒を含め、ニューヨークで多数開店した本屋のいちばん新しい一軒にすぎない。この地域の小売市場は世界でもっともコストが高く、顧客からの注文も厳しいうえ、競争は熾烈をきわめる。ここで成功できれば、アマゾンに追いやられた書店の回復力を知らしめる象徴的な勝利になるばかりか、従来型の小売店が電子商取引よりまだ優位にあるという明確なメッセージになる。主導的なブランドであるアップル、ワービーパーカー〔オンライン眼鏡ブランド〕、そしてアマゾンでさえ、フィジカルな店舗なしで有益な小売ビジネスを確立するのは不可能に近いと認識するようになるだろう。

変わる小売店

「これは、実店舗とオンライン小売店の熾烈な市場シェア争いというよりも、ブランドの戦いなんだ」と、ボブ・グレイソンは言う。私たちは、バーンズ・アンド・ノーブルが最近ニューヨークに建てた大型店のひとつに隣接する彼のオフィスから、近所の小売店を偵察しようと外へ出たところだった。「圧倒的な力を得やすいのは、さまざまな方法で顧客に対応できるブランドだ」。グレイソンは小売業界で四〇年以上の経験を積み、自ら立ち上げたグレイソン・カンパニーでブランドのコンサルティングをしている。顧客には、ビクトリアズ・シークレット、アバクロンビー&フィッチ、トミー・ヒルフィガー、リーボック、シチズン、ルルレモン〔ヨガ・ウェアのファッション・ブランド〕、それにエッツィ〔手作り雑貨の電子商取引サイト〕まで、錚々たる企業が名を連ねる。彼が強く信奉するのは、オムニチャネル小売だ。オムニチャネル小売とは、実店舗やネット通販など、あらゆる販売・流通チャネルを統合し、どのような販売チャネルからも同じように商品を購入できる環境を作ることだ。そうすれば、実店舗やオンラインから、エイボンのようなピアマーケティング方式〔消費者が販売員となり売上に応じて販売手数料を受け取る〕、ディスカウントストア、カタログ販売まで、可能な限り多くの方法で商品を売ることができる。彼が数えてみたところ、ブランドが顧客に販売できるチャネルは二一もあるという。

そのなかでもっとも注目を浴びてきたのが、電子商取引だ。過去二〇年で急速な成長を遂げ、米商務省によれば二〇一五年にはアメリカの小売購入の七パーセント以上を占めるまでになった。競争の激しい小売市場において、これは実に驚くべき発展だ。いかに突出しているかは、私にも証明できる。現在書いている文章は、dell.com で買ったコンピューターに表示されており、そのコンピューターが置かれた机は、クレイグリストで見つけたものだ。ニューヨークを訪問したときはフライトを hipmunk.com で予約し、インターネットで注文したエコジョット〔カナダの文具会社〕の日記帳でメモをとった。使ったペンは、staples.com〔アメリカのオフィス用品店のサイト〕が自宅に届けてくれたものだ。さらに、私のクレジットカードの明細書には、本や電子書籍をはじめ、毎年ゆうに千ドルを超えるアマゾンでの購入記録が記されている。これでも私はあまりネットで買い物をしないほうだ。友人のなかには、ほとんど店で買わない強者もいる。私の兄など、ニューヨークに住んでいたとき、たった一個の電池をアマゾンの一時間配達サービスで買ったと自慢していたことがある。いちばん近い店に歩いて行けば、五分もかからずに買って戻ってこられたというのに。

「オンライン小売店の成長を牽引したのは、便利さと価格というふたつの競争優位だ」。ユニオン・スクエアの西側にあるルルレモンの店に入りながら、グレイソンは説明を続けた。ウェブは、バラバラだった顧客と小売業者を一カ所に集め、世界中の店の価格を瞬時に比較して買い物ができるようにした。「そうやって成立する取引は、実店舗から奪い取ったものなんだ。ウェブがそれを可能にした」

実店舗が得意とするのは、経験の提供だ。これをネットで与えるのは難しい。だから、フィジカルな小売りはこれからもオムニチャネル小売戦略の中心だ、とグレイソンは確信する。ルルレモンの店内を歩きながら、彼は買い物経験を生み出すさまざまな工夫を指摘してくれた。たとえば、スパの音楽、ヨガ・クラスのリストを書いた黒板、ルルレモンのぴっちりした服を着た若い店員の挨拶、浄水の冷水器、ボウルに盛った犬用のおやつ。「ここには、ウェブサイトでは得られない店と客の接点がたくさんある」

ルルレモンを出ると、ユニオン・スクエアのグリーン・マーケットへ向かった。アメリカでもっともにぎわう都会のファーマーズ・マーケット（青空市場）の走りのひとつだ。通りを隔てた向かいにそびえるホールフーズ・マーケットは、品ぞろえも価格も圧倒的にすぐれており、製品の保存環境が厳しく管理されている。そもそもニューヨークには、世界でもっとも新鮮で種類の多い食材と食事の配達サービスがネットに十以上もひしめいている。それにもかかわらず、グリーン・マーケットは人であふれていた。グレイソンは、一ブロック先にある「ストランド」のような書店の復活を後押ししているのは、アメリカのファーマーズ・マーケットを発展させたものと同じだと感じていた（一九九五年の二〇〇〇カ所から、二〇一五年に八〇〇〇カ所に激増している）。ストランドは、天井へ高くそびえる棚、ギシギシときしむ板張りの床、三つの階に散らばる個性的な店員を特徴とする、ニューヨークでいちばん有名でロマンティックな本屋だった。この場所もまた、過去三〇年に個人書店を見舞った数多の試練に耐えてきた。

「思い返すと、一九八二年に私が出版業界に入ったときから、個人書店は一〇年ごとに消滅の危機に瀕してきた」。そう語るのは、元書店経営者のドナ・パス・カウフマンだ。彼女はパス・アンド・アソシエイツという会社を運営して、全米の新旧個人書店のオーナーのコンサルティングをしている。個人書店が直面した最初の試練は、豊富な品ぞろえと低価格を売りにするクラウン、アンコール、タワーといったショッピングモールの小型チェーン店の登場だった。これらの書店は、大型チェーン店――アメリカのバーンズ・アンド・ノーブルやボーダーズ、カナダのインディゴやチャプターズ、イギリスのウォーターストーンズやW・H・スミス――がオープンすると、あっという間に駆逐された。大型チェーン店は、大きな倉庫を建設して本をぎっしり詰めこんでは、ぎりぎりの安値で売った。巨大な市場シェアをかさに着て、出版社からとことん有利な条件を引き出すことができたからだ。ジェフ・ベゾスがアマゾンのドメイン名を登録するずっと前から、個人書店は大型チェーン店と、コストコやウォルマートなどのディスカウント小売店に押され、すっかり落ちぶれてしまっていた。そこへアマゾンがとどめの一撃を繰り出した。その攻撃は、小規模な個人書店以上に、大型チェーン店に強烈な打撃を与えた。大型店は、かつて絶大な優位を誇ったふたつの分野（価格と品ぞろえ）でアマゾンと競うことができなかったからだ。

「ストランドは、四方八方から大砲を撃ちこまれてきた」。ストランドの狭いエレベーターに乗りこみながら、グレイソンは解説した。二〇一二年ごろには（主に、書店の建物を所有していたおかげで）この嵐を切り抜けたが、一九二七年の創業以来運営権を握ってきたバス一族はグレイソンに助けを求めることにした。グレイソンは、由緒ある書店のアナログな魅力を隠すのではなく、前面に押し出すようアドバイスした。また、店内のレイアウトと販売促進方法の変更を提案し、客が立ち読みしやすいようにテーブルに展示する本を増やした。さらに、レコード・セクションを新たに設け、顧客の好みに合わせた本や色彩（ハンプトンズ〔ニューヨーク州の高級住宅地〕では、蔵書を白で統一するのが流行っていた）で自宅の書斎をデザインするサービスを立ち上げた。

この数年にニューヨークなどにオープンした書店を見ると、どこも販売方法はグーテンベルクが印刷機を発明したころとほぼ変わっていない。大きな違いは、アナログの欠点と見なされるものを強みに変えて、魅力的なライフスタイルの選択肢としてアピールしていることだ。新世代の書店は、自店をアマゾンや大型店に代わる、より楽しい啓蒙的な小売店と位置づけている。温かくて、たいていは思わず入りたくなる美しい空間だ。フレンドリーで知識豊富な店員がいて、洗練された本が並び、その店らしさが感じられる。ほとんどの店が地元在住の作家を応援し、読書会、ブッククラブ、夜のイベントを開催している。アマゾンがマイナスと見なす要素（フィジカルな不動産、店員、限定された品ぞろえ）をすべてそなえ、資産にしているところも同じだ。

「昔の小売店は、〝〇〇が必要だから買いにいかなくちゃ〟というときに行く場所だった」と、ドナは言う。彼女の会社では新しい書店のコンサルティングが増えており、これから本屋をオープンするオーナーたちに、この二四年でもっとも多くのコースを教えているという。「いまの小売店は、商品を見て回る場所なの。日用品を買いに行くというよりは、その店らしさを感じる場所であり、経験するところなのよ。これは実に重大な変化だわ。そして個人書店業界なら、その変化にたやすく対応できる」

実店舗の強み

近年ニューヨーク周辺でオープンした書店に目を向けると、より大規模な小売りの逆襲を担う店が見えてくる。その草分けとして有名なのが、サラ・マクナリーが二〇〇四年にソーホーでオープンした「マクナリー・ジャクソン」だ（マクナリーの両親は、カナダのマニトバ州の人気書店「マクナリー・ロビンソン」を経営している）。マクナリー・ジャクソンは、もっとも活気のある商業地域のブロードウェイから二ブロック離れた場所に店を構え、ほかの書店とは一線を画している。店内には特注の木製の棚がジグザグに配置され、ゆったりくつろげるカフェもある。柔らかな照明のなか、クールな音楽が流れ、そこにいるだけで本を読む行為がとても魅力的なことに思えてくる。

二〇〇九年には、マクナリー・ジャクソンでイベントを担当するジェシカ・バグヌロという女性が、ビジネスパートナーのレベッカ・フィッティング（出版業）と共同で、ブルックリンのフォート・グリーン地区に「グリーンライト」という小さな本屋を開店した。当時は銀行から融資を受けられなかったため、コミュニティの人々が救いの手を差し伸べた（ローンは利子をつけて返済された）。バグヌロもフィッティングもアマゾンの時代に本を売ることの難しさを承知していた。その一方で、書店が電子商取引より明らかにすぐれている点も心得ていた。

まず、書店は買わせることができる。

「ここには直接お客に商品を売る〝手売り(ハンド・セリング)〟文化がある」。私がグリーンライトを訪れたとき、フィッティングはそう説明してくれた。グリーンライトは、温かくて親しみやすい店だ。中央のどっしりとした書棚は、上部が大きく湾曲して天井につながっており、文学という積荷と一体になった大きな船のように店を支えている。手売りとは、書店の業界用語で、顧客の読みたい本を店員が選んで直に渡すという意味だ。相手の身振りを読みとり、視線を合わせて本の好みを尋ね、その人にふさわしい一冊を決めてすすめる、という人間の基本的な能力が求められる。アマゾンは手売りをしない。顧客の購入履歴と、同じ本を読んだほかの顧客の購入データに基づいて、ソフトウェアのアルゴリズムが、読みたそうな本を計算してはじき出す。結果として、ほとんどの場合、類似書籍が紹介される。大型書店もしばしば手売りに失敗する。品ぞろえが多すぎるし、スタッフの経験が浅いからだ。

「手売りは個人書店がもっとも得意なことのひとつよ」と、バグヌロは言う。「誰かに本を手渡して〝これ、私のお気に入りなの。あなたもきっと好きだと思う〟って言うときがそう。大事なのはその会話をすることであって、〝人気のある作品〟を押しつけることじゃない」

バグヌロによれば、理想的な店員とは、他人と接するのが得意な読書家だという(このふたつを満たす人がいつも見つかるとは限らない)。店員たちは、客に押しつけがましさを感じさせずに、会話の流れを自然に手売りに持っていくデリケートな接客術を教えこまれる。私が最近購入した本でいちばんのお気に入りは、グリーンライトの店員のジェス・ペインが手売りしてくれた。どんなものが欲しいか（才気ある新進作家の作品と、当時一歳半の娘に贈る一冊）を伝えた私に、彼女は二冊選んで持ってきた。ひとつはチャールズ・ダンブロジオの暗くて奇妙な短編集『死んだ魚の博物館（*The Dead Fish Museum*）』、もうひとつは『ブロントリーナ（*Brontorina*）』という、バレリーナになりたいブロントサウルスの絵本だった。『ブロントリーナ』は、いまも娘が寝る前に読み聞かせる定番だ。

ブックカルチャーの新店舗のマネジャー、エリザベス・ボグナーは、本の手売りは商売の世界でも独創的な客との交流だと言う。その前の週、彼女は読みやすい歴史物を望む客に、エリ・ヴィーゼルの短いけれど力強いホロコースト回想録『夜』（みすず書房）をすすめたという。次の日、そのお客は店を再訪して、彼女が出勤するのを一時間近く待っていた。そして『夜』を夢中で読み終えたことを告げ、もう一冊紹介してほしいと頼んだのだ。彼女は棚から二冊選ぶと彼に椅子をすすめ、それぞれを五ページずつ読んでみるように告げた。その客は『白鯨』（岩波書店）を買っていった。「アマゾンだったら、あの本をすすめたりしなかったでしょうね」と、ボグナーは言う。きっとコンピューターが似たようなホロコーストの回想録を十数冊はじき出したことだろう。「誰かが書いた言葉を読んでその人がどう感じたか、それを探り当てることで人と関わるのよ！　アルゴリズムじゃそんなことは絶対にできない」

品ぞろえが無限にある店は魅力的に思えるが、買い物する側としては、実は商品が限られているほうがずっといい。『なぜ選ぶたびに後悔するのか：オプション過剰時代の賢い選択術』（武田ランダムハウスジャパン）の著者バリー・シュワルツによれば、私たちは際限ない選択肢の前で途方に暮れ、恐怖心さえ抱くという。これこそ、まさにアマゾンが引き起こしていることだ。過去に出版されたすべての本のなかから好きなものを選べるなんて夢みたいに思える。だが、いざ選ぶとなると、素晴らしい一冊を探すためにキンドルに表示される何十万という作品をふるいにかけて、多くのレビューに目を通さなければならないのだ。

「それが〝見て回る〟ことと、〝探す〟ことの違いだよ」と、ニューヨーク大学スターン・スクール・オブ・ビジネスで消費者行動を研究するアダム・アルター、マーケティング准教授は言った。私は彼とニューヨークのあるパーティーで会い、その日ブックカルチャーで偶然見つけた本のことを話した。『孤独なタイプライター（*The Lonely Typewriter*）』というその作品は、私がコートを置いた隣の棚に並んでいたせいで偶然目にとまったのだ。ある女性が、息子が宿題中にコンピューターが壊れたおかげで、すっかり忘れ去っていたタイプライターのことを思い出す、という話だった。要は、子供向けの『アナログの逆襲』といったところだ。ひと目見るなり、私はその本をつかんでレジに直行した。アルターは笑ってこう続けた。「オンラインにセレンディピティはないからね。人間のもっとも強い報酬系は、ギャンブルみたいな予測できない充実感なんだ。人間がもっとも病みつきになるのは、思いがけなく得をしたときなんだよ」。衝動買いをした瞬間、思わぬ発見をしてうれしくなると同時に満足感を覚えるのはそのためだ。

実店舗のふたつ目のメリットは、販売促進だ。店舗には商品に注目させる方法が豊富にある。たとえば、棚やラックの本の並べ方から、照明、音楽、装飾、香りなどだ。これらが重要なのは、買い物が全身を使うコンタクト・スポーツだからだ。「まだ信じてもらえないようなら、匂いや感触などにはほとんど無縁な商品を扱う書店に行ってみるといい」と、小売りコンサルタントのパコ・アンダーヒルは、古典的名著『なぜこの店で買ってしまうのか：ショッピングの科学』（早川書房）に書いている。「書店では買い物客が本をなでたりさすったりしながら手ごたえを確かめているが、本の形状は喜びとは無関係だ（関係があるとすれば、活字の大きさくらいだろう）」。それでも人々は本に触れてしまう。たとえ想像力、概念、合理性、思考、視覚化などの能力がそなわっていても、人間が動物であり肉体を持つ以上、五感を通して世界を知る以外に道はない」

本屋は、あの手この手で商品を宣伝する。座り心地のよい椅子を置いてみたり、読書に没頭できる隠れ家的なスペースを片隅に作ったり、ショーウィンドウの飾りつけに工夫を凝らす。あるいは、特選セクションを設けたり（グリーンライトには、地元の独立系出版社のコーナーがある）、棚を美しく陳列したり、巧みな照明使いや、さりげなく奇をてらった雰囲気づくりに尽力する。ブックカルチャーで共同オーナーのクリス・デブリンが子供向けコーナーに通じる階段に巨大な複葉機の模型を吊るしているのを見たとき、私が理由を尋ねると、彼は梯子から振り返ってスヌーピーのような確信をもって答えた。「こうすれば『ソッピース・キャメル〔第一次世界大戦のイギリスの複葉戦闘機〕』という本を買いたくなる！」。この店には書き物机まで置かれ、自由に使える文房具やスタンプが用意してある。客がそこに座って手紙を書けば、この店から送ったことを後で思い出してもらえるからだ。

電子商取引のデザイナーは、ウェブサイトやアプリのデザインの質を「豊かなブラウジング体験」

と表現するが、ありふれた街角の本屋でも、ネットよりはるかに豊かなブラウジング体験を提供できる。「ネット通販のフォーマットはほとんど同じだ」と、リテール・デザイナーのダニエル・ゴンザレスは言う。ネット通販は、実はもっともありふれたカタログのデジタル・バージョンにすぎない。グリッドまたはリストに並べられた商品に画像、価格、簡単な説明、レビューをつけただけで、何よりも効率を重視するせいで、創造性や独自性を加える余地はほとんどない

ゴンザレスが店舗をデザインしたクライアントのひとつに、カリフォルニアの衣料ブランド「オルタナティブ・アパレル」がある。聞いたことのないブランドだったが、私はニューヨークでそのソーホー店の前を通りかかり、ショーウィンドウに飾られた赤いフードつきスウェットシャツに釘づけになった。生地がうっとりするほど柔らかくてものすごく着心地のよいことが、ガラス越しからも見てとれた。店に入ってほかのスウェットシャツも見せてもらい、二着試着すると、三分後にショーウィンドウの赤い一着を購入した。そのスウェットは、これまで買った服のなかで最高の一着だ（実は、この原稿を書いているいまも着ている）。その後、同じブランドの商品をさらに二着購入し、友人たちにもすすめたほどだ。それもこれも、通りを歩いていてショーウィンドウに目を奪われたからにほかならない。私は店に入る前にもう買わされていたといってよい。これが「実物に触れるフィジカル・ショッピングの強み」だと、業界誌『リテール』のデザイン編集者アリソン・メディナは言う。「.iPadでドレスに触ったり、コンピューターでメロンの匂いを嗅いで熟しているかどうか見分けるなんてできないもの」

オンライン小売店が赤字なわけ

電子商取引では、こういうことは大した問題ではないとされている。消費者には豊富な知識があり、市場資本主義の法則は常に最良の価格と品ぞろえを示すサイトに味方するからだ——美しい空間、店員、販売促進といった余計な飾りやサービスは関係ない。消費者がコンピューターで買い物する頻度が高まるにつれて、品ぞろえ、価格、インフラにおけるデジタル小売のメリットが勝り、買い物や実店舗という原始的な文化は少しずつ薄れていくだろう。

その想定は正しくない。

ネットで商品を売るのは比較的簡単だが、利益を得るのは至難の業だ。どのオンライン小売店を見ても、何十億ドルと売上がありながら、おそらく赤字だ。アマゾンさえ、二〇年間も本やほかの商品を売ってきたが、小売部門で利益を得るようになったのはようやく最近になってからだ。しかも、その数字たるや微々たるものだ。二〇一五年第2四半期の北米の小売営業利益率はわずか二・五パーセント、それに対してもっと実入りのよいウェブ（クラウド）サービスは二五パーセントもある。共同購入型クーポンサイト「グルーポン」は、短期間限定で特価商品を売り出すフラッシュ・セールで相変わらず儲け以上の金額を使っている。ファッション・サイトのFab.comは、三億三六〇〇万ドルも調達しながら、たった一五〇〇万ドルで売却された。会員制ファミリーセール・サイトの「ギルト・グループ」は、二〇一一年に評価額が一〇億ドルに達したものの、どうにか経営を維持するために資産を売却し続けている。ほかにも枚挙にいとまがない。規模、収益、コスト（店員、賃貸料、在庫なし）で優位につけながら、小売店に取って代わるはずだった電子商取引企業は、なぜ利益を得ることができないのか？

理由を順番にあげてみよう。まず、顧客獲得。実店舗には、広告（オンライン、看板、新聞、小冊子、チラシ）、マーケティング材料（カタログ、掲示、コンテスト、セールス、プロモーション、ポイントカード）、販売促進戦術（ショーウィンドウのディスプレイ、店舗設計、ロケーション）という広範な武器がある。一方、電子商取引の小売店は、オンライン・マーケティング（メールの大量送信、検索エンジン最適化［SEO］、デジタル広告）でしか顧客にアピールできない。これらの手段は大量の目線（アイボール）に訴えるには素晴らしいが、小さな画面上でほかの多くの広告、コンテンツ、画像と顧客の注意を奪い合わなければならない。そのうえ、たやすく無視されたり、ソフトウェアにブロックされたりしてしまう。アピールを購入につなげるのはきわめて困難で費用がかかる。オルタナティブ・アパレルは、ありとあらゆるデジタル・マーケティングを駆使して私の目線を奪えたかもしれないが、ショーウィンドウにスウェットシャツを飾るほうがずっと簡単で効果がある。アナログ的な顧客獲得のほうがはるかに費用効果が高いのだ。

ふたつ目の理由は、買い物経験そのものだ。ほとんどのオンライン小売店は、顧客のクリック数を可能な限り抑えることを目標にしている。オンライン・ショッピングは、時間をかければかけるほどストレスが増す。選択肢が瞬く間に増えて、比較しようとすればきりがない。さらにレビュー、レビューに対するレビュー、格付けというワームホールに吸いこまれ、情報が多すぎて分析などできなくなる。私が何より嫌いなことのひとつは、予約したいホテルがパラダイスか地獄かを見きわめようと、トリップ・アドバイザーで数百というレビューを見て、行間を読み取ろうとすることだ。同じように感じる人は多いようだ。二〇一四年に従来の旅行代理店を利用したアメリカ人旅行者は、二〇一三年の一二パーセントに対し、一八パーセントに増えている。

これらの客は他人の助けを求めており、当然のことながらデジタル・ショッピングには手を貸してくれる店員はいない。それどころか、ユーザーに情報をふるいにかけさせ、種類や価格を比較させ、商品のレビューを書かせることで、買い物のさまざまな負担を押しつけている。電子商取引ビジネスは店員やほかの人間を障害と見なしているかもしれないが、彼らは買い物がスムーズに進み、より有意義な経験になるように助けてくれる存在なのだ。事実、一〇年ほどセルフレジを普及させてきたスーパーマーケット業界では、アルバートソンやクローガーを含む大手チェーンのいくつかが、数年前から高額なセルフレジを人間のレジ係に置き換えている。人間のほうが作業が速く、顧客の評判もよいからで、実際、万引きも減ったという。

実店舗の場合、ネットよりも客が買い物に費やす時間とお金が多く、リピート率も高い。これは、gap.com のようなオムニチャネル小売サイトにも当てはまるし、アマゾンのような独立型電子商取引サイトと比べてもそうだ。「どんなリサーチでも、単一チャネルの顧客の生涯価値は、複数のチャネルで買い物をさせれば、三倍から五倍に上がることがわかっている」と、アーバン・アウトフィッターズの元CEOで、現在は小売店投資会社フロント・ロウ・パートナーズを経営しているグレン・

センクは言う。彼によれば、小売店が使えるあらゆるチャネルのなかで「いちばん価値が低いのが電子商取引だ」という。

最後の理由として、配送の問題がある。この本をアマゾンで買った場合、商品は郵便か宅配便で倉庫から流通センターへ発送され、そこからトラックや飛行機でさまざまな倉庫へ回された後、自宅に届く。本を購入した喜びを味わうのが数時間か数日、あるいは数週間（配達時間による）遅れるだけでなく、もし届いたものが注文と違っていたら、返品方法を探さなければならない。大半のオンライン小売店は返品が楽で簡単だと謳っているが、私の経験では面倒でなかったためしがない。明細票を印刷し、箱をテープで梱包するなどして送り返すのは、煩雑すぎて便利とはほど遠い。あまつさえ、ネットでは商品を手に取れないので、実店舗で買うよりも返品率が高い。私が結婚したとき、式のためにザッポスで注文したつややかな革のオックスフォードシューズは、箱を開けて見るとちんけなポン引きにぴったりの品だった。それに引きかえ、近所の店で買ったブーツは、一年後に靴底がはがれてきたが、店に持って行ってマネジャーに見せたところ、返品ポリシーを無視してその場で新品と交換してくれた。

配送は電子商取引の泣きどころだ。小売店では、顧客が配送費用を負担する。もし本書をブックカルチャーのような本屋で買ったら、自分で棚から本を取ってレジに運び、代金を払って自宅まで持ち帰る。もしアマゾンで買えば、プライム会員なら送料は「無料」だろう。ただし、実際に「送料無料」なんてものはない。ＵＰＳの配送ドライバーやその同僚は無料(ただ)で働かないし、彼らが運転するトラックも、走るのに必要なガソリンも無料ではない。どんなものにも金がかかる。つまり、送料無料サービスを謳うオンライン小売店（ほぼすべてがそうだ）は、実際には送料を負担しているということだ。これがアマゾンのような大手でさえ、なかなか利益を出せない最大の理由だ。アマゾンの純配送料は、プライムサービス（送料無料を含むプレミアム・サービス）をはじめた二〇〇五年以降、毎年二五パーセント以上増えており、増加の一途をたどっている。二〇一四年のクリスマスシーズンは荷物の三分の二を無料で配達した。この割合は、それ以前は三分の一だった。もう一度言おう。「無料」とは、アマゾンの株主が送料を払っている、という意味であることを忘れてはいけない。

ニューヨーク大学でブランド戦略とデジタル・マーケティングを教えるスコット・ギャロウェイ教授によれば、アマゾンがしているのは最後のひとりになるまで戦い抜くバトルロワイヤル形式のゲームだという。ネットショップを経営したこともあるギャロウェイは、業界内の実情をこう語る。「中期的に黒字を出している電子商取引専門の小売店はひとつもない、と言いたい」。要するに、電子商取引サイトは儲からないということだ。なぜなのか？　それはアマゾンを見ればよくわかる。商品をコストより安い価格で販売したり、無料で届けるなど、競合他社を全滅させる市場シェアを獲得しようと湯水のように金を使い続けている。こんなことを続けて決着がつくだろうか？

「ビジネスで重要なのは儲けることだ」と、経営コンサルティング企業アリックスパートナーズの小売店再建コンサルタント、ジョエル・バインズは言う。彼は、ピア・ワン・インポーツ〔全米に展開するインテリア・雑貨専門店〕などの経営不振店や破綻した小売店を黒字に戻してきた。これまで何百という小売店のバランスシートを見てきたが、ネット販売が常に収支決算の足を引っ張っていたという。「オンライン小売店は氾濫しすぎて、利鞘が減り、顧客にすべての権限を与えている。自社コストをつり上げ、価格重視の買い物を奨励し、あげくのはてにブランドへの親近感を失わせる――これを全部促進しているのがオンラインなんだ」と、バインズは言う。「結局、ほかの部門が儲けを出さなくちゃいけなくなる」

二〇一五年六月に『ニューヨーク・タイムズ』紙が報じた調査会社eマーケターの調査によれば、アメリカ国内の電子商取引の成長率は二〇一三年から二〇一五年にかけて二パーセント強下がり、今後も減速し続けるという。記事はこう述べている。「最終的に、アメリカ国内の電子商取引は小売全体の一〇パーセント未満に落ち着くだろう。ここ数年、実店舗の消滅が広く予測されていたが、その気配はどこにもない」

なぜデジタル・ブランドに実店舗が必要なのか

ギャロウェイには、オンライン専門小売店が取るべき解決策がわかっている。それは、ソフトウェアでも、ドローンによる配達でも、バーチャルリアリティでもない。実店舗だ。「煉瓦の逆襲さ。小売は新しい流行色なんだよ」と、ギャロウェイは言う。理由は明白で、その先鞭をつけたのは電子商取引部門をそなえた従来型の小売店だ。電子商取引に関する統計は、ある重要な事実を見えにくくしている。それは、アメリカ国内のオンライン小売の売上高の半分が、実店舗と関わっているということだ。macys.com や homedepot.com はもちろん、ジューン・レコーズでさえ、希少なレコードをオンライン・マーケットプレイスのディスコグスで売りに出し、年間一億ドル近くを売り上げている。メイシーズ、ノードストローム、ベストバイ、アップルのほか、数千以上の小売店が、オンライン小売の最良の資産が実店舗であると気づいたのだ。実店舗は、オンライン注文品の地域倉庫ネットワークとなって企業の送料を削減し、顧客が商品の受け取りや返品ができる便利な場所として活用されている。「そのほうが、アマゾンで注文して、自宅玄関でUPSの黄色い不在配達シールを見つけるより便利だからだ」と、ギャロウェイは言う。

生き残るためには、バーチャル世界から抜け出して現実世界で店をオープンする必要がある。この事実を、電子商取引業界はしぶしぶながら認めつつある。実際、男性用衣料ブランドのボノボスやフランク・アンド・オーク、化粧品会社のバーチボックス、ジュエリー・ショップのブルー・ナイル、アリババなどごく少数のオンライン小売店が直販店を作っている。二〇一五年一一月には、アマゾンもシアトルに約五〇〇平方メートルの書店をオープンして、現実世界に参入した。同社のフィジカル書店第一号は、革新的なディスプレーやオンライン・データを反映した品ぞろえを謳っているが、突き詰めれば、とても感じのよい従来型の書店だった。

ボノボス、セレナ・アンド・リリー〔セレブ愛用の家具や雑貨ブランド〕、バーチボックス、ダラー・シェイブ・クラブ〔髭剃りの刃の定期購入サービス〕などの電子商取引ブランドを支援するベンチャーキャピタル企業の最大手のひとつ、フォアランナー・ベンチャーズの社長ユーリー・キムは言う。

「私たちは、まるで鞭で打たれて急かされるかのように、電子商取引へと突き進んでいました。いまはその逆です」。原因は、消費者の要求の変化だとキムは感じている。最初はトータルなオンライン・アクセスと利便性を求めた消費者が、ときとともに、夢中になれる経験が欠けていることに気づいたのだ。特にオンライン専門のブランドで、この傾向が顕著だった。「消費者は〝コミュニティのフィードバックとわくわく感が欲しい！〟と言います。でも、それはオンラインでは得られません。店のなかで実現するものだからです」

実店舗がデジタル・ブランドのために生み出すもの、つまり歩いて行ける利便性、通りがかりの目線、リピーター客、昔ながらの口コミは、フェイスブックのターゲット広告ほど費用効果の高い顧客獲得戦略には見えないが、長期的に見れば、実店舗だけでなくオンラインの売上も増やす。ベンチャー・キャピタリストも含め、テクノロジー業界では、電子商取引ブランドがオープンした店を「奇をてらった無意味なマーケティング」と一蹴する声が多く、本当に稼げるのはオンラインだ、と主張する。キムはこうした意見に首を横に振り、新しいオフライン重視は「効果的です」と、断言した。「なぜなら利益を出していますから」。それも、そこそこではなく、巨額の利益を。

フォアランナーが支援した実店舗参入でもっとも成功を収めたのが、ワービー・パーカーだ。同社は、どこよりも積極的に実店舗を追求した。二〇〇〇年に創業し、一〇〇ドル以下の手ごろな値段でクールな眼鏡をデザインしてネットで売りはじめた。商品三点までは送料無料で、返品も無料だった。二〇一三年に期間限定のポップアップ・ショップを展開して手ごたえを感じたのち、ニューヨークに約一九〇平方メートルの小売店をオープンした。店内の左右には眼鏡をずらりと並べた鏡つきの巨大な壁があり、商品を自由に手にとったり、試したり、装着した姿をフォトブースで撮影することができた。「店を作ったのは本当はブランドの宣伝のためで、集客の一環のように考えていたんだ」と、店舗デザインを手伝ったブランディング会社、パートナーズ・アンド・スペードのアンソニー・スペルドゥーティは言う。「でも、あまりにも評判がよかったから、小売店戦略を強化することにした」

現在、ワービー・パーカーは全米に約二〇店を展開し、さらなる拡大に余念がない。どの店も、買い物経験を満喫し、主にアナログ的な心に残る交流ができるように設計されている。たとえば、そろいの青い上着をまとった若い親切な店員が迎え、棚には同ブランドがセレクトしたユニークな書籍やオリジナル書籍、無料の鉛筆と消しゴムや、近隣地域の地図が置かれ、多種多様な眼鏡がまるで図書館のように天井まである高い鏡つきの壁にびっしり並んでいる。複数のデータによれば、ワービー・パーカーの店舗は、現在一平方フィート当たりの小売売上高がアップルとティファニーに次いで高いという。このブランドが、一三〇〇ドルのノートパソコンや二万五〇〇〇ドルの婚約指輪ではなく、一〇〇ドルの眼鏡だけを販売していることを考えると、驚異的と言える。

電子商取引の急激な成長にもかかわらず、小売店の力はますます強くなっている。テクノロジー業界はこの事実に目を向けるべきだ。というのも、業界トップのアップルが実店舗型小売の典型的な成功例なのだから。スティーブ・ジョブズは二〇〇一年にアップルストアをオープンした。アナリストたちはこれをやけっぱちの挑戦と呼び、二年もしないうちに潰れるだろうと予測する者もいた。ところが、いざ開店すると二年で早くも黒字化し、一フィート当たりの年間総収益が約五〇〇〇ドル、ストアの従業員一人当たりの収益が約五〇万ドルという、世界でもっとも成功した小売店となった。来店者は毎年数億人にのぼり、これは店の数が世界で五〇〇に満たないことを考えると驚くべき数字である。信じられないと言うのなら、いますぐアップルストアに行ってみよう。店内は大勢の客でごった返し、レジには十を超える行列ができているはずだ。

「電子商取引が爆発的に増えた一〇年で、テクノロジーストアは世界中の人々のお気に入りの店になった」と、二〇〇〇年から二〇〇七年に各地でアップルストアの立ち上げと経営に携わった元小売担当部長ロン・ジョンソンは言う。当時のアップルは、数年前よりネット販売をはじめていたが、熱狂的なファンと直接つながる方法がまだなかった。市場を支配するパーソナル・コンピューターに比べて、アップルの製品がまだ比較的ニッチだったことを考えると、ファンとの絆の確立はなおさら必要に思えた。ジョブズは、ベスト・バイやサーキット・シティに並ぶコンピューターを単なる日用品と見なし、どの製品も似たり寄ったりで、消費者にはほとんど価値がないと考えていたという。

「スティーブは、アップルはイノベーションで勝つと信じていた。顧客に届ける必要があるイノベーションは、マーケティングでは届けられない。販売する場所を確保しなければ、製品の革新性を認めてもらうことはできないんだ。店舗を出すことは自明の理だったんだよ」と、ジョンソンは語る。ジョンソンは新しいアップル・ブランドを体現する実店舗を作り上げた。未来を感じさせる艶消しのアルミニウムと磨き上げた黒いガラスで覆われた、明るい滑らかな箱である。しかし、そこには人間の存在を強く感じさせる未来があった。「顧客は誰かの助けを必要としている。とりわけ、コンピューターに関しては。オンラインで質問する、ウェブサイトを見る、友達に訊く、という方法もあるけれど、店に行くほうが客にとっては便利なんだ」。そこで作ったのがジーニアス・バーだ。壊れたコンピューターを修理するだけでなく、アップルのソフトウェアとハードウェアについてマンツーマンで安く教えてくれる次世代のヘルプデスクである。ジーニアス・バーのおかげで、アップルは顧客との絆をより深めることができた。ジョンソンは、この手法を最近立ち上げた「エンジョイ」という電子商取引会社に取り入れた。エンジョイでは、顧客の自宅を訪れて無料で購入品のサポートをする。つまるところ、持ち帰り版ジーニアス・バーだ。

さらに驚くべきことに、アップルストアではほかの小売店と同じアップル製品を販売するにもかかわらず、製品の値段が高い。「アップルストアは、アップル製品の値段が世界中でいちばん高いんだ」と、ジョンソンは誇らしげに言う。「ほかの場所ならいつでももっと安い値段で買えるけれど、アップルストアは特別なんだよ」。新製品発売時は、前日から熱烈なファンがアップルストアの外に並び、折りたたみ椅子で夜を明かし、ドリトスで空腹をしのぐ。それもこれも、最新のiPhoneを世界中の誰よりも早く手に入れるためだ。そのためなら多額の出費もいとわない。無味乾燥な市場論理からすれば、余所(よそ)より高い金を払ってわざわざアップルストアで買い物するなんて馬鹿げている。だが、買い物とはそもそも理屈に合わない行為なのだ。ジョンソンの話を聞いてそのことに気づかされた。「われわれは、〝ピープル・ファースト〟なんだ」と、彼は胸を張った。

電子書籍リーダーの売上停滞

ニューヨークやほかの地域にオープンした新しい書店も、同じように考えている。だから、どの店もアマゾンの無敵の価格に対抗しようとしていない。「アマゾンと張り合うなんて不可能よ」と主張するのは、クリスティーン・オノラティだ。彼女は、二〇〇七年にブルックリンのグリーンポイントに「ワード」という書店をオープンし、二〇一三年にはニュージャージー州に二号店を出している。「そんなふうに考えたら、勝てっこない。価格や配達では太刀打ちできない。私たちは顧客にとってまったく別の選択肢でいなくちゃいけない」。ワードの武器は、品ぞろえ（量ではなく質）、個人対応のサービス、イベント（特に学校のブックフェア）、そしてもっとも重要なのが、願望だ。ワードが売る本を買いたいというだけでなく、自分と同じ考えを持つ人たちのいる店で買い物をしたい、という欲求だ。「うちで買うことをチャリティーみたいに考えてほしくない。ここで買わなくちゃいけない、じゃなくて、ここで買いたいと思ってほしい」

ブックカルチャーのクリス・デブリンが二〇一四年一二月にアッパー・ウェストサイドに旗艦店の三号店をオープンしたとき、彼には明確な目標があった。四〇代後半、一八〇センチを超える長身の彼は、いつもくたびれたコーデュロイのズボンにニューイングランド地方の厚手のフィッシャーマンズ・セーターを着こんでいる。初めて会ったときは、両耳の後ろに鉛筆をはさみ、新たに雇い入れたスタッフに本を並べる場所を指示していた。デブリンの話し声は穏やかだが、言葉には強い決意と義憤があふれていた。

「最近じゃ本を見かけない」と、デブリンは言う。「この辺りの本屋は軒並み潰れちまった。ニューヨークみたいに読書が盛んな大都市から本を取ったら、何が残る?」。これはゆゆしき事態だった。ニューヨークは世界の文学の中心であり、出版業界の編集者や重役の多くが住んでいる。彼らには、すっかり評判が地に堕ちた自分たちの職業が、これからも重要であり続けるということを証明する場所が必要だった。本がショーウィンドウに心をこめて飾られ、愛書家が集い、互いの目の前で本を買う場所が必要だった。子供が読書の楽しさを発見し、親が子に本を読み聞かせて買い与える場所が必要だった。わが子を本屋に連れて行けない街なんて、デブリンにはホラー以外の何物でもない。「おれたちは実に素晴らしいことをしてるんだ」と彼は言う。「本ほどためになるものはない。それは自信を持って言える」

デブリンは、一九八〇年代にニューヨーク周辺の個人書店を渡り歩いた後、一九九七年にコロンビア大学の近くにブックカルチャーをオープンした。商品の中心は教科書だった。二〇〇九年になると二ブロック離れた場所にもっと大衆向けの小さな二号店を開店させ、一年後、その店のマネジャーだったアニー・ヘドリックを共同オーナーに迎えた。ヘドリックはデブリンより一〇歳以上年若く、ものすごい早口で話す。私が店を訪れたときは、いつも一歳の息子を抱っこひもで身体に巻きつけていた。ブックカルチャー二号店は開店費用が三〇万ドルもかかったが、すぐに年間成長率が二桁台に乗り、ほどなくして利益が初期投資を上回った。「二号店の売上と成長ぶりを見て、ビジネスとしてやっていけること、私たちがいかれてなんかなかったことがわかったわ」と、ヘドリックは言う。

デブリンは三号店の出店場所を探してさらにダウンタウンの奥のほうへ足を伸ばし、八一丁目のコロンバス・アベニューの物件を見た。ヘドリックの息子が生まれてまだ三週間のときだった。その建物は店先に大きな窓があり、セントラル・パークやアメリカ自然史博物館、ふたつの地下鉄駅からほんの一ブロックしか離れていなかった。賃貸料は月三万五〇〇〇ドルと高額だったが、地元の住民にも観光客にも最高の場所に思えた。さらに素晴らしいことに、家主はかつてここで「エンディコット・ブックス」という書店を営んでいた。一九九〇年代に閉店してしまったが、映画『ユー・ガット・メール』で、メグ・ライアンの気骨のある個人書店のモデルになった店だ。映画では、数ブロック先にトム・ハンクスが大型書店を開店したせいで、閉店に追いこまれたのだった。

デブリンとヘドリックは、一年かけてその店を家具店から書店に戻した。煉瓦のアーチが特徴的な店内には、くつろげる小さな隠れ家的な場所があり、広々とした地下の児童書コーナーは、童話、おもちゃ、ヤングアダルト本、専用レジのエリアに分かれ、おむつ交換室と、親や子守が何時間もゆったりと過ごせるように小さなキッチンまでそなえていた。

総額二五万ドル以上の本に加えて、棚の半分にはグリーティング・カードやノート、ギフト用品、キッチン用品、帽子や手袋といった小物衣料品をはじめ、本以外のさまざまなアイテムがそろっていた。このすべての費用を賄うために、デブリンは自分の年金口座を解約し、家族が住むアパートの部屋を抵当に入れた。要は、全財産を注ぎこんだというわけだ。さらに、一〇〇人以上の投資家に支援を募る手書きの手紙を送ったが、返事をくれたのはひとりしかいなかった。アメリカ最古の総合月刊誌『ハーパーズ・マガジン』の発行者、リック・マッカーサーだ。独立系出版業の強力な擁護者である彼は、店に多大な投資をしてくれた。こうして、ブックカルチャーのコロンバス・アベニュー店は、二〇一四年の感謝祭の一週間後にオープンした。

新店舗を軌道に乗せるには、年に三〇〇万ドル以上の本と商品を売らなければならなかった。それでもコストを賄うのがやっとだった。書店がまだ衰退産業と見なされ、デジタル出版への移行が加速する出版業界では、とんでもなく野心的な挑戦に見えた。ところが、明るい兆しが見えてきた。書店だけでなく、印刷書籍にも客足が戻りはじめたのだ。二〇一四年に、印刷業界最大の販売データ追跡機関ニールセン・ブックスキャンが、印刷書籍の売上が前年から二・四パーセント増えたと発表した。二〇一〇年に電子書籍の販売がはじまって以来、印刷書籍の売上が上昇したのは初めてだった。翌二〇一五年も、二・八パーセントの成長が見られた。それと同時に、キンドル、ヌーク、コボなどの電子書籍デバイスの売上が停滞したようだった。アメリカの世論調査機関ピュー・リサーチ・センターの調査により、電子書籍リーダーを所有する回答者の数が、前年同時期に比べて三二パーセントも減ったことが判明したのだ。さらに、イギリスの書店チェーンのウォーターストーンズが、二〇一四年のクリスマスシーズンの本の売上が前年から一一パーセント増えた一方で、電子書籍リーダーのヌークの売上が激減したと発表した。それから数カ月後、長いあいだ低迷していたバーンズ・アンド・ノーブルがとうとう黒字に返り咲いた。この原因として、書籍専門誌『パブリッシャーズ・

ウィークリー』は、採算の合わない電子書籍、ヌーク、オンライン販売が激減したこと、相対的に伸びた印刷書籍の売上がこれを相殺したこと、実店舗の売上が復活したことをあげた。だからといって、デジタル書籍の成長が止まると言っているわけではない。おそらくそうはならないだろう。けれども、ＭＰ３によってフィジカルな音楽に起きたことが、電子書籍によって印刷書籍にも起きるだろう、という性急な予測は当たりそうにない。

理由のひとつとして、読者が印刷書籍に戻りつつあることがあげられる。本屋マニアだった私は、昔はあらゆる種類の書店で年に数十冊の本を購入していた。ところが、アマゾンで注文しはじめると、以前ほど本に関わらなくなり、読書量が減ったことに気づいた。読書への愛情が消えたわけではない。けれども、音楽と同じように、本もネットで入手するようになってから、魅力の一部が失われたのだ。その後、キンドルを購入すると、しばらくは愛情がよみがえった。なにしろ手のひらに夥しい数の本がすっぽりと収まり、たった二回タップするだけでどんな作品も手に入るのだ。キンドルは軽量で、膨大な情報が詰まったライブラリが保存され、夜にベッドで読めるようにバックライトまでついていた。私は貪るように電子書籍を読み、フィジカルな本には見向きもしなくなった。

しかし数年たつと、また印刷書籍を読みはじめた。何がきっかけだったかは定かでないが、思い当たる要因は前章で取り上げたものも含め、いくつかある。まず、公共図書館の会員になり、そのおかげで紙の本を読みはじめた（主に仕事のためだ）。するとすぐに、紙で読むことをどれだけ恋しがっていたか気がついた。紙の本の読書は、実に上質な経験だった。理由は、キンドルのテクノロジーのほうが明らかに利点が多いことを考えると、理屈に合わないものばかりだ。本は確かに重いけれど、指のあいだに感じるページの厚みでどのくらい読み進んだかがわかった。キンドルを使っていたときは、この感触を心から欲していた。それに、本は下線を引いたり、自由にメモを書きこんだり、ページの角を折ることができる。うっかり指でタップしてどこを読んでいたかわからなくなる、なんてこともなかった。文字を拡大したりバックライトをつけることはできなかったが、バッテリーを気にせずに読書に没頭できた。誤って踏んづけて、アマゾンに一四〇ドル払って交換してもらう必要もない。いまの私は、本は図書館と書店で手に入れたり、家族や友人から借りるなどして、自宅のベッドの脇の小さなテーブルに何冊も積み上げている。キンドルを使うのは、一週間以上旅行に出るときだけだ。それ以外の時間は、引き出しのなかに入れっぱなしで、空になったバッテリーのマークが充電してくれと訴えている。

書店の復活の背景には、多くの経済的要因——ボーダーズの閉店によってほかの書店にチャンスが巡ってきたこと、景気後退後に経済が回復したこと——があるが、もっと大きな力が働いているように見える。それを指摘したのは、ブックカルチャーのマネジャーのひとり、エリザベス・ボグナーだ。新店舗に客が途切れることなくやってきては、手近なスタッフに感謝を述べるのを見ていたとき、彼女はこう言った。「ここにいる人たちは、本屋を失って初めてその価値を十分に理解した。この地域の人たちは、悲しみの五段階〔悲しみを乗り越えるまでの拒否、怒り、交渉、落胆、受容の段階〕を経験したの。〝いまどき誰が本屋なんて開店する?〟ってみんなが言ったけど、本当に開店したわ」

新しいノンフィクションのテーブルに群がった客が新刊を見て回ったり、立ち読みしたり、パラパラめくったりするのを眺めていると、デブリンが言う。「ブックカルチャーやほかの書店には、実店舗ならではのプレミアムがある。アマゾンでは一ペニーで売っている本を、ここではもっと高い値段で売ることができる。人は面白そうな本が目に入ったら買うんだよ」。なぜなら、本を読むと自分が向上できるからだ。読み物と時間のほとんどがネットで消費される今日では特にそうだ。「二六ドルを本に使ったら、知性を刺激したい、文学と関わりたいと強く望んでいる証だ。知的好奇心を満たせる生活を手に入れたということなんだ。いまの時代、本を買ったり読んだりするのは、いちばんハイレベルな消費者だけだからね。つまり、お金の余裕があって、高い教育を受けた消費者、小売店が待ち望んでいる客たちだ。そういう客は黄金のように大切にされるべきだ。本は消費ピラミッドの頂点なんだ！」

都市の文化と環境を作る

買い物という行為に秘められているのは、消費への欲求だけではない。商品を求めることは、社会と関わるための口実だ。店で買うタオルや見かけ倒しのおもちゃよりも、そこで交わす会話のほうがはるかに重要なのだ。これは、ニューギニアの辺鄙な村の週市だろうと、世界中からやってきた旅行者がｉＰｈｏｎｅを愛でる五番街の巨大なアップルストアだろうと、世界共通の真実だ。人間は買い物するようにできており、それを楽しむ生き物なのだ。週末に友人と会うときは、ショッピングモールに行ったり、ウィンドウ・ショッピングをしたり、店で商品を見て回り、品定めしたり、チェックしたりする。ボブ・グレイソンによれば、平均的なアメリカ人が一週間の旅行をすると、一日半は買い物に費やすという。オンラインでは、ソーシャルメディアのプラグインをどんなにうまく設定しても、ユーチューブでどれだけたくさんの動画を見ても、実店舗のような社会的交流は起こらない。

私はそれほど買い物が好きなわけではない。妻によれば、私と洋服を買いに行くと、濡れた毛布を肩にかけている気分になるという。そんな私でも、レコード店や書店のショーウィンドウに近づいたら最後、ロックフェラー並みに散財する。モダンな家具店なんて、とんでもない。とりわけ、市場は危険な場所だ。中東のバザールだろうと、ヨーロッパのデパートの食品売り場だろうと、たちまち財布の紐が緩んでしまう。ブルックリン・フリー〔ブルックリンの蚤の市〕のようなアメリカの都会の市場も同じで、現在も足しげく通っている。

ブルックリン・フリーは、二〇〇八年に高校の校庭ではじまった小さな蚤の市から、世界中の起業家精神あふれるアナログ資本主義の手本になった。コンセプトはほかの蚤の市と変わらない。都市部で開催される歴史の浅いフリーマーケットで、古いもの（古着、アンティークの家具、小物アクセサリー）から新しいもの（スローフード、スクリーン印刷されたTシャツ、アート）まで、種々雑多な商品が売られている。地域の人たちが品物を売買したり、心を触れ合わせる集いの場だ。

「このマーケットは、商売じゃなくてたまり場なんだ。屋外で開催され、入場は無料で、何も買わなくたっていい。それに、行けばたいてい知り合いに会う」と、ブルックリン・フリーの共同創設者エリック・デンビーは言う。私もここで素敵な買い物をしたことが何度かあるが、つい足が向いてしまうのは週末の数時間を間違いなく楽しく過ごせるからだ。デンビーによれば、ブルックリン・フリーの出品者の多くは、エッツィーでも作品を売っているが、オンライン・クラフト・マーケットの標準化されたフォーマットでは、同じようなアクセサリーを売る五〇〇人の売り手のなかで目立つのは不可能に近いという。「インターネットは決して理想的な場所じゃない」とデンビーは言う。

インターネットとオンライン小売では、実店舗より顧客の信頼を得るのがはるかに難しい。数年前の冬、私はアマゾンである出品者に不動産投資に関する本を注文した。あまり知られていない書籍で、ほかでは手に入らなかったからだ。数週間後、出品者から連絡があり、トロントまでくる予定があるので私の自宅に直接本を届けてもよいか訊いてきた。そのほうが「簡単」で「安くあがる」からだという。もちろん、いいに決まっている。

数日後に返事がきて、やっぱりダウンタウンのどこかで会うほうがいい、そのほうが「安全（セーフ）」〔safeには「確実」と言う意味もある〕だからと言ってきた。そのほうが安全？ いったい何の話をしてるんだ？ 買いたいのは本であって、ヘロインじゃない。そこで、自宅の郵便受けに本を入れてほしいと伝えたが、返事がなかった。その時点で私は詐欺にあったと確信し、アマゾンのカスタマーサービスに連絡した。本の送料は三八ドルに上がっており、売り手にはこの本以外に取引履歴はない。私はすっかり被害妄想になり、書籍販売ギャングが私の家を根城にし、個人情報を盗んで私になりすますのではないかと心配になった。取引が失敗したせいで、ダウンタウンの裏道で襲われるかもしれない。その不安をマニラ在住のアマゾン・カスタマーサービス代表者に一時間かけて説明すると、アマゾンはこの売り手に何らかの苦情を申し立てた。その翌日、郵便受けに本が届き、私を無礼で恩知らずの愚か者呼ばわりする不快なメールが売り主から送られてきた。彼が本を届けるために出張の途中でわざわざ回り道をしてくれたからで、私はそのためにかかったタクシー代を払う羽目になった。私たちのやりとりは、すべてアマゾンというフィルターを通しておこなわれていた。だから、コミュニケーションが途絶えたとたん、ふたりのあいだの薄っぺらな信頼も吹き飛んだ。もしお互いに直接話すことができていたら、あるいは店で対面していたら、こんなことになる前に解決できたかもしれない。そうはならずに、不十分な意思疎通が誤解を招き、どちらも損をした気分になった。

電子商取引業者は、ひとりの人間として顧客と深く関わることができない。ただサンプルを経験させ、正直な意見を共有したり、気を引いたりするだけだ。しょせん、電子商取引は商品やサービスを提供するプラットフォームでしかない。イーベイ、エッツィ、クレイグリスト、アマゾンはコミュニティを自称して、世界中の買い手と売り手、あるいは作り手同士で会話や取引ができると謳っているが、実店舗の強みにはかなわない。たとえば、レクシー・ビーチが二〇一三年にニューヨークのクイーンズに「アストリア・ブックショップ」をオープンしたときは、地元の住民が開店資金を拠出した。それだけでなく、壁にペンキを塗ったり、棚のとりつけや段ボール箱の開梱を手伝いにきてくれたが、何の見返りも求めなかった。「見知らぬ人たちが手の空いた時間にやってきては、店が早く開店できるように助けてくれたの。地域全体が、〝これは必要なことだから〟と言って、心から歓迎しているように思えた」

ブックカルチャーでは、編み物クラブが店で定期的に集まってもよいかデブリンに尋ねたとき、彼は了承したばかりか、紅茶とクッキーまで用意した。ある幼い客が店で自分のバルミツバー〔ユダヤ人の男の子が一三歳になるときにおこなわれる成人式〕をしたいと母親にお願いしたときは、その子に「マーズル・トーヴ（おめでとう）」と声をかけ、パーティーの企画を無償で手伝った。もちろん、こうした善意は売上に反映されるかもしれないが、十中八九されないだろう。彼の行為には、もっと大きな目的があったのだ。

「小さな本屋がチェーン店やアマゾンに取って代わられたら、私たちは何を失うだろう？」と、ニューヨーク在住のフランスの文化カウンセラーで、グラフィック小説も執筆したアントニン・ボードリーは問いかけた。「私たちはある特別なものを失うんだ。それは、都市（まち）と呼ばれるものだ」。ブックカルチャーがオープンする数カ月前、ボードリーはセントラル・パークの向かいにあるフランス大使館の文化サービス部に、「アルベルティーヌ」というニューヨークでもっとも豪華で美しい宝石のような書店を開設した。ボードリーの定義によれば、都市は書店のような事業が集まって成り立っている。それらの事業が税金を払い、市民が集う場所を提供し、最終的にはその都市の文化と環境を作り上げる。「もしそうしたものが全部なくなれば、もうそこは都市ではなくなってしまう」

ニューヨーク滞在最後の夜、私はブックカルチャーのオープニング・パーティーに参加した。店内は近隣住民、出版業界の人々、友人と家族、ゴールデン・レトリーバー一匹と熱烈な本好きたちですし詰め状態になり、私は五時間というもの、棚のあいだからほとんど動くことができなかった。ワインとチーズとケーキが供され、ヤングアダルト小説の作家ティム・フェデリーがカクテルを作り、自著である新米パパとママ向けのお酒のひねりを効かせた童謡本『ヒッコリー・ダイキリ・ドック(*Hickory Daiquiri Dock*)』にサインをした。ころあいを見計らって、デブリンが店の奥の書見台の後ろに立ち、ゲストたちに話しかけた。彼は文化として、そして資産としての本の価値について語り、出版業界が目を覚まし、ブックカルチャーのような店をはじめとする本の守護者をサポートする必要がある、と訴えた。

「このような場所は採算が取れなければやっていけません」。デブリンはそう述べると、店に頻繁に戻ってきて、みんなの財布で望ましい店と地域、そして都市を築いてくれるようお願いした。「みなさんがきてくれる限り、この店はなくならないでしょう」

それから数カ月がたち、彼らはその呼びかけに応えていた。ブックカルチャーはきわめて好調な滑り出しを見せ、二〇一五年春の売上は予想を上回った。同じころに開店したほかの書店も順調に伸びていた。グリーンライトとマクナリー・ジャクソンは、どちらも近年二号店を出店した。そのあいだもワード、アストリア・ブックス、アルベルティーヌをはじめ、息を吹き返した個人書店が全米で着々と売上を伸ばしており、その勢いは衰えそうにない。デブリンと最後に話したとき、彼はすでに四号店の場所探しに奔走していた。

第7章 仕事の逆襲

メイド・イン・デトロイトの腕時計

デトロイトのミッドタウン地区にあるウェスト・キャンフィールド通りを歩くと、製造業の時代は終わった、という世間の常識を疑いたくなる。高級化された通りには、クラフトビールのパブ、エスプレッソの立ち飲みカフェ、コールドプレス・ジュース〔低速回転のジューサーで熱を加えずに作ったジュース〕・カウンター、ファッション・ブティック、それに「笑って、ここはデトロイトです」と書かれたマグやTシャツやティータオルを売るギフトと家庭用品の店が二軒並んでいる。その真ん中に、この通りでいちばん大きなシャイノーラの旗艦店がある。むき出しのスチール製の梁、ほどよくくすんだれんがの壁、ぴかぴかに磨き上げたコンクリートの床は、シャイノーラの製品が持つ工業界のヒップスターのようなエレガントで軽快なイメージにぴったりだ。

私が訪問したとき、店内には手縫いの革製の野球ボール、バスケットボール、フットボール〔四〇ドル〜二二五ドル）、木製のスクリュードライバー・セット（六五ドル）、リネンの表紙の日記帳（一二ドル〜二〇ドル）、ビーチタオル（一六〇ドル）などがあった。ほかにも、犬の形のクッションから革製のリードと首輪にいたるまで、さまざまなペット用品を並べた壁や、革製の財布、スマートフォン・ケース、ハンドバッグが陳列されていた。レジの後ろでは、顎ひげをはやした男たちが、自転車の老舗ブランド「シュウイン」の元従業員らが手作りしたスチール製フレームで自転車（一〇〇〇ドル〜二九九五ドル）を組み立てていた。クールな音楽が流れ、スタッフはみなフレンドリーで親切だ。併設のコーヒー・バーでは、アンティーク調のカウチでくつろぎ、冷えたビールをすすりながら、犬をテーマにしたインディペンデント誌『チュード』を読むこともできる。カウチの上方には、退役軍人たちが一針一針丹念に縫いあげた星条旗（一万五〇〇〇ドル）が額に入れて飾られている。

ここの人気商品は、ほんの一マイル先の工場で組み立てられる腕時計だ（四五〇ドル〜一二〇〇ドル）。店のあちこちに置かれたガラスケースのなかで、革でくるんだトレイの上に並んでいる。クラシックで実用的な外観は、まるで鉄道駅か自動車産業黄金時代のデトロイトから抜け出してきたようだ。クロームとガラスでできた外観は重厚かつエレガントで、いかにも男性的だ。アラビア数字がついたいちばん小ぶりのバーディという女性用から、がっしりしたストップウォッチのブラック・ブリザードまで、六つのモデルと数十の型を展開している。シャイノーラの腕時計はどれも完全にアナログだ。いまどきの時計のようにスマートフォンに接続したり、歩数を数える機能はない。ただ時間だけを教えてくれる。

私がデトロイトを訪れたのは、シャイノーラが最初の腕時計を発売した一年半後、店のすぐ近くで腕時計を組み立てはじめてまだ二年もたっていないときだ。創業者でありオーナーのトム・カーツォティスは、この店をオープンしたとき、半年で一八万ドル分の腕時計が売れると見込んでいた。その予想を裏切って、二〇一三年下期は三〇〇万ドル以上、二〇一四年には腕時計を中心に九〇〇万ドル以上も売り上げた。現在は、ニューヨーク、ミネアポリス、シカゴ、ワシントンDC、ロサンジェルス、ロンドンにもブティックを構え、近々さらなる店舗も開店予定だ。シャイノーラの製品は、直営店だけでなく、小規模な男性用衣料品店からノードストローム、サックス・フィフス・アベニューまで数百を超える小売店とネットでも買うことができる。なかでも、腕時計はいたるところでよく見かける。ビル・クリントンは一二本も持っているらしい。

製品の伝統的なデザインを見ると由緒あるブランドのように思えるが、シャイノーラはまったく新しい企業である。そうかといって、限られた資金とリソースで市場に挑み続けるスタートアップとも違う。カーツォティスは、一九九〇年代にショッピングモールを席巻した、現在価値約三五億ドルの腕時計とアパレルの企業「フォッシル」の創業者であり、元会長だ。個人資産は控えめに見積もっても数億ドルは下らない。シャイノーラは、二〇一〇年に正式にフォッシルを辞任した後に彼が手がけた最大のプロジェクトだ。

当初の予定では、ティファニーやモバードに卸すプライベート・レーベルの時計工場を作るはずだった。テキサスに住むカーツォティスがそのための土地を探していたとき、手ごろな工場用地と手先を使う技能労働者がそろうデトロイトは、申し分のない候補地だった。しかし、はたしてデトロイトで作られた高級ブランドを買う人がいるだろうか？　カーツォティスには確信が持てなかった。そこで調査を実施して、中国製の五ドルのペンと、アメリカ製の一〇ドルのペンと、デトロイト製の一五ドルのペンのどれを購入したいか消費者に尋ねることにした。圧倒的多数の回答者が、いちばん高額のペンを選んだ。デトロイト製だから、という理由だけで。

カーツォティスは、デトロイトが高級品の発信地になりうること、「メイド・イン・デトロイト」の腕時計ブランドが他社ブランドの腕時計を作るよりもはるかにメリットが大きいことに気がついた。腕時計業界のある友人にこの計画を話したところ、その友人は「トム、〝おまえはまるでわかってない（ユー・ドント・ノウ・シット・フロム・シャイノーラ）〟」という、第二次世界大戦時に兵士がよく使った言い回しを口にした。そのなかに出てくる「シャイノーラ」という当時人気だった靴墨の名前が、そのまま新しいブランド名になった。

シャイノーラの拠点は、すべてデトロイトに置かれている。「アメリカ製が生まれるところ」をモットーとし、全製品の製造と組み立てをデトロイトの工場か他州のサプライヤーでおこない、国産であることを売りにしている。マーケティング資料は、アメリカの熟練職人の技能と創意工夫の物語を前面に押し出したものばかりだ。各店舗には誇り高い職人たちの写真とストーリーが掲げられ、それが宣伝に欠かせない基盤となっている。ウェブサイトの立派なビデオでは、窓から降り注ぐ陽射しのなかで職人たちが腕時計を組み立てており、ある職人の無骨なナレーションが抑揚をつけてこう語る。「ここは、鋼鉄とスキル、そして労働でこの国を築いた都市だ。だから、この国の手仕事を復興させ、アメリカのサプライチェーンを復活させるために、私たちはこの都市で製品を作っている」

カメラがパンされて、駐車場に集合した職人たちが映し出されると、思わず「ＵＳＡ！ ＵＳＡ！ ＵＳＡ！」と唱えそうになる。

この「為せば成る」的な闘志満々のメッセージは、カーツォティスが桁はずれの資産家だということもあって、批判を浴びた。『ニューヨーク・タイムズ』紙は、シャイノーラのトライベッカ店をレビューで酷評した。この店はカーツォティスが所有するベッドロック・マニュファクチャリング社が一四五〇万ドルで購入したビルにあり、開店のために数百万ドルが投じられた。執筆者は彼を、「中級腕時計業界の大物が、慈善的なビジネス手法を隠れ蓑に高級化を狙っている」と評し、自助努力で腕時計を作るストーリーで客を釣り、高価な時計を売りつけるおとり商法、と断罪した。「シャイノーラは、慈善家ぶった人間が気まぐれに立ち上げた自称高級ブランドだ。〝メイド・イン・デトロイト〟という奇をてらった思いつきで小売値の最後の一ペニーまで搾り取る」。これはカーペットバッガリー〔縁もゆかりもない土地に移住してきて私利を追求すること〕にほかならない、と。

地元住民も不満を覚えた。見捨てられて廃墟と化したデトロイトの街並みは、脱工業化というポルノ写真そのものだった。哀れなデトロイトにどうか力を貸してほしい、とアメリカ人の心を盛大に揺さぶるシャイノーラは、都市の苦難を食い物にしていると言ってよい。それ以上に屈辱的だったのは、この会社が一万五〇〇〇ドルの星条旗を振って応援する都市の住民の大半にとって、これらのメイド・イン・デトロイト製品がまったく手の届かない高級品だったことだろう。
シャイノーラは、市の苦難を避けるためにほとんど何もしなかった。多額の負債により、デトロイトの公共サービスの大半は崩壊し、住民は水道も使えなかった。消防車は粘着テープで継ぎ合わされ、高名なデトロイト美術館は名作の売却を検討していた。実際のところ、大勢の市民が自宅で凍死した。そんな悲惨な状況に耐えかねて、とうとう破産宣言を出したとたん、シャイノーラはツイッターに次のようなメッセージを表示した。「倒産が何だ。ここにはたくさん求人がある。# Detroit. さあ、一緒に働こう！」

このような理由からシャイノーラを批判するのはもっともかもしれない。しかし、資本主義者の大物を欲深だと非難してもはじまらない。そもそもデトロイトにビジネスチャンスがあること自体——そのチャンスをつかんだのが誰であろうと——ありえないことだった。シャイノーラを経営するのは、個人的な目標を追求する文化の戦士ではない。トム・カーツォティスは、金儲けの方法としてアナログに注目したビジネスマンなのだ。

この会社はアメリカの製造業復活という夢物語を利用しているかもしれないが、腕時計が金と雇用を生み出しているのは間違いない。これらの雇用とアナログ産業のビジネスモデルは、投資家にも、労働者にも、コミュニティにも明らかに長期的な利益をもたらしている。利益がほとんど行き渡っていないデジタル経済とは対照的だ。

創造的破壊はなにをもたらしたか

「デジタル経済」は、広範に普及したきわめて不完全な用語である。その起源は、最後にテクノロジーブームが起きた一九九五年に、インターネットの普及がビジネスを一変させることを指摘したベストセラー本のタイトルにある。デジタルを使う仕事は、コンピューター・ソフトウェアとハードウェア企業から、伝統的なアナログ企業内で電子商取引や情報データベースを扱う部署にいたるまで、ほぼすべての産業に普及した。デジタル経済の同義語には、知識経済、情報経済、インターネット経済、ユートピア的ニューエコノミーなどがある。

その中核となる革新的なデジタル・テクノロジーは、それまでよりはるかに効率的な商品とサービスを、安いコストで、きわめて簡単に、アナログ産業には太刀打ちできないやり方で、消費者に届けることができる。しかも、それを時間と場所を問わずやってのける。デジタル経済は破壊的だ。市場を一変させ、長年のビジネスの前提を覆す。この事実はデジタル・テクノロジーが支配する産業で証明され、世界経済に途方もない影響を与えた。デジタル・テクノロジーは、蒸気動力、電気、電気通信の発明にも匹敵する。その一方で、アナログ経済活動とそれに関連する仕事がデジタルに取って代わられるか、消滅することも示唆している。

デジタル経済が目標に掲げるのは、創造的破壊という金句だ。この言葉は、一九五〇年代に経済学者ヨーゼフ・シュンペーターによって作られ、ビジネスの古いプロセスやり方を破壊する革命的な変化を示す。コダックに解雇された数十万の従業員を見ればわかるように、この破壊は現実に起こる。デジタル経済が侵攻するにつれて、アナログはその適応に苦慮してきた。創造的破壊が真に発展したのは、一九九〇年代にふたつの力が拡大したときだ。ひとつは、閲覧ソフトによるインターネットの広範な商業化。もうひとつは冷戦後の世界の急速なグローバル化で、これによってアメリカの新自由主義が経済と政治の主流となった。アメリカ経済の資本主義的楽観とテクノロジーの進歩という理想的な組み合わせに、世界中の起業家が飛びついた。その結果、社会的責任より教育と接続性が重視され、コンピューターとモデムさえあれば世界規模の競争ができるようになった。自宅のガレージが、マンハッタンや東京の高層オフィスと同じくらい強力な企業本部になったのだ。

これがビジネスリーダー、自由市場経済学者、政治家、メディアなど、デジタル経済関係者が推奨するストーリーだ。私にとってもっとも記憶に残るデジタル経済支持者は、『ニューヨーク・タイムズ』紙の口ひげをたくわえたコラムニスト、トーマス・フリードマンだ。彼は、記事や自著『レクサスとオリーブの木』(草思社)、『フラット化する世界』(日本経済新聞出版社)で、新しいグローバル経済の美点を絶賛した。彼は常に新しい友人と知り合い、それを話題にしているように見えた。たとえば、その友人とは、欧米で教育を受けたどこかの元貧困国の若い王子で、インターネットを普及させたり、「アウトソーシング〔業務の社外委託〕」で自国の経済基盤を農業からアメリカ企業向けのソフトウェア設計へと移行させ、国を変革しているところなのだ。フリードマンは最後に決まって、こう警告した。古いやり方を見直してデジタル経済に参入しなければ、世界中に置いて行かれる。それを避けるには、教育を向上させ、起業家精神を育成しなければならない。上海のシェンが自宅のアパートで数十億ドルのTシャツ企業を興すことができるなら、アメリカでペンシルヴェニア州スクラントンのスージーも同じことをすればいい――ベトナムにあるTシャツ工場を使って、バンガロールのコールセンターでカスタマーサービスに対応するのだ。

この主張は、脱工業化という夢物語を激しく煽りたてた。デジタル・テクノロジーの力を借りて、私たちは経済の中心を時代遅れの割に合わない産業と職業（製造、資源抽出、肉体労働）から移行させ、情報とクリエイティビティに象徴される未来のよい仕事に集中できるようになった。最高の製品とサービスを欧米で考案すれば、テレビ会議とブロードバンド接続を使って他国の労働者に生産させることができる。彼らは安い賃金で喜んで面倒な仕事を請負い、双方の生活水準をあげてくれるだろう。シャベルを置け！　レンチを捨てろ！　マウスをつかんでウェブサイトを作れ！

デジタル経済の第一段階の特徴がネットスケープ、マイクロソフト、アウトソーシングなら、最新バージョンはフェイスブック、アップル、自動化（オートメーション）だ。二〇年前と同じ創造的破壊が進化して加速化したバージョンだが、今度のはもっと規模が大きくて、数十億人の手のなかに桁違いの計算能力が収まっている。世界金融恐慌によって、製造、不動産、金融といった昔ながらの主要産業が破壊されると、デジタル経済の魅力はさらに増した。ゼネラル・モーターズやゼネラル・エレクトリックをはじめ旧業界最大手が救済措置を受ける一方で、従業員わずか数十人のツイッターが数十億ドルの評価を獲得した。テクノロジー系スタートアップにささやかな投資をすれば一晩で大金持ちになれるかもしれないのに、デジタル経済への適応に四苦八苦する一流企業に投資する者がどこにいる？

今日の資本主義の新しい神様は、テクノロジー業界の大物たち――テスラのイーロン・マスク、フェイスブックのマーク・ザッカーバーグ、ウーバーのトラヴィス・カラニック――だ。一気に頂点に駆け上がった彼らの成功物語はベストセラーの伝記になり、ハリウッドで映画化され、シリコンバレーは高学歴エリートの就職先をウォール街から奪い取った。二〇一四年の『エコノミスト』誌の記事によると、アメリカのビジネススクール卒業生の五分の一はテクノロジー業界に就職するという。

政治家たちもこの状況を認識している。だからスピーチにイノベーションの話をちりばめたり、コミュニティのWi-Fiゾーンに資金を出す法案を承認したり、デジタル・スタートアップ、研究拠点、テクノロジー・インキュベーターに助成金を与えたりする。すべては雇用のためだと彼らは言う。昔ながらの仕事ではなく、未来の仕事を創出するためだと。国際舞台で競争ができて、ゆくゆくはもっと多くの雇用を生み出す仕事、クリエイティブで、実際の問題を解決する仕事、つまるところ、よい仕事を。

だが、現実はそんなに単純ではない。デジタル経済が成長しており、これからも成長し続けるだろう一方で、それによって雇用、経済、コミュニティが得る恩恵は政治家や思想的リーダーが吹聴するレベルにいっこうに近づいていない。彼らが触れようとしないアナログな仕事は、いまもデジタル・テクノロジーの仕事よりはるかに重要なのだ。この事実を、デトロイトほどはっきり示している場所はない。

デトロイトがアメリカ経済の研究者を引きつけるのは、その傷口がいまも野ざらしになっているからだ。シリコンバレーもいくつかの問題を抱えているが――もっともわかりやすのは、住宅高騰によるホームレスの異常増加だ――世間にほとんど知られていない。一方、デトロイトの苦難は車で市内に入ったとたん、否応なく目に飛びこんでくる。建物を取り壊した後の更地、崩れ落ちた工場、無人のビル――多くの人々にとって、この都市はデジタルが生まれる前の二〇世紀のアメリカ資本主義の墓場だ。デトロイトが衰退した主な要因はテクノロジーではない。根本的な原因は、人種差別主義、自動車産業と組合労働者による国際競争の失敗、信じがたいほど無策な政治と腐敗である。それでも、一九九〇年代に生じたデジタルによるグローバル化の波は、その何年も前からデトロイトに押し寄せていた。

自動車会社は、人間の仕事をいち早くロボットに切り替え、インドを拠点とするコールセンターが当たり前になるずっと前にアウトソーシングとオフショアリング（業務の海外委託）を導入した。世界金融恐慌が襲ったとき、デトロイトとその周辺地域は、アメリカのほかのどの地域よりも甚大な打撃を被った。不動産バブルの崩壊は、家以外に資産のない多くのデトロイト市民のささやかな富を奪い、消費の冷えこみと株価の下落が製造業者を圧迫し、経営破綻に追いやった。自動車工場は閉鎖され、シフト要員が大幅に削減された。部品のサプライヤーでも同じことが起きた。工場労働者は職を失い、賃金も福利厚生も失い、借金だけが膨れ上がった。その結果、市のわずかな税収はほとんど消え、人口流出に拍車がかかった。ピーク時の失業率は、実に三〇パーセントに達した。

世界金融恐慌のもっとも直接的な原因は大量の不良債権だが、その根源がデジタル・テクノロジーにあると考える人は多い。グローバルな資産バブルはいまにはじまったことではない。オランダのチューリップバブル〔一七世紀のオランダで、チューリップの球根の価格が異常に高騰し、急に下降した期間〕が起きたのは、コンピューターが出現する何世紀も前の話だ。だが、二〇〇八年の資産暴落を招いた見境のない貸付の原因は、高性能なコンピューター・アルゴリズムと金融市場の融合だ。ソフトウェアのおかげで、銀行家は実物資産（家と土地）とそれに付随する諸々の事情とリスクを切り離すことができるようになった。住宅ローンを借りても、それらのローンを買って証券にまとめる銀行には、対象となる家がどこにあるのか、所有者が誰なのか、そのローンの潜在的リスクについて何もわかっていなかった。過去のデータを下敷きにしたソフトウェアが、不正確な経済予測（例：住宅価格は過去二〇年間上昇してきたので、これからも上がり続ける）をもとにこれらのローンと資産額を設定したからだ。それなのに、ウォール街では、コンピューターのおかげで投資からリスクがほぼなくなった、とうそぶく輩が大勢いた。

テクノロジーをテーマとする作家、ダグラス・ラシュコフは、このような状況が需要供給の法則、実取引、価値創造をまったく考慮しない「ハイパーキャピタリズム」という形態を生み出したと述べている。デジタル・テクノロジーによって取引のスピードと量が激増し、その結果、市場の変動性が信じがたいほど増幅して資産バブルが限界以上に膨らんだ。「以前は、人間の記憶力や計算力が限界となり、あまりにひどい自己欺瞞は無理だった」と、コンピューター・サイエンティストで哲学者でもあるジャロン・ラニアーは、自著『人間はガジェットではない』（早川書房）で述べている。さらにラニアーはこう続ける。コンピューターを活用するヘッジファンドの台頭が、資本主義を「検索エンジン化」という、「サイバークラウドに対する信頼とネオ・ミルトン・フリードマン経済をブレンドした新しいイデオロギー」にしてしまった。コンピューターと投機家にあてがわれた数字を現実世界が支えきれなくなったとき、世界金融恐慌は起きた。結局のところ、コンピューターの予測は間違っていたことが判明した。住宅価格は下がることもあったのだ。かくして世界中がはじけ飛び、デトロイトもはじけ飛んだ。

デトロイトの失業者数は、金融危機のピーク時よりも減ったものの、いまもアメリカ国内の最高水準を維持しており、デトロイトが全米有数の最貧都市であることに変わりはない。この都市は雇用が必要であり、シャイノーラが投資をした理由もそこにあった。

熟練の解体を防ぐ

シャイノーラの本社と工場は、デトロイトのミッドタウン地区にあるアルゴノート・ビルの全フロアを占めている。このビルは、もとはゼネラル・モーターズのリサーチおよびデザイン部門として使われていた。シャイノーラの従業員は約五〇〇人、その多くがデトロイトの工場で腕時計の組み立てに従事している。当初はほかのサプライヤーから部品を調達していたが（革ベルトはフロリダから、腕時計の部品はスイス、タイ、台湾から仕入れていた）、徐々に社内生産にシフトして、二〇一四年からは文字盤と革ベルトをデトロイトで作りはじめた。

シャイノーラの前はルイ・ヴィトンで働いていたというパロマ・ヴェガが、管轄下の革ベルト製造ラインを案内してくれた。この部門では、最初のうちは自動車用テキスタイルの経験者を雇っていた。革製シートを縫うスキルが、なめした牛革から時計のベルトを作るのに必要なスキルと似ていたからだ。製造過程を説明しながらヴェガが言った。「とても簡単なことに見えるけれど、とんでもない」。縫製は単純な反復作業のように見えるが、革は見た目、手触り、密度が一枚一枚異なるため、均一なベルトに仕上げるには絶えず調整が必要だ。「革を扱うときは、常に人間の手が必要なの。機械だけで同じ製造ラインを作っても、よい製品はできないわ」

革部門では約四〇人が、柔らかな自然光が注ぐ広々としたロフト空間で、ソウルのサウンドトラックやモータウンのヒット曲を聴きながら、さまざまな機械で作業していた。すべてのプロセスを学べるように、持ち回りで定期的に異なる機械に交代するという。組み立て担当者の大半は、自動車産業で働いていた二〇代から三〇代のアフリカ系アメリカ人だ。全員がデトロイト製の服と、支給されたシャイノーラの腕時計を身につけている。いちばん最近入社したタレズ・フランクリンは、ベルトに穴をあける仕事をはじめてからまだ数日しかたっていなかった。コミュニケーションの学位を持っているが、ここにくる前はクライスラーの工場にいて、解雇されるまでマフラーを型に合わせて打ち抜いていたという。「ここは手作業が重視されて、仕事に変化があるのが気に入っている」と、フランクリンは言う。マフラーの組み立ては完全に自動化された作業だったが、シャイノーラの仕事は自分で決定しなければならないことが多い。「すべての作業に人間味があるから会社の一員だということを実感できるんだ」

製造業は将来性がなく、自主的な思考や創造性のいらない仕事だと言われてきた。この定義の元をたどると、ヘンリー・フォードが編み出した組み立てラインと、それに続くワークフォース・マネジメント（ＷＦＭ）——効率性を高めるために製造から人間を極力排除するイノベーション——に遡る。しかし、シャイノーラでは「スキルを使いながらスケールも追及する」という方法を追求している。この方法は、ＦＩＬＭフェッラーニアでニコラ・バルディーニが確立しようとしていた「職人／工業」モデルとよく似ている。それによって、産業効率（革部門は一日に約四〇〇本のベルトを作る）と、製品の付加価値である手作りを結びつけようというわけだ。ヴェガの課題は、従業員を昔ながらの組み立てラインの思考から脱却させ、自分が能動的で力強い製造プロセスの一部だと理解させることだった。

経済学者はこれを技能再教育（リスキリング）という。技能再教育は、ワークフローのオートメーション化による熟練の解体を防ぐ対抗手段だ。ニコラス・カーは、オートメーションの代償を書いた著作『オートメーション・バカ』（青土社）で、熟練の解体を次のように定義している。「スキルが組みこまれれば組みこまれるほど、機械はその仕事をコントロールする権利を獲得するのであり、労働者がより深い能力——たとえば解釈や判断に関わる能力——に従事し、その能力を開発する機会は減少していく。オートメーションが最高レベルに達し、仕事を指揮するようになると、労働者はスキル面でもはや下降するしかない」。その結果として、カーは自動操縦装置に頼りすぎたパイロットによる飛行機墜落事故から、診断ソフトウェアを使った医師の誤診まで、さまざまな事例を取り上げている。私のいちばん身近な例をあげれば、目的地がすぐそこに見えているのに、GPSのガイダンスに盲従するウーバーのドライバーだ。

技能再教育は、自動化された職場で人間が再び判断を下せるようにすることだ。カーは次のように書いている。「人間を知的な存在としているのは、物事を理解する能力——観察や経験、生きることから得た知識を、その後あらゆるタスクや難題に適用できる、豊かで流動的な世界理解へと紡ぎあげる能力である。意識的認知と無意識的認知、推論とインスピレーションを生み出す、この精神のしなやかな特質こそが、人間をして概念的に、批判的に、隠喩的に、推測的に、機知のある形で思考させる——論理と想像の跳躍をさせるのだ」。たいそう崇高に聞こえるが、これは時計製造や食品のような職人産業以外にも当てはまる。この数年間、自動製造のパイオニアだったトヨタは、日本各地の組み立て工場でロボットの一部を人間の労働者に置き換えてきた。新しいスキルを開発し、製造プロセスを向上させ、最終的によりよい車を作るためだ。

シャイノーラの工場の反対側には、腕時計の文字盤の組み立て部門がある。ここは革の製造部門とは打って変わって張りつめた雰囲気だ。蛍光灯に煌々と照らされた室内は、音楽はおろか話し声も聞こえず、しんと静まり返っている。そのわけは、話すときに口を開くと唾や微粒子が飛ぶからだ。腕時計の歯車のなかには、誰かのランチの微細な欠片さえ落とすわけにはいかない。ひとり残らず青い実験用の上着をはおり、髪と靴を安全ネットで覆い、埃や混入物質が精密機械に入らないように気をつけていた。そうやって持ち場の上にかがみこんで、極小の目盛や歯車や部品をピンセットではめこんだり、米粒よりも小さなネジを回すのだ。

監督者は、ウィリー・ホーリーというこのビルの元警備員だ。製造業の経験はまったくないが、彼のポートレートが最初の広告キャンペーンに使われたことから、シャイノーラの顔になった。ホーリーがこのラインで働きはじめたのは、ほんの二年前だ。最初の仕事は細かい部品の組み立てだったが、何度かの昇進を経て給料と福利厚生も増えた。「この部屋で働いてる人たちは、一生こうしているわけじゃない」と、ジェニファー・グァリーノ革担当部長が説明する。「すぐれたスキルを持った人には、ほかの従業員の指導や監督を任せている。〝時給たった一二ドルで働かせている〟という批判もあるけれど、悪くない賃金だし、昇格への道もある」。工場の構造はドイツで成功した徒弟システムに基づいており、労働者に熟練を要する手仕事を教え、その職種でキャリアアップできるようになっている。カーツォティスは、私にこう言った。「見習いは時給一二ドルからはじまるかもしれないが、数カ月たてば福利厚生費が完全給付されるし、本給も上がる。だから、うちの平均賃金はほかより少し高いくらいだ」

批判者の多くは、シャイノーラが美化すべきでない仕事を美化している、と主張する。経済の未来がデジタル・テクノロジーにあるならば、なぜ手縫いのアメリカ国旗を振って、国内製造業の復活を触れ回る？　デトロイトをこんなふうにしたのは、製造業に依存しすぎた結果なのに。その分の投資を、コードの書き方やウェブサイトのデザインを教えることに使ったほうがいいんじゃないか？

グァリーノは、これは考え方の問題だという。知識労働とデジタル経済礼賛は、手仕事の評判をことごとく貶めてきた。「アメリカにスキル・ギャップは存在しない。あるのは、バリュー・ギャップ〔対価と実際の価値の乖離〕よ。誰かに尊重されなければ、誰もそれを望まない。もしあなたが配管工なら、充実した人生を送れていないと思われる。それは誤った評価だわ」

二〇一二年にブルックリンからデトロイトに越してきた『クレインズ・デトロイト・ビジネス』誌のジャーナリスト、エイミー・ハイマールは、シャイノーラを称賛している。この会社は、労働者のスキル、経験、DNAが「何の役にも立たない」とされるコミュニティに、賃金のよい良質な仕事を生み出していた。シャイノーラで仕事にありついた少数のデトロイト市民にとって、それは製造業界で言えば、デジタル業界のグーグルで職を得たに等しい成功だった。「そういう仕事を生み出すためにも、フィジカルなモノと人間がまだ必要だわ」。ハイマールは、地下に大衆的なレコード店があるバー「ピージェイズ・ラージャー・ハウス」で、ビールを飲みながらそう語った。ハイマールは、家族でただひとりの大学進学者で、そこそこの暮らし――特にデトロイトの基準では――を手に入れた。その一方で、彼女の兄はディーゼル・エンジンの整備工で何でも修理できるのに、家族を養うためにコヨーテを撃ち、車にはねられた動物を処理しなければならない。「それってひどいことよ」と、ジェムソン〔アイリッシュウイスキー〕のショットをあおりながら彼女は怒った。「私たちは、テクノロジーを使う仕事ばかり評価して、モノを作った人たちを忘れている。モノづくりをする人を劣った人間として扱っている。そんなことを続けたら、この国はめちゃくちゃになってしまう」

雇用を創出できないデジタル経済

ハイマールの言う通りだ。アメリカやほかの先進工業国では、実質賃金（インフレ調整後）とともに雇用創出が着実に減少している。国民一人当たりのGDPが下がり、格差は拡大し、労働者に配分されるGDPの割合が圧迫され続けてきた、デジタル経済は、莫大な富と利益を生み出すにもかかわらず、現在のところ、雇用と賃金には実質的な利益をもたらしていない。もちろん、テクノロジーがすべて悪いわけではないが、重要な役割を果たしているのは事実である。

デジタル・テクノロジー産業が創出する雇用は微々たるものだ。グーグル、フェイスブックなどで働く人は数万人いるかもしれないが、フォード・モーターなどのアナログ企業が雇う人数に比べれば大海の一滴だ。テクノロジー企業の雇用が少ない理由は、そのビジネスモデルにある。テック系スタートアップは、大学の寮の一室からたったひとりで立ち上げて、急速に拡大し、数百万、ときには数十億の顧客を獲得できる。拡大に応じて工場、倉庫、店舗などのインフラを増やしたり、給料と福利厚生を支給する従業員を配置する必要もない。

コンピューターは、たとえ人間の手が必要でも、比較的少ない人手で仕事がこなせる。データセンターを例にとると、広大な敷地と数十億ドルの建設費用が必要だが、ひと握りの人員で運営できる。だからインスタグラムはわずか数年で世界有数の写真共有サービス企業に成長し、フェイスブックによる買収時に十億ドルの価値を有しながら、ブックカルチャー一店舗ほどの従業員しかいなかったのだ。従業員数が全米トップ二〇に入る唯一のテクノロジー企業「ヒューレットパッカード（ＨＰ）」でさえ、過去数年間で大幅に人員が減少している。二〇一三年以降に解雇した従業員は五万人を超え、これはグーグルの全従業員に相当する。

経済学者のエリック・ブリニョルフソンとアンドリュー・マカフィーは、二〇一二年に出版した画期的な著作『機械との競争』（日経ＢＰ社）で、テクノロジーの進歩と雇用創出のギャップの拡大に注目している。「誰もが技術の進歩の恩恵に与れるという法則は、経済のどこにもない。いや、大半の人が恩恵に与れるという法則すら存在しない。技術革新は失業という脅威を生み出している」。ブリニョルフソンもマカフィーも、進歩を恐れるテクノロジー恐怖症ではない。ふたりは以下のように説明する。以前に産業化と機械化が進んだ時期も、テクノロジーが飛躍的に進歩して仕事が破壊された。そのときは、生産性が向上して中産階級が豊かになり、結果として雇用が創出された。しかし現在は、デジタルによる破壊のスピードと規模が飛躍的に増しているうえ、デジタルの進歩は生産性向上による実質的な恩恵をもたらしていない。テクノロジー産業が愛してやまない創造的破壊は、雇用を創出するよりもはるかに速いスピードで、雇用を破壊している。

ブリニョルフソンとマカフィーは、その原因のひとつとしてスーパースターが圧勝するテクノロジー業界の性質をあげている。デジタル・テクノロジー業界は、一社またはごく少数の独占企業が支配することが多い。デジタル製品は、消費の都合上規格化が望ましく、有力なプラットフォームを中心に構築される。また、コンピューター同士が効率的にやりとりするには、同じ言語とフォーマットを使う必要がある。その新しいスタンダードを確立しようと、最初は数十ないし数百の新興企業がしのぎを削るが、ときとともに大成功を収めたいちばん大きな企業だけが優遇され、ほかは押し出される。検索エンジンを例にとると、グーグルがデフォルトであり、もっとも信頼され、もっとも利用されている。グーグルに対抗するには天文学的な資金が必要であり、市場を完全に支配する敵にゼロから張り合うことなど不可能に近い。わざわざそんなことをする者がいるだろうか？（わからなければ、「ビング」で検索してみよう）。ＰＣのオペレーティング・システムを牛耳るマイクロソフトも、ソーシャル・ネットワークを制覇したフェイスブックも同様だ。コンピューター・ハードウェア業界にも同じことが言える。インテルがプロセッサを独占し、鴻海科技集団に電子機器の受託製造が集中している。オープンプラットフォームや民主的な信条が浸透しているにもかかわらず、デジタル・テクノロジー業界は並はずれた〝勝者総取り〟の世界なのだ。参入企業は、評価額十億ドルの「ユニコーン企業」になるか、資金が尽きて数年で消えるかのどちらかしかない。

このような独占効果は、有力企業に就職できる者には重要な雇用機会を生み出すが、多数の企業が雇用を創出しながら競い合う堅牢な市場は作れない。一方、アナログ産業の市場を見ると、フォルクスワーゲン、トヨタ、ゼネラル・モーターズなどは世界最大の自動車会社だが、それぞれの市場シェアはわずか一〇パーセント強しかない。残りはルノー・日産・三菱連合、現代‐起亜、フォードなどが分け合い、それぞれが車を製造する人々、それを販売するディーラー、修理をする整備工、部品を作って分配するサプライヤーを雇っている。

デジタル経済が雇用を創出できないもっと重要な理由は、人間の仕事の最小化を目指す傾向があるからだ。「インテリジェント機器がより安く有能になるにつれて、ますます機械が人間の仕事に取って代わるようになるだろう。とりわけ、工場のように比較的構造化された環境や、定型的な反復業務においてその傾向が強まるはずだ」と、ブリニョルフソン、マカフィー、ジャーナリストのマイケル・スペンスは、外交専門誌『フォーリン・アフェアーズ』で述べている。「別の言い方をすれば、多くの場合、オフショアリングは自動化にいたる通過点でしかない」。工場のフロアではじまったこの変化は、オフィスのキュービクル〔ついたてで囲まれた小部屋〕や役員室にもじわじわと迫っている。さらに、ロボットとドローンに雇用を脅かされる倉庫作業員や配送ドライバーだけでなく、弁護士、放射線技師、新聞記者といった、人工知能に仕事を奪われつつある人々に波及している。将来、あなたが自動運転車に乗りこむとき、どんな仕事に向かうことになるだろう？　その答えが、人工知能をそなえたコンピューターかロボットにできることなら、転職を考えたほうがいいかもしれない。

未来学者やテクノロジー業界のリーダーが述べる展望はもっと明るい。彼らは、こうした転換はすべて、テクノロジーがもたらす至福の時代への通過点にすぎないと主張する。近代経済学の父、ジョン・メイナード・ケインズは一九三〇年代に、いつか人間は望まない仕事をすべて機械に任せて、悠々自適に過ごすようになる、と予測した。ターミネーターがカクテルを作ってくれるなら、大いに歓迎しよう。優雅に過ごすだけなんて耐えられないという人にも、破壊は従来とは違う新しい雇用を作り出す。実際、すでに可能な限り多くの仕事を生み出してきた。たとえば、システムエンジニアやアプリデザイナー、エッツィーの職人、ウーバーのドライバー……。仕事の本質は絶えず変化してきたし、これからも変化し続けるだろう。（テクノロジーの向上のおかげで）生活費は安くなり、オンデマンドのフリーの仕事の機会が急増しているのだから、人間に十分な創造性があれば、伝統的な職場が破壊されてもそれを超える新しい雇用機会が生まれるはずだ。

なんとも頼もしい話だが、これには落とし穴がある。テクノロジー業界が多くの雇用を生むことは間違いないが、その仕事はかなり限定されており、教育を受けた上昇志向の個人にしか就けないことが多い。ほとんどに非常に特殊なスキルが求められ、それらのスキルを習得するには、テクノロジー（コンピューター）と教育、それに高い参入障壁を築くある程度の科学技術リテラシーが必要だ。デジタル・テクノロジーは憧れの業界であり、求人もあるかもしれないが、ただグーグルを訪れて頭脳と体力とやる気をアピールしても雇ってはもらえない。テクノロジー業界の高給職は食物連鎖の頂点にあり、社会のごく一部であるエリート、割のよい仕事を選ぶ権利をすでに得た者たちしか手に入れることができないのだ。

デトロイトで育ったミシガン州立大学の経済学教授、チャールズ・バラードは「誰にでもコンピューター・プログラマーになれる能力があるわけではありません」という。「現にミシガンではこの一〇年で五〇万の製造業の雇用が消えました。五七歳の男が自動車産業の仕事を解雇されたらどうなるでしょう？　ウェブ・エンジニアになるとでも言うのでしょうか？　宇宙飛行士と言ったほうがまだましですよ」

デジタル経済はふたつの職種を生み出すことに非常に長けている。ひとつは社会上層の高賃金の高度な専門職（ソフトウェア設計者やＣＥＯなど）、もうひとつは社会の底辺の低賃金、低スキルの仕事だ（鴻海科技集団の電話組み立て工やアマゾンの倉庫作業員など）。その結果として起きるのは、さらなる格差の拡大だ。欧米では、一九九二年から二〇一〇年にかけて中級スキルの雇用が激減する一方で、高スキルと低スキルの仕事は増えている。「第二次世界大戦終結から一九七〇年代までは、大学を出ていなくても高給がもらえる仕事がたくさんあった」と話すのは、マサチューセッツ工科大学（ＭＩＴ）のデイヴィッド・オトールだ。「それがいまはぐっと減った。自動化やオフショアリングされてしまったんだ。つまり、大卒でない者は以前ほどよい仕事にありつけない」。フェイスブックの本社で六桁の給与を稼ぐ仕事がある一方で、その数百分の一の賃金でトイレを清掃する仕事がある。けれども、その中間はそれほど多くないというわけだ。

世間はフェイスブックやほかのテクノロジー大手企業の成功を、例外ではなくルールと見なしている。そのせいで、雇用問題は起業家精神で解決できると考えがちだ。みながテック系スタートアップを立ち上げれば、社会に必要な雇用が生まれるだろう、というわけだ。「トーマス・フリードマンの主張で間違ったものをひとつあげるとすれば、それは誰もが自分なりのやり方で優秀で創造的になれる、という受動的な考えだ」と、元クリントン大統領顧問にしてアウトソーシングの専門家のプリンストン大学経済学教授、アラン・ブラインダーは言う。「そういう考えがまかり通る仕事は、特定の国にほんのわずかにあるだけだ。どんな国にも多くの定型業務があり、その大半は低賃金だ」。残念なことに、スクラントンのスージーが数十億ドル儲かるアプリを作ったほうがよいとしても、実際にはそうするだけの能力や意欲がないかもしれない。大半の人は、暮らしていければそれでよいと考えている。それに、どんなにうまくいっても、市場が支えきれる新興テクノロジー企業の数は限られている。それらの企業が生み出す仕事もごくわずかで、ほんのひと握りの人しか就けないだろう。

デジタルによって成長中のオンデマンド経済〔ネットを通じて個人が企業から仕事を請け負う働き方〕は、仕事の機会を提供しているかもしれないが、その規模も範囲も限られる。フリーランスで働いてきた人間として、私はオンデマンドが労働者の大部分にふさわしい雇用スタイルではないと知っている。誰でもよい給料の安定した職が必要だし、昇給と待遇の向上を望んでいる。オンデマンド経済が拡大するにつれて、ほかのフリーランサーとの競争が激化すれば、ウーバーのドライバーやインスタカート〔日用雑貨品の配達サービス〕の食料品配達員の賃金は下がるだろう。ビジネス・ブログ「クオーツ」に寄稿するある記者は、このようなスマートフォンでできる仕事を、インドのムンバイで増加中の単純労働（洗濯、ランチの配達、富裕者の運転手）になぞらえている。こうした仕事にテクノロジーは必要ない。主に貧困と格差から安い賃金で喜んで働く労働者を大勢確保すればいいだけだ。

「テクノロジーの発達による不平等」は、アメリカやほかの先進諸国において中産階級の空洞化をもたらす主因としてしばしば引き合いに出される。「テクノロジーの発達による不平等は、一九九〇年代にはじまって、財政的な不平等に上積みされた」と語るのは、ジョージメイソン大学のタイラー・コーエン経済学教授だ。彼は、不平等はテクノロジー系の仕事につきものだと考える。「この傾向は今後も続くだろう。主要なテクノロジー系企業は、従業員をあまり雇わない。間接的に雇用を生み出すが、ほとんどが低賃金のサービス業だ。その一方で、テクノロジー関係の仕事に必要な条件は、きわめて高度で平等主義とはかけ離れている。こうしたことを考えると、デジタル経済は不平等な経済と言わざるをえない」

シリコンバレーは活況かもしれないが、だからといって数キロ離れたホームレス・キャンプで暮らす数百人の生活は改善されない。アメリカのシンクタンク、ブルッキングズ研究所の調査によれば、サンフランシスコでは二〇〇七年から二〇一二年にかけて、米国内のどの都市よりも格差が急激に拡大したという。この問題は、二〇一三年にシリコンバレーのテクノロジー系企業の社員送迎バスに住民が反対デモを起こすなど、ときおり世間の注目を浴びている。デモ隊の不満は、豪勢なバスが税金で賄うインフラ〔市内のバス停〕を利用していることだったが、その根っこにあったのは、同市のテクノロジー関連の仕事に就く〝持てる者〟と、非テクノロジー関連の仕事に就く〝持たざる者〟の格差の拡大だった。

「職人たちの物語」を売る

シャイノーラの威風堂々たるジャック・パニス社長は、このすべてを心得ている。シャイノーラにくる前、彼はカーツォティスがのちに買収した子供向けのオンライン・バーチャル・コミュニティと視覚効果の会社を運営していた。私がアナログ企業とデジタル企業の運営の違いについて尋ねると、パニスは片手の手首を掲げてシャイノーラのランウェルという腕時計を見やり、「製品だ」と答えた。「アナログ企業を運営するというのは、どこにあるかわからないサーバーに依存する生活とは違う。製品はコードの羅列ではなく、私が毎朝目覚めると、〝七時半だ、仕事に行け！〟と教えてくれる。それに、それぞれの製造プロセスの人たちを知っているので、やりがいも大きい」

確かにシャイノーラの腕時計はほとんどのデトロイト市民に手が届かないが、それを言うならキャデラックやコルベットも同じだ。シャイノーラは普通の企業とは違う。明確なビジョンを持つ億万長者によって創業され、自ら資金を賄う〝変種〟であり、投資家の期待や株式市場の短期的な要求に応える必要がない。重要なのは雇用、そして需要を拡大して国内のサプライチェーンを呼びこめるくらい大量の腕時計をデトロイトで作ることだった。そうすれば、もっと大勢のアメリカ人を雇うことができる。「国内の雇用を創出し、ここで筋肉と力を使って血と汗と涙で作れる製品を数多く確立する。そのことを第一に考えた」と、パニスは言う。「そのうち誰かが、〝よう、おれはあんたの箱を作れるぜ。王冠やバックルだって作れるよ〟と言えるようになってほしい」

いかにも心温まる話だが、ビジネスとしてはどうなのだろう？　最大限の利益をあげることが目的なら、人件費を節約すればもっと利益が出るはずだ。タイの労働者か、いっそ機械に任せれば、デトロイトの市民より安く腕時計を組み立てることができるだろう。なぜそうしないのか？　カーツォティスのアメリカ人労働者への思い入れを取り払い、投資家として純粋に合理的な視点で見ると、自動化とオフショアリングをすればもっと利益が出るのではないだろうか？

短期的に見れば、確かにその通りだろう。しかし、アメリカ人従業員の雇用を続け、増やしていくことは、シャイノーラへの投資の中核的なテーマである。これにはふたつの柱がある。

ひとつは、感情的なものだ。シャイノーラの腕時計は高級腕時計としては値段が安い――フォッシルの二〇〇ドルの製品より高価だが、ロレックスの三〇〇〇ドルほどではない――が、いちばんのセールスポイントはデザインや伝統、価格ではなく、その裏にあるストーリーだ。そしてそのストーリーとは、デトロイトで腕時計を作っているシャイノーラの職人たちの物語なのだ。だから生産拠点を海外に移転したり自動化に踏み切れば、腕時計の価値は急落する。

人々が購入して手首に巻いているのも、高級腕時計産業がテクノロジーに破壊されて初めて発見したのもこのストーリーだった。スイスの時計産業は時計製造界を独占してきたが、一九七〇年代に電池を動力とするクオーツ式が誕生し、その後デジタル時計が導入されると、日本の時計メーカーのより安くて正確な時計に市場を奪われ、急速に落ちこんだ。苦戦は三〇年近くに及んだが、二〇〇八年にスイスはドル価値で腕時計の主要輸出国に返り咲いた。スイス時計メーカーの包括的研究をおこなったハーバード・ビジネススクールのライアン・ラファエリ教授によれば、理由は〝テクノロジーの再興〟だという。従来の創造的破壊のたどる道について、ラファエリは次のように話してくれた。「テクノロジーは、より高度になり成熟するにつれて、もっと新しくて効果的なテクノロジーに取って代わられます。しかし、もうひとつの道をたどる珍しいケースもあります。破壊されたテクノロジーが再興して新たな命を得る場合です」

スイスの時計メーカーにとって、それは自社のテクノロジーをリフレーミングする〔新たな枠組みで見直す〕ことだった。まず、手ごろな価格のファッショナブルな腕時計ブランド「スウォッチ」を作り、正確さではなく消費者の心をつかんで勝負できることを示した。次に、クラフトマンシップ（職人の技能）を再開し、パテック・フィリップのような高級品のステータスを確立した。「購入者は、高級腕時計をつけることでテクノロジーとその価値だけでなく、代々受け継がれた技能も一緒に体験する。それによって、最初にその技能を生み出して確立した人間とつながることができるのだ」。その認識が、パテック・フィリップに五万ドルから一〇万ドルを払う客が購入する贅沢（ラグジュアリー）であり、その贅沢は時計の部品の素材の価値や、時間管理の正確さをはるかに上回る。もし正確な時間が知りたいだけなら、携帯電話を見ればいい。

ラファエリはこうも言った。シャイノーラが構築した職人中心のエモーショナルなブランドは、職人の顔が見えないスウォッチやフォッシルとは違うやり方で製品の価格を守っている。シャイノーラの職人たちは、単なる製品組み立て工ではない。彼ら自身が製品であり、そのおかげでシャイノーラの腕時計は低価格でしか売れない日用品にはならないのだ。

カーツォティスの投資のもうひとつのテーマは、工業規模の技能再教育だ。シャイノーラの革の時計ベルトの製造は、サプライヤーが需要に対応しきれなくなったために、必要に迫られてはじまった。ヴェガが上質の皮革製造技能のトレーニングを施した職人は、ほかの革製品も作れるようになった。そこで、同じ職人と機械を使って革製のバッグ、財布などの小物も作りはじめた。カーツォティスによれば、これによって一気に靴の製造も可能になり、時計よりずっと多くの雇用を生み出せるようになったという。新しいスキルを教えるたびに製造できる製品が増え、そこからさらに高度なスキルと製品が生まれることになった。カーツォティスは、シャイノーラを小さなニッチ市場から、いまよりずっと規模の大きい大衆市場へ成長させたいと考えている。

私が電話で取材したとき、彼は（自分のコメントをそのまま引用してほしくないというので、ここでは言い換えている）工場建設時の目標である年間五〇万本の腕時計の組み立てがまもなく達成されると言った。約二倍の年間一〇〇万本も夢ではなく、そうなればほかの製品ラインに加えて二〇〇〇人の雇用を創出できるという。雇用の観点で見れば、三交代制の自動車部品工場には足元にも及ばない数字だが、株式上場を目指すカーツォティスにとっては、特定の製品ではなくエモーショナルなブランドへの投資が実証されることになる。成功すれば、カーツォティス、シャイノーラの株主、従業員だけでなく、デトロイトやほかの地域の大勢の起業家と投資家にとって重要な実績になるだろう。シャイノーラの発展は、彼らのアナログ・ビジネスの見本となるはずだ。

コミュニティに有益な投資を

製造や小売のようなアナログ産業は、高収益を上げるサクセスストーリーを求めている。というのも、デジタル経済の最大の特徴のひとつが、もっとも金持ちになりやすいことだからだ。フェイスブックやアマゾンの株式市場での莫大な評価額も、その事実を助長している。収益ゼロのスタートアップが数十億ドルで買収された、というニュースも然り。インスタグラムのような企業に早いうちに投資して、大金を手に華々しく引退したい、と望まない者がどこにいる？　急速に拡大できるデジタル事業は、わずか数年で一〇倍、二〇倍、ときに一〇〇倍も価値を増やすことができる。フィジカルな世界の法則に縛られるアナログ企業では、そんなことは不可能に近い。人材を雇い、倉庫を建設し、サプライチェーンを把握する必要もある。時間もかかるうえに金もかかる。だからアナログ企業は、二桁台前半の成長率でもきわめて好調と見なされるのだ。

言うまでもなく、この話には裏がある。デジタル企業への投資は、勝者総取りの世界だけにリスクが高い。ベンチャー・キャピタリストは莫大な富を築いているように見えるかもしれないが、たいていは多数の企業に投資しているおかげである。一社でも大成功して投資金が一〇〇倍になって戻ってくれば、ほかのスタートアップで失敗した損失を相殺できる。投資家はそれを期待しているというわけだ。対照的に、アナログ企業に投資する未公開株投資会社などは、少数に的を絞り、時間をかけてじっくり会社を成長させる。

アナログ企業への投資は、一塁打と二塁打を連発して点を稼ぐ長い根気のいるゲームだ。一方、デジタル企業への投資は、ホームランを待つことだ。九九球を空振りしても、一〇〇球目を場外へかっ飛ばせばそれでいい。また、テクノロジー系スタートアップの大半は有形資産をほとんど持っていないため、失敗すれば何ひとつ残らない。住宅開発なら、破綻しても土地を売ったり、価値が上がるまで保持できる。テクノロジー系企業の場合、回収できるのはオフィス家具が関の山だ。コードに長期的な価値はない。コードは資産とは言えないのだ。

もっと規模の大きな計画において、この事実は重要だ。なぜなら、テクノロジーへの投資が家族や機関、コミュニティのためになるという考え方は、経済の現実というよりも、人を引きつけるための説得力のある余興のようなものだからだ。無料メッセージアプリのワッツアップやウーバーの数十億ドルという評価額は、現実を歪めている。これらの企業は、ルールではなく例外だ。「新しいテクノロジーは、華々しい見出しを作るが、ささやかな経済効果しか生み出さない」。ノーベル賞を受賞した経済学者ポール・クルーグマンは、『ニューヨーク・タイムズ』紙にそう書いている。「テクノロジーがあらゆるものを一変させる、と熱っぽく書いたり話したりしても害はないと思うだろう。実際には、そのせいでよりありふれた問題が目に入らなくなり、対処を誤ることになる」

どのような投資がコミュニティにもっとも有益か、という問題もある。デトロイトのコミュニティのニーズと資産は、圧倒的にアナログだ。「デトロイトの成人の四七パーセントは、日常生活に必要な読み書き能力に欠ける」。この都市でプランナーをしていたミシガン州ウェイン州立大学の退官教授ゲイリー・サンズは、シャイノーラの店の隣で私と昼食をとりながらそう語った。「コンピュウェア（デトロイトのソフトウェア企業）、ツイッター、グーグルはこうした人たちに何の役にも立たない。彼らはアナログな人たちなんだ」

問題は、アナログな仕事はテクノロジー関連の仕事と違って、政治家、投資家、フィランソロピスト〔成長性の高い組織や企業を中長期にわたり支援して事業の成長を促し、社会的課題の解決を図る人〕、メディアにとって魅力的ではない、ということだ。

「ツイッターがダウンタウンのオフィスにひとり人員を配置するだけで、シャイノーラがここに工場を建てたのと同じくらい大々的に報じられる」と言うのは、カイル・ポークだ。彼は、地元企業タウン・パートナーズの不動産デベロッパーであり、「デトロイト・フューチャー・シティ」という市の経済データの収集・分析プロジェクトのコンサルタントもしている。デトロイトで育った彼は、ニューヨークで投資銀行業務に携わり、連邦準備銀行で働いた後、故郷に戻ってきた。祖母が所有する古い家で子供たちを育てており、コミュニティのニーズの現実と、それを向上させるためにデジタル・テクノロジー企業ができることを正しく理解している。

ポークは、デトロイトの問題の解決策として浮上しているさまざまな都市再活性化計画や開発についてこう言った。「みんな、ホールフーズ・マーケットを誘致すれば、〝暮らし、仕事、遊び〟がそろったコミュニティを作れると思っている。でも、職がなくて腹を空かせた住民は、暮らすことも働くことも遊ぶことだってできやしない。そんなことをしたって、ホールフーズの駐車場でくそったれの強盗に金を奪われるのがおちだ！　住民をよけい苛立たせるだけさ。デトロイトの失業者の大半は、大学を出ていない。コミュニティに仕事を持ってきたいなら、なんで大卒者向けの仕事を持ってくるんだ？　アナログはトレンドじゃなくて、スマートなビジネスなんだ。物流倉庫とヤフーのどちらかを選べるなら、どうして労働者たちのためになるほうを誘致しない？」

その点、シャイノーラはこの都市に適したモデルだとポークは見ている。つまり、今後の拡大が見込めて、デトロイトの人間とフィジカルな資産で成り立つニッチなビジネスであり、投資家にとって魅力的で競争力がある。ポークの会社は先ごろ、シャイノーラの工場（デトロイト最大のデザイン・カレッジのなかにある）周辺の建物をいくつか買い取り、小・中規模の高級消費財工場を集めて工芸地区を作ろうとしていた。市内にはこれに相当する新しい製造会社が多数あり、ペット用品からデニムのジーンズ、自転車、ひげ用クリーム、キッチンカウンター、冷凍食品、高級家具まで、あらゆるものを作っている。いくつかは趣味に熱中する少人数の零細企業だが、それ以外は巨大な施設と数百人の従業員を抱える大企業だ。製造業は、いまもデトロイト最大の資産なのだ。

「アナログは魅力的になれる」と、ポークは言う。「そして、もっと大勢の人を引きつけたければ、魅力的でなきゃいけない」

シャイノーラはその考えに社運を賭けた。私が工場を訪れた数カ月後、同社は電気コードと照明器具の生産ラインを立ち上げ、ターンテーブルとヘッドホンを中心とするオーディオ機器の製造を開始すると発表した。同時に、サードマン・レコーズとパートナーシップを結ぶことも報じられた。契約には、シャイノーラのデトロイト店の隣にサードマン・レコーズの店をオープンし、その裏にサードマンのプレス工場を建設することも含まれる。実現すれば、この地区で音楽をはじめたジャック・ホワイトとベン・ブラックウェルにこのうえなくふさわしい帰郷となるだろう。

カーツォティスに電話をかけたところ、サードマン・レコーズの工場は年間一〇〇〇万枚のアルバムをプレスできるとのことだった。ユナイテッド・レコード・プレッシングのプレス量とほとんど同じだ。こうしたビジネスがさらなる雇用と給与を生み出し、デトロイト市民にさらなるお金をもたらすだろう。この都市は財政破綻に陥り、高い犯罪率に悩まされ、不平等と貧困と失業に苦しんでいる。けれども、この小さなアナログの一角で、ビジネスは活気づいていた。

第8章 教育の逆襲

教育の未来とデジタル・テクノロジー

デジタルによる雇用破壊を解決できる簡単な方法はほとんどない。最低所得を保証することを提案する者もいれば、政府のインフラ投資や労働集約型産業への助成金を増やせと言う者もいる。そのなかでほぼ一致しているのが、よりよい教育の必要性だ。教育の未来を築くことは、世界のリーダーから経済学者、テクノロジー業界のグル、意欲に燃える若い教師にいたるまで、世界中が共感する使命と言ってよい。

しかし、その教育の未来を生徒にどうもたらすかはまったく別の問題だ。ある凍えるような二月の朝、クリストファー・フェデリコとカレン・ウォルフは、トロント大学ロットマン・スクール・オブ・マネジメントの教室に集まった教師たちを前に、その問題に取り組もうとしていた。フェデリコとウォルフ自身も、フルタイムの現役教師だ。フェデリコはトロント大学が運営するギフテッド・スクール〔突出してすぐれた能力を持つ子供たちを集めた学校〕で、自ら問題を発見し解決する問題解決学習を教えており、ウォルフはノース・トロントの公立高校で英語を担当している。ふたりの前にいる二〇人あまりの教師たちは、幼稚園からコミュニティカレッジの教授まで、さまざまな教育機関で教えている。今日は、同大学が教育者向けに開催する「統合思考」という二日間のコースを受けるためにやってきた。統合思考とは、ロットマン・スクールがＭＢＡで教える、マネジメント・コンサルタント向けの複雑な問題の解決方法だ。数年前、ロットマンはこの方法を教育者が生徒に教えられるように、教育者向けの短期コースをはじめていた。

レッスンの冒頭で、ウォルフとフェデリコは隣の人の簡単な似顔絵を描くように全員に指示した。一分後、それぞれが自分の描いた似顔絵を見せると、室内に笑い声が広がった。私が描いたジェフという隣のグェルフ市で小学校五年生を教える男の顔は、拒食症のロボットみたいだった。でも、公平を期すために言わせてもらえば、彼も私を頭の平たいフランケンシュタインにしてくれた。フェデリコがこの課題の要点を説明した。「このコースは、みんなが安全地帯からちょっと踏み出さないとうまくいかない。何を描くかではなく、どのように描くかに集中するんだ。これはアルゴリズムじゃない。私たちが探しているのは、問題を図表にしてひとつの正解を出すというより、構成要素を見出して、全体を理解しようとするやり方だ」。このコースの目標は、複数の選択肢の折衷案を考えたり、思いつきで〝常識を破る〟のではなく、有効な選択肢を探求して分析し、そのなかで最善のものを使って革新的な方法を生み出すことだった。

フェデリコは、ホワイトボードの真ん中に線を引くと、クラスに尋ねた。「未来の学校はどんなところだろう？」

セッションの前置きではなく、これがこの日の課題だった。まず、対照的に見えるふたつの教育モデルを比較・評価し、次にそのデータを使って学校への新しいアプローチを作る。モデルのひとつは、昔ながらの学校だ。世界中の教育のアナログ的な基盤であり、ここに集まった教師たちの職場でもある。もうひとつは、オンラインのみのバーチャル・スクール。フェデリコが予想する未来のデジタル的な教育手段だ。

次にウォルフが、それぞれのモデルのすぐれた点だけをリストにするよう告げた——いわゆるプロプロ・リスト（良い点［プロ］と悪い点［コン］のプロコン・リストに対する言葉）の作成だ。「短所じゃなくて、長所だけね」と、彼女は念を押した。教師たちはそれぞれの長所をあげていった。オンラインのみの学校は、いつでもどこでも生徒と教師がコミュニケーションできる。費用効率がよい。生徒の個人的なニーズに合わせて、ほぼすべての要素をカスタマイズできる。教師は自宅でパジャマのまま働ける……最後のコメントにはみんなから歓声が上がった。

一方、従来型の学校の長所は、特定のコミュニティに根づいていること、生徒が教師や仲間たちと社会的絆を確立できること——フェデリコが社会化と呼ぶ「目に見えないカリキュラム」——があげられた。また、教育者は職員にあたるため、帰属意識と目的意識を持ちながら、生徒の学習状況を直に見守ることができる。

こうしてみると、対面であろうとオンラインであろうと、ふたつの教育モデルは調和のとれた建設的な学校教育の未来に見えた。しかし、現実には、教育の未来とデジタル・テクノロジーが果たす役割は公益上もっとも激論が交わされている問題のひとつだ。とりわけアメリカでは、教育が「崩壊している」とか「衰退した」とよく言われる。国際的な評価やテストでも、アメリカの生徒はほかの富裕国の生徒よりもはるかにスコアが低く、新興国に劣ることもしばしばだ。教育改革はいまやアメリカの「重要な関心事」であり、関係者が口々に異なる持論を唱えている。

教育を根底から変える大変革に、デジタル・テクノロジー業界ほど熱意と情熱をもって取り組んでいる産業はないだろう。これにはふたつの理由がある。まず、教育はデジタル・ディスラプション〔デジタル時代の創造的破壊〕にとってもっともうまみのある標的なのだ。今日、教育テクノロジーがアメリカ国内の教育総予算に占める割合は約五パーセント、世界全体では二パーセントにも満たない。しかし、二〇一九年には幼稚園から高校の教室向けのハードウェア・テクノロジーだけでも一九〇〇億ドル規模の世界市場に成長することが見込まれている。二〇一四年にベンチャー・キャピタリストから教育テクノロジー企業に流れた資金は五〇パーセント以上も増えた。この市場に参入すれば儲かることは間違いない。

次に、ハイテク業界は教育のおかげで発展している。ハイテク企業を興すのは高度な教育、それも大学教育を受けた者が多く、その企業で販売する製品やサービスも教育水準の高い消費者に向けたものが多い。また、いまや教育はデジタル業界のビジネスリーダーのお気に入りの理念である。教育フィランソロピーの主な支援者には、ビルとメリンダ・ゲイツ夫妻、マーク・ザッカーバーグ、ベンチャー・キャピタリストのジム・ブライヤーらデジタル業界の大物が名を連ね、大学の奨学金と研究助成金をはじめ、ニューアークのような都心からアフリカの僻村にいたる学校改革の実験まで、あらゆるプロジェクトを支援している。

この根底には、デジタル・テクノロジーでビジネス、メディア、コミュニケーションを変革したように教育も変革できる、という信念がある。そこから、教育を根本から見直す教育(エデュケーション)テクノロジー(通称：エドテック)という数十億ドル規模の市場が生まれ、活況を呈している。この市場は、シリコンバレーのユートピア的理念と「明白なる天命」を全米の小学校に結びつけ、教育学と哲学を政治とビジネスにつなげる場所だ。エドテック企業のプレゼンテーション、教育に関するテッドトーク、新たに購入した新しいバーチャルリアリティ・ゴーグルを熱く語る校長の話を聞く限り、未来は実に明るい。

その未来では、すべての子供がいつでもどこでも自分のペースで学ぶことができる。知的好奇心が大いに刺激されるが、高額な授業料を払う必要はない。それでいて、一人ひとりがより大きな説明責任を担い、よりすぐれた結果を出すことができる。学校は活気にあふれた場所になり、教師は生来の創造力を存分に発揮するだろう。スラム街の十代の子どもも、裕福な郊外の子供と同じメリットを享受する。大学はどこかのツタの絡まるキャンパスではなく、デバイスがインターネットにつながる場所なら、どんなところでも世界最高の大学に早変わりする。並んだ机に座って教師が教科書に書かれたことを繰り返すのを聞く、時代遅れで結果の出ないシステムとはもうおさらばだ。将来は、既存の教育も思想統制も必要ない。教育の進歩を阻んでいた壁が下がり、新しい明るい未来がやってくるのだ。

少なくとも、関係者はそう請け合っている。

しかし現実を見ると、この三〇年間、デジタル教育テクノロジーは途方もない能力がありながら、いつもDしかとれない問題を抱えた生徒のようだ。これは、アナログ式教育のメリットを示す確かな証拠と調査結果があるにもかかわらず、学校とコミュニティと教育者がデジタル・イノベーションを盲信した結果である。アナログな学校と教師は、生徒を教えることに長けているだけでなく、私がトロント周辺のいくつかの学校で見たように、教育の未来を築く、より革新的な方法を考案できることを繰り返し証明してきた。

ハイプ・サイクル

学校改革が叫ばれるのは、デジタル時代に限ったことではない。これまでも、発明家、製造業者、それにラジオ、通信教育講座、テレビ、ビデオデッキ、印刷機の福音を説く人々が、従来の学校を変える、あるいは抹殺する、と勇ましい言葉を並べてきた。トーマス・エジソンでさえ、彼が発明に協力した動画が普及すれば、教室から教科書と教師は消えると宣言している。デジタル・コンピューターの誕生は、この長い歴史にまたひとつ大言壮語が加わったにすぎない。新しく発売される教育ソフトウェアとデバイスは、判で押したように学校を破壊すると息巻いている。

「教育テクノロジー業界では、学校教育を変革する、と大風呂敷を広げた後、効果がないことが判明して撤退し、最後は教師のせいにするというパターンが、もう一〇〇年以上も続いている」と、スタンフォード大学のラリー・キューバン教育学教授は言う。職場も自宅もシリコンバレーの中心に置くキューバンは、当初は教育テクノロジーの可能性を説く、希望にあふれた伝道者だった。だが、エドテックがいつまでたっても実績を出せないのを目の当たりにするうちに、有名な懐疑論者のひとりに変貌した。特定の技術の登場によって生じる過度の興奮や誇張、それに続く失望のパターンを、彼は「ハイプ・サイクル」と呼ぶ。「ＩＴ業界は、最初は改革を過度に期待させるが、実際にテクノロジーを利用するとさまざまな問題が発生して失望される、というパターンの繰り返しだ」

なぜこんなことが起きるのか？　テクノロジー産業や教育機関の関係者は失敗から学ばないのだろうか？　失敗した証拠は豊富にあり、業界リーダーには学習能力もあるはずだ。キューバンによれば、理由はテクノロジーとイノベーションが重視されすぎているせいだという。「高度に発達した文化では、テクノロジーは純粋な善と見られている。どんなテクノロジーも人間の生活を向上させる、という思いこみがあるんだよ」。教育関係者は、しばしばこの思いこみに惑わされ、テクノロジーの実際の性能を批判的に見ることができないのだ。

キューバンは続けた。「革新的なテクノロジーが関係すると、誇張した効果につきものの懐疑論がなかなか出てこない。学校向けの電子機器の購入と配布は決定が早く、投入される資金も莫大だ。なぜだろうか？　調査研究の結果や懐疑派の意見など関係ないからだ。疑いを口にする者はラッダイト扱いされる。新しいテクノロジーを少しでも早く教室に導入したいために、都合の悪い結果や意見は保留にされてしまうんだ。学校は、有権者と納税者に大きく依存しているため、民間企業に遅れを取り、近代化が進んでいないと見られてきた。だから、理事や役員が〝わが校は先端テクノロジーを使っています。幼稚園児にこのｉＰａｄを購入しました！〟と言えることがとても重要なのだ。そういう決定に教師たちが関わることはほとんどない。そしてある日突然、デバイスが教室に出現するというわけだ」

キューバンは、政策決定者たちが学校の新しいテクノロジーの購入を正当化するお決まりの理由を三つあげる。ひとつ目は、テクノロジーは生徒の学力と成績を上げる。ふたつ目は、昔ながらの授業を新しい授業に変える。三つ目は、生徒が近代的な職場で働きやすくなる。はたして本当にそうだろうか？

大きな過ち

なぜ教育テクノロジーは頻繁に期待を裏切るのか？　その答えを知るには、まず「幼児教育（ＥＣＥ）」と呼ばれる学習人生の初期について考えることが重要だ。託児所、保育園、幼稚園に相当するこの時期は、とりとめもなく遊び、昼寝をとり、風邪をひき、おむつを替えてもらう繰り返しのように見えるかもしれないが、実は人生でもっとも重要なことを学ぶ有益な経験をしているのだ。この時期の活動は、その先で学ぶすべてのことの土台となる。幼児は、つかむ、触れる、嗅ぐ、聴く、見る、舐める、という身体の感覚を通して世界を学ぶ。世界中の小児科医が、二歳以下の幼児をスクリーン〔通信機能つきのデジタル機器〕に触れさせないようにアドバイスする理由は、コンテンツが子供の脳に損害を与えるからではなく、それによってもっと重要な知覚活動、たとえば砂場の砂に手を突っこんだり、子供用粘土を口に入れる機会を逃す恐れがあるからだ。

「人との関わりを形成する重要な体系的認識が、身体を使った経験なのです。それが学習と、社会的・感情的・認知的な発達の基盤になるとECE理論家たちは言っています」と、マサチューセッツ州ウィーロック大学のダイアン・レヴィン幼児教育学教授は語る。レヴィンは例として、自分の娘がその日に託児所でしたことをあげた。当時、娘は一歳半で、絵具を指につけて紙に塗るフィンガー・ペインティングをして遊んでいた。その遊びでは、紙の上に絵を描くことだけでなく、濡れた絵具が腕をつたう感触を知り、絵具の周りで指を動かすと色が混ざることを視覚で学習する。腕が紙からはみ出したとき、絵具が床にぽたぽたと落ちるのを見て空間を認識する。指を振って絵具がほかの子に飛んで、その子が泣き出し、先生に謝るように言われたときは、社会的な行動について学ぶことができる。フィンガー・ペインティングは、心と身体全体を使った経験なのだ。これに対して、タブレットのフィンガー・ペインティング・アプリでは、知覚学習体験が小さなガラスのスクリーンをなぞる指先だけに限定され、感触、匂い、味などの身体的な因果関係や社会的な因果関係は発生しない。「ボタンを押すという行為は、さまざまな学習の省略形にすぎません。本当のフィンガー・ペインティングで得られる経験とは違うのです」と、レヴィンは言う。

最高の教育専門家が協力した最高の教育用コンピューター・プログラムやゲームさえ、クレヨンと紙で経験することのほんの一部しか与えられない。子供の無限の想像力はコンピューターでできることだけに限定され、それ以外のことはできないのだ。一方、最良のおもちゃは、一〇パーセントのおもちゃの実体と、九〇パーセントの子供が好きなもの、すなわち絵具と段ボールと砂でできている。子供の脳が活発に刺激され、そのプロセスで脳が学ぶのだ。

幼児教育の大部分を占めるのは、遊びを通した学び、つまり指導つきのとりとめもない遊びだ。人間は、子供時代に遊びを通して自分の行為がどこまで社会で受け入れられるか、それらの行為が自分の身体と社会にどのような結果をもたらすかを探求する必要がある。イェール大学の元児童心理学教授で、遊びによる学習の指導的研究者のドロシー・シンガーは、数年前に積み木で家を作るふたりの幼児を観察したときのことを話してくれた。四人の子供がやってきて家を壊すと、ふたりは泣きながら先生のところへ駆けていった。しかし数分もすると、家を壊した四人とどうやってもう一度作り直すか、つまりドアをいくつつけるか、大きさはどのくらいか、誰がどの作業を担当するかを話し合いはじめた。シンガーは言う。「遊びは子供の心に影響を与え、社会のルールを学ばせる機会なのです。どうやって何かを成し遂げるのか、どうやって他人と仲よくし、衝突を避けるのか、といったことをがわかります。コンピューターで遊んでも、それを学ぶことはできません」

たとえ成長して学校や仕事でコンピューターを使うことになるとしても、幼児期にこうした学びをしておくことが必要だ。教育とは生涯にわたるプロセスであり、そのプロセスは人間の土台となるきわめて基礎的な能力からはじまって、年を追うごとに複雑になり抽象的になっていく。この文章をノートパソコンでタイプしているいまも、私は三歳のときにレゴ・ブロックで遊んだときに身につけた空間能力と社会的推論という能力を使っている。砂遊び用の砂や知育玩具を作るウーイー・グーイーという企業のパートナーで、幼児教育の著作があるジェフ・ジョンソンはこう言った。「親たちは、デジタル時代に生きているのだから早いうちからテクノロジーに親しんだほうがよい、と考える。でも、大きくなったらテクノロジーを使うからといって、いまそれを与えなきゃいけないってことじゃない。二歳児にチェーンソーをあげて〝ほら、使ってごらん!〟なんて言わないだろう」

子供がテクノロジーを使って喜ぶから、テクノロジーには教育的な効果がある、と誤解されているのも問題だ。一歳児がスマートフォンのロックを解除し、音楽アプリを開いて選曲できたら感動するかもしれないが、たいしたことではない。糸で操られているおしゃべり人形の手の込んだ技か、サルでも遊べる光るボタンと電池がついた新しいおもちゃで遊んでいるようなものにすぎない。それでも企業はiPadと連動させた本物の人形やら、ベビーベッドやら、おまるやらを開発して売りこもうと余念がないが、私たちはこうしたテクノロジーが本当に子供に何かを教えているのか、ただ子供を楽しませているだけなのか、考えなければならない。

ここでひとこと言っておきたいのだが、私は教育にデジタル・テクノロジーを大々的に導入することを非難しているわけではない。適切に使えば、テクノロジーは教育効果を高めることができる。コンピューター・システムが成績表から予算まであらゆることを管理するおかげで、学校は効率的に運営されるようになった。教師と生徒は、リサーチ、レポートや課題の作成、評価、修正、教育環境の管理ができる。特別支援が必要な児童（自閉症、ＡＤＨＤ、失読症）は、デジタル式の学習ツールや環境に効果的に対応するケースが多いし、研究者は海の向こうの相手と論文を共同執筆できるうえに、従来よりはるかに多くのデータをはるかに短時間で評価できる。さらに、教育テクノロジーへの批判と、コンピューター技術そのものを教えることは別物だ。コンピューター・プログラミング、コーディング・キャンプ、メーカー・クラブ〔デジタル・ファイルやＣＡＤや３Ｄプリンターなどを使うデジタル製造をするクラブ〕、ロボットコンテストは、デジタル・テクノロジーを学びたい生徒に知識とスキルを教えるうえで役に立つ。以上の分野は、現在も成長しつつあり、重要性が増している。

けれども、コンピューター・プログラミングを必修科目で教えることと、多くのエドテック伝道者が目標とする「デジタル・テクノロジーをすべての学校と科目に統合すること」はまったく違う。これはキューバンが話した「テクノロジー＝向上」、つまりテクノロジーが学校経験全体に浸透するほど生徒が伸びる、という思いこみに根ざしている。実に楽観的で危険なことに、教育テクノロジーは、「教育を救う解決策」として華々しく登場し、失望と失敗ばかり残してきた。この事実を示す証拠は増えていく一方だ。どの調査をみても、教育テクノロジーの推進は、生徒の成績をほとんど向上させないどころか、多くの場合、悪化させることを裏づけているようだ。ここであげる例は過去または現在の調査のごく一部にすぎないが、さまざまな面でテクノロジーが期待に沿えていないことは明らかだ。

エドテック・ムーブメントの大きな信念のひとつは、コンピューターを持つ者と持たない者の「デジタル・デバイド〔情報格差によって生じる経済格差〕」を埋めることだ。この理論によれば、コンピューターを所有する裕福な生徒は、所有できない貧しい生徒よりも成績がよい。つまり、学校と家庭でコンピューターとインターネットへのアクセスが増えれば格差が縮小するというわけだ。政治家や親をはじめ、学校管理者、フィランソロピスト、メディアは、教育格差という難題を解決する実にシンプルなこのプロジェクトに、喜び勇んで取り組んできた。

ところが、二〇一〇年にデューク大学がノース・カロライナ州の公立学校でノートパソコンを無料支給した生徒たちを調査したところ、結果はまったく反対だった。調査報告書には次のように書かれている。「家庭用コンピューター・テクノロジーの導入は、生徒の数学と読解テストの点数に、ささやかだが統計的に優位な悪影響を継続的に及ぼしている。さらなる証拠によれば、家庭用コンピューターと高速インターネット・アクセスは、数学と読解の達成度のギャップを狭めるどころか拡大した。学力テストの点数を最大限に伸ばしたい、あるいはテストの点数における人種的・社会経済的格差を縮めたい、という学校管理者にとって、家庭用コンピューターの導入を拡大することは逆効果だとあらゆる証拠が示している」

「ひとりの子供に一台のノートパソコンを（OLPC）」というきわめて野心的な非営利団体も、デジタル・デバイドの解消を掲げていた。OLPCは、MITメディア・ラボの創設者ニコラス・ネグロポンテが指揮を執り、多数のフィランソロピストとテクノロジー企業の後援のもと、二〇〇五年に立ち上げられた。目標は、インターネット接続機能を内蔵した頑丈で安価なノートパソコンを製造して、ソーラーパネルや発電用の手回しハンドルという革新的な機能をつけて世界の貧困層に配布することだった。ＯＬＰＣはデバイスの開発には成功したが、それ以外はことごとく失敗した。テクノロジー中心のユートピアという思い上がりの最たる例と言ってよい。

プロジェクトの立ち上げ当初から、教育大臣や開発専門家は、パキスタンの地方やルワンダの子供にいちばん必要なのは、安全な学校、きれいな飲料水、研修を受けた教師であり、コンピューターではないと指摘していた。それにもかかわらず、プロジェクトは強行され、世界中の学校に約三〇〇万台の特別仕立てのコンピューターを販売した。ネグロポンテは、学校のないエチオピアの僻村にタブレット型コンピューターを配り、子供が独学できるようにしている、と嬉々として触れ回った。しばらくして、その効果のほどが判明した。大がかりな学術調査の結果、ペルーやウルグアイからネパールにいたるさまざまな地域で、ＯＬＰＣに参加した生徒と参加しなかった生徒の学力にまったく差がないことが証明されたのだ。イスラエルやルーマニアにノートパソコンやコンピューターを配布したほかのプログラムも、結果は同じだった。コンピューターの導入は学力向上にまったく役立たなかったのだ。二〇一五年、経済協力開発機構（ＯＥＣＤ）の報告書は、「学校でコンピューターを頻繁に使用する生徒は、大半の学習できわめて劣っている」こと、テクノロジーはどの教科でも成績向上にまったく役立っておらず、裕福な生徒と貧しい生徒のギャップ解消にほとんど効果がない、と結論づけた。二〇一四年、ＯＬＰＣはボストンの本部を閉鎖し、スタッフと新しいプログラムを大幅に削減した。

ＯＬＰＣが犯した大きな過ちは、この問題に間近で取り組む人々の忠告を無視して、先進国の光沢を放つテクノロジーが世界中どんな場所でも役立つと思いこんでいたことだ。この問題は、国際開発に限ったことではない。デトロイトを訪れたとき、私は貧困地域にある革新的なチャータースクール〔税補助を受けるが、従来の公的教育規制を受けない学校〕「ボッグス・スクール」の共同創設者で理事を務めるアマンダ・ロスマンと話をした。彼女は、学力不振の解決策としてテクノロジーを押しつけることは、都市部の見当違いな教育政策の元凶である人種差別的な考え方に根差しており、それが横行していると信じていた。デトロイトのチャータースクールは、入学者数に応じて州から補助金を受け取るのだが、生徒の登録数を増やすためにしばしばテクノロジーをだしに使う。「チャータースクールの入学締切日前に車で通りを走っていると、いろいろな学校が〝生徒は全員ｉＰａｄがもらえます！〟という横断幕を掲げています」と、ロスマンは言う。「テクノロジーはご褒美なのです。景品と同じです」

驚くべきは、教育政策にもっとも深く関わる人々が同じ過ちを繰り返していることだ。二〇〇一年にカリフォルニア州最大の学区であるロサンゼルス統合学区は、幼稚園児と小学一年生の言語教育を向上させるために、教育系出版社ピアソンが作ったウォーターフォード・アーリー・リーディング・プログラムというコンピューター・システムに五〇〇〇万ドルも注ぎこんだ。実施からほどなくして調査したところ、児童の読解力はまったく向上していないか、低下していることがわかった。二〇〇五年にプログラムが中止になったとき、当時の教育委員会のジョー・ウイサール委員長は『ロサンゼルス・タイムズ』紙にこう語った。「効果がないのに嘘をつき続けることはできない。このシステムは活用されていないし、役に立たない」

九年後、同じロサンゼルス教育委員会が、今度は学区の六五万人の生徒全員にiPadを支給すると発表した。iPadにはピアソン社の教育ソフトウェアが搭載され、これを機にロサンゼルスの学校のインターネット・アクセスも大幅に向上させることになった。総費用は実に一三億ドルにのぼり、世界最大級のエドテック投資となった。iPadの第一回支給分が配布されてすぐに、計画がよく考えずに見切り発車されたことが明らかになった。まず、iPadにはキーボードがなかったため、生徒が宿題をすることができなかった。ゲームやソーシャルメディアの使用を防止するはずのソフトウェアは、簡単にハッキングできた。デバイスの故障はしょっちゅうで、紛失や盗難が続出した。それにソフトウェアは学習と評価には不向きだった。あげくの果てに、アップルとピアソンがこの事業で優遇措置を受けた容疑で、FBIが捜査に乗り出した。開始からわずか一年で、ロサンゼルスのiPadプログラムは中止となり、市の学校教育長は引責辞任に追いこまれた。

ほかに、ニュージャージー州ホーボーケン校もノートパソコンの無償配布に失敗した。巨大メディア企業ニューズ・コーポーレーションが立ち上げたタブレット・プログラム「アンプリファイ」では、スクリーンのひび割れや充電器の融解が頻発して、莫大な損失を被った。このように、新しいエドテック・デバイスの〝大量投下〟はことごとく無駄に終わってきた。それでも、エドテックの魔力はいまも政治家や政策決定者を引きつけている。いったいなぜか？

ひとつは政治だ。コミュニティの子供全員にｉＰａｄを配布すると発表すれば、未来に投資しているという力強い明確なシグナルを発信し、世界最大のもっとも革新的な企業と足並みをそろえることになる。さらに、テクノロジーによって教師の仕事が楽になれば強大な力を持つ教員組合との厄介事を避けられるうえ、写真とニュース記事の格好のトピックになる。

もうひとつの大きな理由は、節約だ。教育委員会の場合、これは特に重要な動機となる。コンピューターが評価する標準教材やテストなど、デジタル・テクノロジーの助けを借りれば、理論上は規模の経済を達成できる。さらに、デバイスによって効果的な学習が実現すれば、高給を取る教師や教授の数を減らすことが可能だ。授業の大部分はコンピューターに任せて、あとはデジタル学習や試験を補助する進行役と指導助手を雇えばいい。

しかし、テクノロジーの導入にも財政的な負担がかかることを忘れてはならない。最初の購入費だけでなく、保持、修理、交換、アップデートの費用が継続的に発生する。一方、体育館は数十年、良質な教科書なら一五年以上使えることもある。私の通った大学には、なんと一〇〇年近く前の机もあった。けれども、デジタル・テクノロジーは、どんなにうまく設計されていても、わずか数年で時代遅れになり、確実に機能しなくなる。学校のコンピューターと言えば、私には教室の片隅で埃をかぶった、電源すら入らない過去の遺物という記憶しかない。

また、デジタル教育にお金をかけることは、教師、建物のメンテナンス、教科書に回す予算がそれだけ減ることを意味している。そうやって、これまでアート、スポーツ、音楽、演劇のプログラムが削られてきた。生徒の読解力を向上させる最大要因のひとつが図書室だと調査で判明しているにもかかわらず、全米で図書室の数が激減している。たいていの場合、グーグルや電子書籍の時代に図書室など意味がなく、その分の予算をタブレットやドローンの購入にあてたほうがいい、という理由からだ。

トッド・オッペンハイマーは、『点滅する心（*The Flickering Mind*）』という自著でアメリカのさまざまな教育テクノロジー・イニシアチブの失敗と、それに参加した学校が払った代償を年代順に記している。彼はこう述べている。「教室の基本要素の重要性について議論するとき、科学技術者（テクノロジスト）はしばしば、不可欠なものをなくそうとしているわけではない、テクノロジーは代替品ではなく補完品だと主張する。この主張は真実ではなく、〝e（イー）リュージョン〟だ。テクノロジー・イニシアチブを完全にサポートするには莫大な犠牲がともなう。学校は、コンピューターに資金だけではなく時間とエネルギーも投入しなくてはならないが、どのコミュニティも使えるリソースは限られている。テクノロジーに注入すれば、その分だけほかのカリキュラムに回せなくなる。だから、テクノロジーは補完するために作られた、などと主張する技術者は、愚か者か嘘つきだ」

ある冬の朝、私はトロント大学教育学部付属の実験小学校ジャックマン・スクールで五年生の教室に座っていた。この学校では、新しい理論やテクノロジーを実際の教室でテストしている。教師のベンジャミン・ピーブルズが生徒たちを教室に集め、そのなかの三人がその朝印刷した新聞記事を読み上げていた。その後、クラス全体で記事について議論するのだ。私はピーブルズに、ノートパソコンとiPadが全員に支給されているのに、なぜ紙に印刷した記事を読ませているのかと尋ねた。すると、デバイスで読んでもよいと告げたのに生徒が自分で選んだのだ、という返事が返ってきた。読み上げる記事はすべてウェブサイトから印刷されたものだったので、なぜそうしたのか子供に直接訊いてみることにした。

「言葉が書かれた紙を一枚持ってくるほうが、なんだか気持ちいいの」と、ケイティ・ペリー〔アメリカの人気歌手〕が描かれたTシャツを着た女の子が言う。「しっくりくるって感じ」

別の子が、タブレットにはマーカーで塗ったりアンダーラインを引けない、と言った。そこへ騒々しい男の子が割りこんできて「ぼくは、手に何か持ってると、課題が終わったっていう気分になれる」と大声を張り上げた。私はたちまち、紙のほうが好きだと口々に叫ぶ一〇歳児の集団に取り囲まれた。彼らいわく、紙のほうが友達と一緒に見やすい、iPadよりリアルに感じる、ガラスの表面に指を滑らせるよりページに触るほうが気持ちいい、集中しやすい……。ある女の子は、紙に書くことについて、コンピューターのプログラムに創造性を制限されるより、紙に空間を制限されるほうがまだいい、と主張した。

子供たちの紙好きは、生徒の大半がデジタル・フォーマットよりも紙で学ぶほうを好む、という調査結果でも立証されている。この調査の回答理由は、ジャックマン・スクールの子供たちがあげた理由とまったく同じだった。紙の本のほうが読みやすいし、メモや印をつけて自分だけのものにできる、コンピューターより頼りになる（教科書は、故障やフリーズしたり、テキストを削除したりしない)、安くて融通が利く（本は誰かと一緒に見たり、図書館から借りたり、中古を売買できる)、学習しやすい。調査では、印刷された本を読むこと、紙にノートを取ること、それに教室へのノートパソコンの持ちこみを禁じることさえも、生徒の成績と情報保持力を向上させることが指摘および証明されている。なぜ本のままではいけないのか？

こうした調査のいくつかを実施したひとりが、トロントのライアソン大学マーケティング准教授のジョアン・マクニッシュだ。数年前に、同僚がいつも「学生は電子書籍ばかり欲しがる」とこぼしているのに、ほとんどの学部生が紙を使って読み書きしているように見えることに興味を覚えたのだ。そこでカナダとイスラエルの学生を調べたところ、全員に共通する興味深い事実を発見した。圧倒的多数の生徒が、懐古主義や新しいテクノロジーへの抵抗からではなく、単純に紙の学習教材のほうが勉強しやすいと述べたのだ。「eラーニング・システムを使いこなすのは、かなり大変です。教科書で勉強するほうがずっと簡単。調査に参加した学生は、娯楽用のテクノロジーは熟知しているけれど、学習用テクノロジーはそうでもないのです」と、マクニッシュは言う。

電子教育テクノロジーの導入が盛んなのは、学生ではなく年輩の教員や役員が若い学生を誤解しているせいだ、とマクニッシュは感じていた。「ベビーブーマーの致命的な欠点は、流行に敏感（ヒップ）じゃなかったりクールじゃないのを心底恐れていることです」。自身もベビーブーマー世代の彼女は、私にそう語った。また、生徒も学校も変化と同じくらい安定を必要としていると感じるという。みんなが常にあらゆるものを破壊したり改革したりしていたら、どうして前進できる？

デジタル・テクノロジーは教育のイノベーションとして新聞や雑誌で華々しく取り上げられるが、ふたを開けてみればアナログ的なアイデアやツールのほうが効果的だったという例は多い。「もっとも重要な教育改革案はどれもエドテックとまったく関係ない」と、ニューヨーク市のチャータースクール、サクセス・アカデミーの最高経営責任者、デイヴィッド・ノアは言う。「たとえば、教師との協力の強化、授業時間の延長、州の補助金による保育園の設置、課外プログラムの資金……これらは、適切におこなえば効果があると誰もがわかっている解決策です。どれもテクノロジーを使いません。テクノロジーは、改革のごく一部にすぎないのです」

さらに、教育テクノロジー・ツールの大半は、既存のアナログ・ツールのデジタル模造品にすぎない、と述べた。電子教科書の内容は印刷版と変わらないし、ほかの特徴（ライブ・ディスカッション、ハイパーテキスト・リンク、埋めこまれた動画）はクールかもしれないが、学力向上には関係なく、むしろ生徒の気を散らしたり技術的問題が発生することが多い。「教育における〝テクノロジー革命〟は、ひどく杓子定規な既存のバージョンを選んで、そのデジタル版を作ることです」と、ノアは言う。一般的な数学ソフトウェアでは、標準的な数学の教科書と同じ問題が出題される。違うのは、紙ではなくスクリーンに表示され、点数が早く出ることだけだ。「ソフトウェアは授業を模倣するのではなく、その最悪バージョンを模倣しています。〝一番から二〇番までの問題を解きなさい〟と指示した後、別のことを考えて上の空になる教師みたいなものです。そんなのは素晴らしい教師とは言えないでしょう？」

エドテックが持続的な教育イノベーションに失敗している大きな理由は、教育テクノロジーがエンドユーザーである教師と生徒の意見をほとんど訊かずに作られ、導入されることが多いからだ。ひとくちに教師といっても、大勢の多様な人間の集団であり、コミュニティや学校によって大きく異なる。エドテックが開発する解決策は、さまざまな学校と教室に広く販売できるように作られており、どんな学校にも通用するものが多い。また、教師が創業したエドテックもあるかもしれないが、たいていの経営者は教師ではない。さらに、そのアプローチの大部分には、教師を〝乗り越えるべき障害〟と見なす、悪辣な考えが潜んでいる。

特に公立学校の場合、教師は怠惰で権利ばかり主張し、進歩に真っ向から反対する組合化された恐竜と揶揄されてきた。今日の教育改革においても、この偏見が根強くある。たとえば、コモン・コア・カリキュラム〔日本でいう学習指導要領〕の導入や、試験の成績に応じた教員給与、ペイパルの共同創業者ピーター・ティールが提供する「ティール・フェローシップ」という、将来有望な学生に大学を中退して起業させるアンチ奨学金などだ。エドテックが失敗すると、テクノロジーを正しく導入しなかったせいだとか、熱心にプログラムに取り組まなかったからだろうと教師がしばしば責められる。これは、貧しい子供にノートパソコンを配れば生活が向上する、と考えるのと同じくらい傲岸不遜な間違いだ。現実を無視している。

実際には、教師は教室でどうしたら一番うまくいくか知っているし、教え方を向上させるために必要なことも熟知している。ショーン・コリンズはこのことを認識するのに何年もかかった。彼は元マサチューセッツ州の教員で、ホワイトボード・メーカー「スティールケース」で、ポリビジョンという部門の事業拡大担当ディレクターをしている。一九九〇年代、彼はスマートボードの初期メーカーのひとつ、マイクロタッチという会社に就職した。スマートボードは、コンピューターに接続したデジタル・ホワイトボードで、ユーザーはスクリーンに「書く」ことができ、画像やほかのファイルにアクセスすることもできた。当時、スマートボードは、教育テクノロジーのもっとも偉大なイノベーションと持て囃されていた。

「もう教室にホワイトボードはいらない、と八年間も言い続けたよ」と、コリンズは言う。「教師たちは聞き入れなかった。でも、私たちは彼らをトレーニングすれば大丈夫だと思っていた。適切なトレーニングを受ければ、教室でホワイトボードを使わなくなるだろうって。でも、トレーニングじゃなくて、使いやすさの問題だったんだ。彼らはボードにマーカーで書きたかっただけなんだ。テクノロジーじゃそれができない」。反対を唱えた教師たちは、頑固なわけでもテクノロジーに抵抗していたわけでもなかった。新しいツールやアイデアは歓迎するが、自分たちのニーズに役立つテクノロジーを求めていたのだ。

コリンズもようやく耳を傾け、ポリビジョンは小さなスマートボードに最大約七メートルの標準的なホワイトボードがついた新製品を作った。ホワイトボードとスマートボードの長所が生かされ、教師は中央のスクリーンで新しい視覚資料を紹介しながら、ホワイトボードに思う存分書くことができた。この後さまざまな調査が実施され、教室のホワイトボードのスペースが大きいと、情報の残存性（インフォメーション・パーシスタンス）というものによって、生徒が情報を覚える役に立つことがわかった。数日から数週間、情報がホワイトボードに残っていると、スクリーンに数秒映ってすぐに消えてしまうよりも、はるかに頭に入りやすいのだ。

ホワイトボードとアイデアペイント（よく使われるホワイトボード用の塗料）は、教師に教材を支援する「ドナーズ・チューズ」のウェブサイトで、もっともよくリクエストされるアイテムに入っている。このサイトでは、二〇一四年以降、アナログ的な教室用ツールの支援依頼が増え、逆にデジタル・テクノロジーが減少しているという。いちばん要望が多いのは、カテゴリーでは本、アイテムではホワイトボード用の黒いマーカーだ。「このサイトは、教室のアナログ的でフィジカルなリソースが足りない、と考える教師たちで立ち上げた」と、ドナーズ・チューズのCEO、チャールズ・ベストは言う。彼はブロンクスの公立高校で歴史を教えるかたわら、この非営利組織を二〇〇一年に創設した。学校は「流行のテクノロジーの導入資金は欠かさない」のに、ベストや彼の同僚たちは常にペン、紙、最新版の教科書といった基本的な教材や学用品が足りていなかったのだ。

共感玩具

では、真に持続的な教育のイノベーションを実現するのは何だろうか？　それはハードウェアやソフトウェアではなく、生徒の学び方、つまり新しい教え方だ。現在、教育業界でいちばんホットな話題のひとつは、「二一世紀のスキル」を教えることだ。二一世紀のスキルとは、イノベーションに必要な基本的要素であり、創造性、コラボレーション、批判的思考（クリティカル・シンキング）、コミュニケーション、共感、失敗などのバズワードが多く含まれる。読み書き、算数、科学といった昔ながらの西洋教育の基本とは異なり、具体的な事実に基づく知識というより、ソフトスキルと呼ばれる一連のふるまいを指す。

これらは、特にテクノロジー業界で大いに必要とされるスキルの多くと一致する。二〇一五年に全米経済研究所が発表した報告書によれば、社会的スキルが求められる仕事の雇用と賃金が増えているという。テクノロジー産業のせいで、あらゆる学校と学年で教育資金が文系プログラム（文学、アート、演劇、社会科学）から、科学、テクノロジー、エンジニアリング、数学（STEM）コースに流れてしまったことを考えると、皮肉な話だ。文系科目の専攻は将来性がない――コロンビア大学で文学士号を取得したオバマ元大統領でさえそう言った――と嘲ってきたその業界が、創造的で問題解決能力がなければ、熟練したエンジニアと数学者がいても国が発展できない、と認識するようになったのだ。創造的なスキルがなければ、独創的な考えを発展させることができない。つまるところ、自分の仕事や経済活動がアウトソーシングや自動化されやすくなるということだ。

教育問題にアナログ的解決策を提供するもっとも革新的な企業のひとつが、トロントのボードゲームカフェ「スネークス・アンド・ラテズ」のすぐ近くを拠点とする「トウェンティ・ワン・トイズ」だ。この小さなスタートアップは、イラナ・ベン＝アリという若いデザイナーによって、ライアン・バーウェルという元高校教師とともに創業された。大学在学中、ベン＝アリは卒業制作として視覚特別支援学校の生徒のためのナビゲーション機器のデザインに取り組んだ。「特大ボタンのついたブラックベリーをデザインすることもできたわ。でも、紛失したりバッテリーがなくなったら役に立たない」

そこでデザイン専攻の学生として、デザイン思考というプロセスを踏んだ。デザイン思考とは、スタンフォード大学の研究者とサンフランシスコのデザイン会社ＩＤＥＯが開発した方法で、最初はクライアントの問題を解決するためにデザイナーたちが用いていたが、すぐにほかの企業や教育機関に広まった。最初のステップは「共感」、つまり最終使用者の視点に立つことだ。ベン＝アリの場合は、はじめて新しい学校に通う目の見えない九歳の女の子になることだった。共感は「他者の感情を理解し共有する能力」と定義され、近年、教育と職場の研究で重大な関心事になっている。テクノロジーが関連する場合は特にそうだ。さまざまな調査で、現代の若者の共感力が著しく低下していることが明らかになり（ミシガン大学が実施した調査では、わずか一〇年で四〇パーセントも低下している）、その主な理由としてデジタル・テクノロジーの脱感作効果（刺激に対する感情・感覚が鈍化すること）があげられた。共感的な人間の減少は深刻な事態を招く。自己陶酔的、自己中心的な人間が増え、協力的な人間が減り、暴力的傾向が強まることになる。

ベン＝アリは、リサーチの一環として、視覚障碍者のための機関で初心者向けトレーニングを受け、目の見えない人が主に言葉を使って自分がいる場所を知るとわかった。そこで、想定上の最終使用者である視覚障碍の生徒が、目の見える同級生と共通のナビゲーション用言語を作るのを助けるおもちゃを考案した。そのおもちゃは、ふたつの三角形の歯車と、三つの矢印から成る木製のブロックだ。それぞれのピースに異なる切りこみとギザギザがついていて、ほぼ無限の組み合わせで連結させることができた。点やでこぼこした隆起のように手で触ってわかる目印もついていた。それぞれの箱には、まったく同じブロックセットがふたつ入っていて、ひとりが一方のセットのブロックを組み立て、もうひとりに口頭でその形を伝えてまったく同じものを再現させる。セットには目隠しがふたつ入っていて、目の見えるユーザーが、目の見えないユーザーと同じ感覚で遊べるようになっていた。

ほどなくして、共感という形のないコンセプトを効果的に教えるこのおもちゃが、視覚障碍者以外の人々にも人気のあることがわかった。視覚障碍者の支援に限らず、教育全般にずっと有用だったというわけだ。ベン＝アリは、このおもちゃに共感玩具（エンパシー・トイ）というニックネームをつけて、トウェンティ・ワン・トイズという社名でマーケティングをはじめた。「共感玩具は、人間中心の教育アプローチなの」と彼女は言う。「二一世紀のスキル」の多くは、学校の正規カリキュラムで実践したり理解することが難しいが、おもちゃはこのような抽象的なコンセプトを、ドイツの教育者フリードリヒ・フレーベルが一九世紀に幼稚園を発明して以来ずっと教えてきた。幼児教育の父であるフレーベルは、遊びを通した教育アプローチの一環として、二〇の「賜物（ギフト）」――知育玩具――を創案した。ベン＝アリが興した会社の名前は、フレーベルのレガシーを受け継ぐ次世代玩具を、二一世紀のスキルを確立するために作る、という意味だ。

ベン＝アリとバーウェルは、共感玩具はアナログだからこそ成功したと断言する。「他人に共感するために必要な複雑なプロセスは、テクノロジーによってしばしば合理化されてしまう」と、バーウェルは言う。「だから、私たちが以前生徒に経験させていた複雑なプロセスの大部分は、もうテクノロジーで解決できるようになっている」。グーグル検索や計算機のおかげで簡単に問題の答えが出せるようになったが、その簡易化された工程のなかで、難しい問題を解決できるもっと深い学習――バーウェルが教育の要と考えるもの――が、数値化できる画一的な答えと引き換えに失われてしまったのだ。バーウェルは共感玩具を掲げてこう言った。「このおもちゃの目的は、相手にうまく伝わらない不快感を経験することだ。デバイスは使いやすいほうがいい、と誰もが考えるが、教育では複雑なことはいいことなんだ」。このおもちゃを使う子供は、定まった形のないややこしい問題が発展していく過程に対処しなければならない。共感力を使って、一緒に遊ぶ子が伝えることを汲み取ったり、相手の感覚を想像して伝わるように言葉を探しながら協力し、課題を終えるための共通語を作らなくてはならないのだ。

トウェンティ・ワン・トイズは、最初の半年で一〇〇〇セットの共感玩具を三五カ国の八〇〇の学校に販売し、企業などの機関にも売ることに成功した。このおもちゃの素晴らしさは、公立小学校から大学、NGO、経営コンサルタントにいたるまで、年齢、収入、分野を問わず、全世界であまねく役立つスキル（実際は、気持ち）を教えることができて、さまざまなテーマに応用が可能なことだ。各セットには、指導ガイド、サンプルゲーム、教育者向けのケーススタディが入っているが、結果的には各自のニーズに合わせて使用された。小学二年生を教える教師は、生徒にSTEMのコンセプトを教えるために使った。生徒指導員は、問題を抱える生徒と感情について話し合うために購入した。ビジネススクールの教授は、このおもちゃでリーダーシップを学ばせた。ほかにも、コンピューター・コーディング、ウェブサイトのユーザー体験の設計、言語、読み書き能力、ESL〔第二外国語としての英語〕、作業療法、世界規模の健康危機管理……共感玩具の応用リストは増え続けた。小学四年生を教えるある教師は、このおもちゃを使って、言葉が通じないヨーロッパからの入植者とアメリカ先住民がどのようにコミュニケーションをとろうとしたのかを教えたという。

ある日、私はトロントでも指折りの大きなコミュニティカレッジ、シェリダンカレッジのモダンなキャンパスでベン＝アリとバーウェルに合流した。ふたりは同大学の二〇人の教授と管理者を対象とする共感玩具のトレーニング・セッションを手伝っていた。「これは遊びを通したワークショップです。だから、よく考えて言葉を口に出しましょう」と、バーウェルは室内の参加者に話しかけた。「今日のテーマは、〝触知する〟です。これは見かけはおもちゃですが、実際は私たちの協力作業を〝触わって感知する体験〟に変えて、あとで議論できるようにするツールなんです」

共感玩具の学習体験には三つのステップがある。最初は、創造的コミュニケーション。互いに相手にどのように伝えるか、何を前提としているのか、という枠組みを作る。次は遊び——触わって感知する体験——で、その体験を自分たちが設定した前提に当てはめる。三つ目にしてもっとも重要なのが、何が起きたのか、なぜ起きたのかを話し合うことだ。この学習では比較的シンプルなゲーム体験をする必要があり、そこで得た教訓を、現在取り組んでいる問題に適用する。

遊び方の組み合わせは際限なくあるが、バーウェルはいちばん基本的なもの、目隠しをしたふたりのプレーヤーと三つのピースからはじめた。「手伝ってくれる人は？」と、彼が尋ねた。手をあげた者はいなかった。「おっと、カナダ人の譲り合い精神がはじまったみたいだな」。笑いが起き、ふたりの教師が前に進み出て、目隠しをつけた。

「マイケル、じゃあ、細長いピースを取って、自分の胸に先を向けてみて」と、組み立て方を伝えるほうの教師が言う。

「オーケー」

「次は歯車の歯よ……おっといけない、手が滑っちゃった……オーケー、これで大丈夫」

「よし、持ったよ」

「じゃあ、短い矢をスライドさせて、歯車の歯の二時のところに置くの」

「ぼくの二時のところ？　それともきみから見た二時のところ？　待って……できたと思う」

「次は、表面がでこぼこの歯車の歯を、短い矢にはめこんでみて」

「矢の上の部分でいいのかな？」

こんな調子で五分が過ぎ、そのあいだに回り道したり、まちがったヒントが出されたり、逆さまに組み立ててしまうことが何度もあった。それでもようやくふたりが同じ形を作って目隠しを外すと、一同から安堵のため息が漏れた。その後、全員が自分のテーブルに戻り、ゲームの三つのバリエーションを体験した。目隠ししたプレーヤーふたりが、目隠しをしていない三人目の助言で組み立てるバージョン、プレーヤーたちが質問しながら情報を引き出すバージョン、ガイドがほかのプレーヤーたちから送られてきたテキスト・メッセージの助言を読み上げるバージョンだ。

統合思考・デザイン思考

きわめて上手にできた教師のひとりに、ハイディ・シワクがいた。彼女は、トロントから約四〇分のダンダス・セントラル校で六年生を教えている。ダンダス・セントラルは北米の平均的な中間層の公立小学校だ。校舎は大小さまざまな修繕を必要とし、食堂は数年前に教室にさま変わりしていた。シワクはこの学校で一五年間教えているベテランで、地域ではテクノロジーを使いこなす革新的な教師として評判だった。これまでに、生徒たちはツイッターを使って研究課題を進めたり、ニュージーランドの学校のクラスと共同でアプリを作成したり、多くのテーマでブログを書いたりしていた。デジタルを使った授業をはじめたころを振り返り、シワクは「子供たちの意欲、集中力、興味が増すのがわかった。素晴らしかったわ」と言う。どれも学校の限られた数のコンピューターで実現したのだ。私が彼女のクラスを訪れたとき、教室にある三台のコンピューターは一〇年近く前の年代物で、ちゃんと機能するのは一台だけだった。

数年前、シワクは教室でのテクノロジーの使い方について、批判的に考えはじめた。「テクノロジーを使った教授法に欠けている部分があるってわかりはじめたの」。彼女の考えを大きく変えたのは、本章の冒頭で紹介したトロント大学ロットマン・スクールの統合思考セミナーだった。グループでの問題解決、継続的な議論、具体的な作業に重点を置くことを経験した結果、生徒に分析的なスキルを教えるには、統合思考と（やはりロットマンで教えている）デザイン思考のほうが、スクリーンを使うよりずっと革新的だとわかったのだ。

「私たちは、目で見ることと議論することで途方もなくたくさんのことを学んでいる」。その重要な役割を担っているのが、教室の空間だった。シワクの教室の壁は紙で覆われ、メモ、絵、コンセプト、モットーなど、生徒たちがその学期で学んでいる統合思考とデザイン思考のモデルのさまざまな要素がびっしりと書きこまれていた。

私が訪問した日、シワクはその週いっぱいかけて解決するデザイン課題を生徒たちに説明していた。それは、よく知られている複雑なデザイン思考のケーススタディだった。内容は以下の通りだ。小児科のＭＲＩスキャンは、鎮静剤や麻酔を投与しなければならない患者には料金が高額になる。生徒たちは、そのコストを低くする方法を見つけなければならなかった。シワクはＭＲＩの機械を説明するユーチューブのビデオを見せ、因果モデルを作るように言った。因果モデルとは、問題の原因となるさまざまな事実要因を特定するワードマップ〔因果関係を視覚化した図〕だ。子供たちはグループに分かれ、マーカーとペンを手に大きな紙の周りに集まった。シワクは教室を歩き回り、それぞれのグループに問題の原因を引き出す質問をした。

「どうしてたくさんの子供が検査のとき鎮静剤や麻酔をされるのかしら？」と、シワクが問いかけた。

「すごく怖いから」と、ある女の子が答えた。

「どうして？」

「ものすごく大きい音がするもん」と、ある男の子が言う。

「何が起こるかわからないからじゃない？」と、別の子が言う。

「閉所恐怖症だったらどうなるの？」と、女の子が訊く。

「ＭＲＩから出た後、病気だって言われるかもしれないし」と、ほかの誰かが言う。

「こんなに暗くて窮屈な機械のなかにいるのを想像してみて」と、ひとりの男の子が言う。シワクは、生徒たちが問題を分析するうちに、ＭＲＩに入る患者に心から共感していることに気づいた。それは、数週間前に共感玩具でみなが学んだコンセプトだった。

次に生徒たちは、ＭＲＩのデザインを導き出すために、問題の原因を質問形式に置き換えた。どうしたら鎮静剤を使わずにスキャンのあいだ子供をじっとさせることができるだろうか？　患者を安い金額で鎮静状態にできるように、薬の値段を下げるにはどうしたらよいか？　患者と家族がストレスを感じないように待合室やＭＲＩを快適な場所にするにはどうしたらよいか？　生徒たちはその週を通して、機械のなかでプライバシーを守るカーテン、患者が自分で飾りつけできるＭＲＩヘルメットなど、独創的な解決策をいくつも考え出した。そして、段ボール、紙、発泡スチロール、のりを使って試作品を作り、互いの発明を分析し批評しあった。一連の作業でデジタル的な要素は、シワクがクラスに見せたＭＲＩの短いビデオだけだった。

「このやり方だと、デジタルでは決して得られないものを身につけられる」。生徒たちがぞろぞろ教室から出ていくと、シワクは私にそう話した。「課題に取り組んでいるときに彼らが協力したり、質問したり、答えを考え出す能力は驚くほどよ。お互いにアイデアを高め合っている」。課題から得たものは生徒たちの書く力やコミュニケーションスキルに根づき、たとえ将来MRIの機械のことをすっかり忘れてしまっても、彼らの洞察力と、自分の考えをはっきりと口に出し、仲間と協力する能力は残るだろう、とシワクは感じている。

デザイン思考を実践するときは、もちろんデジタル・ツールも使えるが、成功事例はアナログ的なやり方を活用したものばかりだ。ポストイット、大きな紙、レゴ、子供用粘土などの柔軟性のある創造的な材料が使われている。

グリーンウッド・カレッジ・スクールというトロントでもっとも月謝が高額な学校のひとつでは、最先端技術を使った教育テクノロジーをそろえている。生徒はグーグル・ドキュメントに宿題を書き、教師はオンラインで即座にフィードバックと評価を返す。同校でデザイン思考を活用したグリーン産業〔持続可能な生産プロセス〕のクラスを教えるレスリー・マクベスは、この授業ができるのはテクノロジーの賜物だと考える。そのおかげで学校の管理業務から解放されて、生徒が実地体験するプロジェクトができるからだ。

さらにマクベスは、デザイン思考は、とりわけ現代の経済と世界について教えるときにぴったりだと感じていた。「一九世紀と二〇世紀の教育モデルは、労働者が職に就いて指示に従えるようにするのが目的だった」と、マクベスは言う。彼女自身、小さな工業都市で育ち、友人や家族はそこで実践された昔ながらの基本練習、テスト、評価モデルのおかげで工場の仕事を得て、いまもそこで働いていた。「でも、世界は変わった」。指示に従う仕事を見つければ成功が保証された日々はほぼ終わった。その原因のひとつが、テクノロジーの発達だ。「いまは自分で考えなくちゃ成功はつかめない。私にとって教育とは、この変化に対応できるスキルを得ることよ。批判的思考を身につけ、問題を工夫して解決できる人間になることなの」

私は、マクベスが教える高校二年生と三年生のクラスを訪問した。どちらのクラスも、デザイン思考でふたつのプロジェクトの試作品を作成しているところだった。ひとつは、トロントのウォーターフロントの再生計画、もうひとつは屋内農業システムの開発だった。生徒たちは、詳細なウォーターフロント開発モデルから、水を浄化する植物の肥料を魚の排泄物から作る養魚場まで、独創的な解決策を考案していた。騒々しくて、汚れるのを気にしていたらとうていできないプロジェクトだった。途中で三人の女子生徒がふたつの机に一片の木材をわたして、手のこぎりで切りはじめると、プレッピーな制服と髪がみるみるうちにおがくずまみれになった。

数人を除いて全員が、この種のプロジェクトではあまりコンピューターを使いたくないと言った。そのほうがもっと自由に創造できて、集中しやすく、自分のビジョンに忠実でいられるうえに、模型や材料への理解が深まると感じていた。それに、そのほうが楽しそうでもあった。モデルや奇妙な機械装置を作るさまざまなグループが、教室のあちこちで材料をのりやテープでつなぎ合わせ、裁断し、壊しながら、大声で笑い、冗談を言い合っていた。コンピューターをいじっているのは、モデル作りをあきらめてアプリを作成することにしたふたりの女子生徒だけだった。彼女たちは並んで座り、いろいろなアプリ作成サイトで価格オプションを無言でチェックしながら、マクベスが見ていないときにこっそりフェイスブックを覗いていた。

統合思考やデザイン思考のようなアナログ式の問題解決方法のメリットのひとつは、自分の思いこみやアイデアに挑むよう強いられることだ。採点の対象は、考え出した解決策ではなく、どのように問題に取り組み、グループで協力し、途中でどう改変したか、というプロセスだ。プロジェクトに正解はない。私はそのことを、トロント大学ロットマン・スクール・オブ・マネジメントで目の当たりにした。そこでは、ビジネス設計の実習クラスの大学三年生たちが、同スクールのMBAプログラムのために破壊的な新モデルを作っていた。このMBAプログラムは、カナダでは上位に入っているが、国際基準ではふるわない。何の制約もないと仮定すると、二〇二四年のロットマンのMBAはどのようなものになるだろうか？

ビジネス設計プログラムの責任者ステファニー・シュラムは、調査や研究で収集したデータの先にあるものを思い描き、顧客であるロットマンの未来のMBA学生たちのニーズに集中するように告げた。「ビジネスでは、データに心を奪われて、それが真実のすべてだと信じがちです。とりわけ、ビッグデータ時代のいまはね。でも、定量的なデータだけで世界を説明することはできません。データは過去しか示していないからです」

シワクとマクベスのクラスがそうであったように、この大学生たちも物理的なモデルからイラスト入りのコマ割り漫画まで、自分たちが考え出したアイデアのさまざまな試作品を作っていた。完成後は、上階でロットマンＭＢＡの在校生たちにそれを見せて、フィードバックをもらうことになっていた。シュラムが型破りで想像力に富んだアイデアを出すよう奨励したかいがあり、学生たちのアイデアは、インターンシップとオンライン・クラスのみのＭＢＡコースから、国際的なＭＢＡオリンピック、二四時間いつでもアクセスできるオンデマンドの教授団、それに「フレーミング・スウォード」という、自分だけの冒険を選ぶビデオゲームによって履修コースが自動選択される方法まで、実に多岐にわたっていた。

週に五日間、教室で教授に教わるというフィジカルな学校の枠組みはひとつもなかった。「レクチャーで学生の時間を無駄にするつもりはない」。「デザインド・シールド・デリバード」というグループの学生のひとりはそう言うと、「未来のＭＢＡコースは、カーン・アカデミーみたいになると思う」とつけ加えた。カーン・アカデミーとは、評判の高い数学のオンライン・レクチャー・シリーズだ。つまるところ、学生たちが作っていたのは〝未来の学校〟というわけだ。その未来とは、私がいる同じ建物でクリストファー・フェデリコが引き合いに出したように、バーチャル・スクールであるようだった。

しかし、ＭＢＡの学生たちに試作品を見せると、その実現はおぼつかなくなってきた。

「クラスにこられなければ、どうやって学生にやる気を起こさせるの？」と、以前銀行で働いていたという女性が尋ねた。

「ＭＢＡを受ける価値は、仲間意識を育て、人脈を築くことだって知らないのかい？」と、インド出身の学生が言った。

「ｅラーニングって大嫌いなの」と、ひとりの女性が発言した。「それに、私は大学でビジネスを専攻していたわけじゃない。このコースがオンラインだったら、クラスの人の四分の三とは会うこともないでしょうね。私は教室に行って、仲間や教授に質問することで学んでいるの」

ビジネス専攻の学部生たちは、厳しい現実にぶち当たっていた。進歩的に見えるアイデアを使っても本当に進歩するとは限らない。デジタルによる遠隔学習が実現できるという前提に基づいて考えたが、そのモデルが実際にどのくらい効果があるのか、それがロットマン・スクールのＭＢＡプログラムにとって本当に望ましいものなのか、ということまで評価していなかったのだ。そして最近の事例を考えると、答えは断固としてノーだ。

情報を知識にする

教育テクノロジー・ムーブメントの最大の希望と失敗のひとつが、大規模公開オンライン講座ＭＯＯＣ（ムーク）だ。ＭＯＯＣは、基本的には紙を媒体とした通信教育講座、録音された音声またはビデオテープのレクチャーなどの前世紀の通信教育と大差ないが、ストリーミング・ビデオ・テクノロジーとクラウド・コンピューティングの進歩のおかげでレクチャーをリアルタイムで配信できるようになり、二〇〇八年に新しい用語として登場した。それ以前にもオンラインでコースやレクチャー、学位さえ提供する教育機関はたくさんあったが、二〇一二年に起きたＭＯＯＣブームは瞬く間に世界中を席巻した。

きっかけは、その年にセバスチャン・スラン（グーグルの自動運転車の開発責任者）と彼のパートナーのピーター・ノーヴィグ（グーグルのリサーチ担当ディレクター）が、スタンフォード大学で担当していた人工知能入門講座をオンラインで公開したところ、一〇万人以上も登録者が集まったことだった。驚いたふたりは、ＭＯＯＣ企業「ユーダシティ」を立ち上げた。それと同時に、コーセラをはじめとするさまざまな競合企業も、世界中の学習方法に革命をもたらす、と気炎を吐いた。スランは、ＭＯＯＣの破壊力は絶大で、五〇年もしないうちに高等教育の担い手は世界でわずか一〇機関ほどに減るだろう、と予測した。もちろん、ユーダシティもそのひとつに含まれる。どうやらこの会社のシラバスには、太陽を目指したイカロス〔蠟の翼で太陽を目指して飛び、蠟が溶けて墜落死した〕の教訓は含まれていなかったようだ。

ユーダシティには数十万という生徒が集まり、大学はわれ先にとＭＯＯＣ列車に飛び乗ると、独自のオンライン・コースを発表して、バーチャル学位の提供を申し出た。二〇一三年のスタート時、ユーダシティはカリフォルニア州のサンノゼ州立大学と契約を交わし、同校認定のオンライン・コースを立ち上げた。成功すれば、すべてのカリフォルニア州立大学にオンライン学位導入への道が開ける、と主張して。この提携は、同州のジェリー・ブラウン知事の強い要請により実施された。州知事は、適切な要件を満たさずに大学に入学する学生が増えており、大学が危機に瀕している、と訴えていた。

しかし、結果は大失敗だった。登録した学生の修了率がきわめて低く、どうにか修了した少数の学生も成績がよいとは言いがたかった。プロジェクトは、半年も経たずに中断された。この結果を受けて、スランはユーダシティのコースの多くを「ひどい代物」とぼやいた。何ら驚くことではない。オンライン・コースは、それまでも登録者の関心を引きつけることに失敗してきた。スラン自身でさえ、サンノゼ州立大学と契約を交わすときに、オンライン・コースの登録者の九〇パーセントは脱落することを認め、それを変えたいと言っていた。そして見事に失敗したというわけだ。オンライン・コースでの学習は、従来型の大学と提携した上級クラス、小学校から高校までのチャータースクールの実験まで、すべて結果はＦ（落第）だった。自宅にいながらパジャマ姿で好きなときに興味深い講義を聴けることは素晴らしいが、学校で教室に座り、黒板の前で教える先生に耳を傾ける友人よりも脱落率が高く、成績も悪いうえに、学ぶことも少ないのだ。

ハーバード大学やトロント大学、それに私が在籍した高校は、なぜいまも大勢の生徒でいっぱいなのだろうか？　私と一緒に通学した同級生たちは、なぜ誰もそこで過ごした年月をＭＯＯＣやオンライン学位、通信教育コースと引き換えにしなかったのだろう？　その理由は教師にある。

教師はこれまでも、そしてこれからもアナログ式教育の要だ。どんなテクノロジーも彼らに取って代わることはできないし、取って代わるべきでもない。教師がきわめて博識だからではなく、彼らがいなければ教育は事実の受け渡しにすぎないからだ。事実が知りたければ、本を読めばいい。学びたければ、教師を見つける必要がある。

「教えることと学ぶことは、教師と生徒の関わり合いだ」。スタンフォード大学のキャンパスでMOOCをめぐる議論を戦わせたラリー・キューバン教育学教授はそう言った。「人と人との関わり合いはアナログだ。テクノロジーの導入を押し進める人たちは、教えることと学ぶことを〝情報の伝達〟と考えている。教育は関係を示すものと見なされず、より多くの情報にアクセスする方法、以前ではできなかったやり方でコミュニケーションをとる方法だと見られている。そんなのはまったく関係を重視するものではない。私は高校教師から大学教授になり、その後、指導監督者になった。その過程で、若者と大人のあいだの学びの基盤は、彼らの人間関係と深く結びついていることがよくわかった。教師というのは、生徒の集団と人間関係を築くのが仕事なんだ。学習の基盤は、一人ひとりの生徒との人間関係にあるんだよ」

アナログ的な教育――教室のなかで教師と生徒のあいだ、そして生徒同士のあいだで発生するもの――は、単なるデータの移転ではなく、人間関係という学びの基盤だった。そして教師がしてくれること、学校という環境で一対一で生徒と直接関わることでしかできないことは、情報を知識に形成することだった。

二〇年間の学校生活を振り返るとき、私が覚えているのは特定の科目でも、教材でも、教室でもない。私が授かった教育に命を吹きこみ、私の興味を促してくれた恩師たちだ。長い一日のあいだ、硬い椅子に座り、数々の困難にぶち当たっても、私が学ぶことへの情熱を失わぬように努めてくれた。彼らと彼女たちは偉大だった。決して高くない給料で、さまざまなひどい扱いに耐えながら、教わった知識よりはるかに価値のあるいまの私を作ってくれた。恩師たちと育んだあの絆は、デジタル教育テクノロジーには再現することもできないし、取って代わることもできない。生徒との強い結びつきがあるからこそ、偉大な教師はいつだって高度なデバイスやソフトウェア、プラットフォームよりも革新的な未来の教育モデルを作ることができるのだ。

「私は七年間、この学校で五年生と六年生を教えてきた」。ベンジャミン・ピーブルズは、私がジャックマン・スクールの教室を訪れた朝、入室してくる生徒たちを迎えながらそう語った。その七年間、彼はトロント大学がテストしていた新しいデジタル学習テクノロジーのリサーチに深く関わってきた。「その件でひとつわかったことがある。どんなテクノロジーを使っても、それが成功するか失敗するかは、生徒と教師の関係、その関係を教師がどう導くかによって決まるんだ。どのように質問を投げかけるか、教室をどのようにまとめ、学習に沿って会話を進めるか——それが結果を左右する。子供が得た知識を発展させることは、テクノロジーにはできない。それはいまも教師の役目なんだ」。そう語る合間も、ピープルズは教室に生徒が入ってくるたびに、おはようと声をかけ続けた。

第9章 デジタルの先端にあるアナログ

デジタル業界ほどアナログを重視

ある火曜日の午後、アドビの広々としたサンフランシスコ支店で、スコット・ウンターバーグは窓のない小さな部屋に入り、明かりをつけた。天井から垂れ下がるチベットの五色の祈祷旗を整え、丸い座布団と「アドビ・メディテーション」と記された毛布を床に置きはじめると、社内のあちこちから三〇人の同僚たちがばらばらと部屋に入ってきた。部屋の外には、彼らが入室前に置いていった靴、携帯電話、ノートパソコンがきっちり一列に並んでいた。部屋のなかは、森林の模様の壁紙に蓮華座を組む人々の写真が飾ってあり、床の中央には七つのすべすべした石が塔のようにきれいに積み上げられている。

ウンターバーグは、フォトショップやイラストレーターに代表されるアドビのクリエイティブ・クラウドのプロジェクトマネジャーだが、毎日午後三時にこの部屋を開放して「ブロジェクト・ブリーズ」という社内向け瞑想セッションをとりおこなう。ソフトウェア一筋のキャリアを歩んできたが、実は伝統的な仏教の瞑想のトレーニングを受け、しばしばインドやチベットを訪れて修行を積んできた。二〇〇八年、彼はフラッシュ・ソフトウェア部の同僚数人から、瞑想を教えてほしいと頼まれた。それで空いているミーティングルームを週に一度使わせてもらい、一五分間の瞑想をはじめた。

「噂はすぐに広まった」と、ウンターバーグは言う。一二人だったメンバーが七〇人に膨れ上がり、会議室に改装された古い銀行の金庫室など、そのときどきでスペースを確保できる場所に集まった。ほどなくして「プロジェクト・ブリーズ」に発展し、アドビから正式な名称と支援を与えられた。けれどもメンバーにとって何よりもうれしかったのは、毎日決まった場所に集まれることだった。

誰かが照明を落とすと、ウンターバーグは足を組んで座りながら、「やあ、みんな」と、穏やかに呼びかけた。「ブライアン、時間を測ってくれるかな?」と言うと、真鍮のりん（仏具）を手にとって、木製のりん棒でチーンと鳴らした。ブライアンがスマートフォン――この部屋で持ちこみが許されている唯一のデバイス――のタイマーをスタートさせた。私たちはそのままじっと座り続けた。五分後、ブライアンのタイマーが鳴り、静寂が破られた。一同は伸びをしたり、首を回したり、大きく息を吐き出したりした。三〇秒後、ウンターバーグは姿勢を正し、もう一度りんを鳴らすと、「そろそろいいかな」と声をかけた。ブライアンがもう一度タイマーをセットした。室内は静寂に包まれ、誰ひとり身じろぎもしない。一〇分後、タイマーが鳴ると、ウンターバーグは最後にもう一度りんをチーンと鳴らした。「ありがとう。それじゃあ、また明日」

この数年で、ウンターバーグの瞑想セッションは、サンフランシスコ支店から世界中のアドビ支店へと徐々に拡大していた。アドビだけではない。瞑想と、もっと広範で包括的な「マインドフルネス」という活動は、シリコンバレーの主要企業ではもう常識だ。グーグルの「サーチ・インサイド・ユアセルフ」プログラムでは定期的な瞑想クラスがあり、社内には歩行瞑想専用の迷路まで特設されている。フェイスブックとツイッターもオフィスに瞑想ルームがあり、いまはヘッジファンドや銀行でも珍しくない。禅師、修道僧、マインドフルネスのグルは、シリコンバレーではパーソナル・トレーナーやジャバ・スクリプトのプログラマーと同じくらい需要があり、ウンターバーグ自身も、ヤフー、マイクロソフト、セールスフォース・ドットコム、SAPなどのIT企業にアドバイスしてきた（仏教の教えの一環として、すべて無償だ）。瞑想はそれほど新しい流行ではない。現代テクノロジーの偉大なグル、スティーブ・ジョブズも定期的に実践していたし、ヨガ行者、アシュラム、オーガニックフードに代表されるヒッピー文化が栄えた土地にソフトウェア企業が立ち上げられたときから、シリコンバレーのルーツの大部分は北カリフォルニアのカウンター・カルチャーと結びついている。

マインドフルネスを、人間らしさをアピールしたい巨大株式公開企業の風変わりな広報活動、あるいはコールドプレス・ジュースのような一過性のライフスタイル・トレンド、もっとひどく言えば、サンフランシスコのベイエリアのベビーブーマーが金の亡者になった自分の罪悪感を和らげようと熱中するヒッピー風のナンセンスだと片づけるのは簡単だ。しかし、「オーム（マントラや祈りをはじめる前に唱える聖音）」の詠唱と黒いタートルネックの向こう側を覗いてみると、プロジェクト・ブリーズのようなプログラムから、デジタル・テクノロジー業界とそこで働く人々について、次のような重大な真実が見えてくる。

デジタル業界ほどアナログを重んじる場所はない。

この事実を知ったのは、本書の執筆をはじめて少したったころだ。ジャーナリストとしてアナログに関心を寄せる一方で、私は数年前からデジタル・テクノロジー企業にも投資している。投資先は、地元カナダの小さなスタートアップから、シリコンバレーに拠点を置くベンチャーキャピタル・ファンドまでさまざまだ。おかげで、企業向けソフトウェア会社の六〇歳のベテランから、まるで役立たないアプリの開発を夢見る二〇歳の若者まで、たくさんの人たちと話す機会に恵まれた。私が『アナログの逆襲』を執筆中だと告げたとたん、彼らは必ずと言っていいほど身を乗り出して、アナログの素晴らしさを熱く語りはじめるのだ。ほとんどが隠れたアナログ趣味を持っていた。昼間はコードを書きながら、夜はレコードを収集したり、クラフトビール（手作りビール）の醸造をはじめていたり、ボードゲームを楽しんだり、古いオートバイを修理していた。

さらに興味深いことに、こうしたアナログへの視点は、彼らのデジタルの仕事と深く結びついていた。取材を進めるうちに、デジタル・ソフトウェアとハードウェアの開発にアナログなツールとプロセスが大いに役立っている、と話す個人や企業が増えていった。ときにそれは個人的な習慣にも及んだ。私が会ったスタートアップの創業者、投資家、プログラマーは、デジタル機器を自在に使いこなせるにもかかわらず、ほぼ全員が使いこまれた紙のノートにメモや設計を書きこんでいた。あるスタートアップの創業者は、黒いモレスキンのノートを両手で抱くようにして、こう言った。「これが私の会社なんだ！」

調べれば調べるほど、同じような事例がいくつも出てきた。テクノロジー業界のリーダーたちは、家族にデジタル機器を使わせたくない、と多くの記事で語っていた。スティーブ・ジョブズは、自分が作ったiPadで子供たちを遊ばせなかったし、『ワイアード』誌の元編集長で、『ロングテール：「売れない商品」を宝の山に変える新戦略』（早川書房）の著者クリス・アンダーソンは、子供たちがテクノロジーを使う時間を制限している。「ツイッター」、「ブロガー」、「ミディアム」などのデジタル・プラットフォームの共同創業者エヴァン・ウィリアムズは、自宅からテクノロジーをいっさい排除し、大量の蔵書に囲まれて暮らしている。さらに、エドテックのメッカであるシリコンバレーとサンフランシスコには、全米でもっともアナログ的なオルタナティブスクール〔従来とは異なる教育方法・カリキュラムを採用している学校〕が複数ある。たとえば、デジタル機器を使わないシュタイナー・スクールやモンテッソーリ・スクール、それに私が訪れたわんぱく倉庫のような屋外幼稚園「ブライトワークス・スクール」だ。ブライトワークス・スクールでは、デジタル業界の大物の子供たちがのこぎりとドリルで自分たちの教室作りに励んでいた。

リサーチが進むにつれて、デジタル・テクノロジー業界が、自分たちが破壊したアナログをビジネスに役立てている事実にますます興味が深まった。たとえば、あるオンライン小売店は実店舗をオープンして大きく業績を伸ばしていた。デジタル出版社は印刷出版物に興味を寄せはじめていた。それに、私がアナログについて大いに啓発されたのは、必ずと言ってよいほどデジタル・テクノロジー業界の人と話したときだった。それは、彼らがほかの業界よりも日々アナログを活用しているからにほかならない。デジタル化が進む世界でアナログに未来があるのなら、その世界を作った当の本人たちのほうがよくわかるのではないだろうか、と私は思った。シリコンバレーでのアナログの活用方法を——たとえ、それがさらなるデジタル製品を作るためであっても——調べれば、私が考えもしなかったアナログの可能性が明らかになるかもしれない。

精神のリセット

スコット・ウンターバーグの「プロジェクト・ブリーズ」が小さな集会から企業全体のイニシアチブに発展したのは、「アドビ・キックボックス」というアナログ・イノベーションのおかげだった。アドビ・キックボックスは、火災警報器の絵の下に「アイデア・コンストラクション・キット」というタイトルが印刷された厚紙の箱で、「アイデアが浮かんだらはがすこと」と太字で書かれた封がされている。箱のなかには、ポストイット、アイデアを実行に移す手順が書かれたキュー・カード、コーヒー一パック、チョコレート、ペンと鉛筆、紙製のノート、一〇〇〇ドル分のプリペイド・クレジットカードが入っている。「その場ですぐに取りかかれるように、デジタルを使わずにすむように作ってあるんだ」。キックボックスの作成を手伝い、プロジェクト・ブリーズの常連でもあるクシュ・アメラシンゲはそう説明した。コンピューター科学者の彼は、アドビの戦略担当重役だ。「この箱を使うと、テクノロジーの制約を受けずにアイデアに集中するから、通常の思考プロセスから離れることができる。プログラマーは、何かをひらめくとすぐにコードを作成しはじめる悪い癖があるからね。一度コードを作ったら、それしか見えずに視野が狭くなってしまうんだ」

ウンターバーグは、キックボックスを使って瞑想の可能性を拡大した。「きっかけは、〝ソフトウェアの作り方を変えたらどうなるだろう？〟と思ったことだった」。彼の理論はこうだ。アドビのような大企業では、ソフトウェアの作成は何層もの管理者と意思決定を経るチーム中心主義に縛られている。もし、たとえ一五分でも毎日デジタルから離れて瞑想できたら、もっとよい製品のアイデアが生まれるかもしれない。瞑想アプリという手段もあったが、ウンターバーグはテクノロジーを排除することがこのプロジェクト全体の要だと感じていた。それが、絶え間ないデジタル・コミュニケーション・サイクルを遮断して、考えを整理するスペースを頭のなかに作る唯一の方法だと。「自分の仕事が何なのか、どんなデバイスに接続しているかは関係ない」と、ウンターバーグは言う。自社製品のほとんどを箱入りディスクからクラウドに移して以来、アドビ製品のイノベーションと発売サイクルは二年から数カ月、ときに数週間へと加速度的に短縮された。常に大量の締め切りに追われ、同じ作業サイクルを反復しながら重圧を背負う日常で、一五分間の静寂は従業員にとって救命ボートのような役割を果たしていた。

瞑想セッションが終わった後、私は室内に座っている人たちにプロジェクト・ブリーズに参加した理由を尋ねてみた。彼らの職種はバラバラだったが、ほとんどが同じ理由を口にした。瞑想は、一日のなかでいちばん精神のリセットが必要なときに、それを与えてくれる。頭のなかを絶えず流れるさまざまなアイデアから一歩離れることができる。情報に反応せずに、ただ静かにそれを整理したり、完全に忘れてしまうことさえできるのだと。ある女性はこの一五分間を「頭を空っぽにする時間」と呼び、最大のボリュームでがなり続ける巨大なテレビから遠ざかるような感じがすると表現した。シンディというアートディレクターは、瞑想したほうがよいアイデアが浮かぶと言った。「シャワーを浴びてる最中にいいアイデアがひらめくことがあるでしょう？　集中して考えるんじゃなく、考えるのを止めて一度忘れるとうまくいくの」

まさに「クンバヤ〔黒人霊歌。「主よ、ここにお出でください」という意味〕」を地で行くような話だが、アドビはソフトウェア企業であり、数量データに基づいた業界では何事も数字で証明する必要がある。そこでウンターバーグは、プロジェクト・ブリーズが及ぼす影響を調べる資金を会社から引き出した。参加者たちはいくつかの調査項目に記入し、毎週看護師がやってきて瞑想後に彼らの血圧と心拍数を測定した。その結果、全員の健康状態が改善したばかりか、ストレスが緩和され、その他の数値も改善したことが判明した。現在、プロジェクト・ブリーズは世界中のアドビ支店に拡大中だ。

ウンターバーグの上司で、ずっと瞑想を実践してきたインド出身のマラ・シャルマという重役は、このシンプルなプログラムはアドビの企業文化にもっと深い変化をもたらしたと考えている。「ここではみんな、テクノロジーに囲まれて生きるのが当たり前だと思っている。でも、プロジェクト・ブリーズは私たちをテクノロジーから一時的に引き離すの。瞑想は、突き詰めれば個人の内面を成長させる活動よ。すべての成果が目に見えるわけじゃない。でも、自己との難しい対話に粘り強く取り組めれば、自分の仕事をより客観的に見ることができるようになる」。参加者はフィードバックのやりとりや、異なる意見を受け入れることがうまくなり、データを消化するのではなく理解できるようになった、とシャルマは感じていた。

プロジェクト・ブリーズは、シャルマが言うアドビ社内の「よりアナログ的な人間中心のやり方」のひとつにすぎなかった。重役の何人かは、ミーティングでのパワーポイントのプレゼンテーションを禁止したり、Eメールのチェーンの長さを制限したり、オフィスフロアの開放に踏み切っていた。目的は、デジタルのコミュニケーションに慣れきって直接会うことを罰当たりな行為のように感じていた従業員が、リアルタイムで管理職と会話する時間を増やすことだ。その結果、製品リリースをはじめ生産性が明らかに向上した。それまでは、大量のメッセージや文書を何日もやりとりし、数週間後にテレビ会議で議論する、という無駄を繰り返していた。現在は、チームが同じ場所に腰を下ろして、一時間以内に問題を解決しようと努めている。

「これはものすごく大きな変化だわ」と、シャルマは言う。「自分たちが作りあげた人工の障壁を破壊して、忘れていたやり方を学び直すんですもの」

職場をアナログな環境に

デジタル・テクノロジー企業のアナログ活用は、瞑想を使った仕事のやり方よりも職場そのものにもっともよく現れている。テクノロジー企業、とりわけスタートアップのオフィスは、まるで幼稚園のような奇妙な雰囲気がしばしば嘲笑の的になる。セグウェイを乗り回し、フーズボール〔テーブルサッカーゲーム〕で遊ぶプログラマーたちが、ケールのスムージー片手に無料の自転車工クラスに向かう――そんなベタな光景は大げさだと思うかもしれない。しかし、実際はもっとシュールだ。サンフランシスコとシリコンバレーに滞在した一週間、私が訪問したオフィスの多くが、しゃべる椅子が登場しないことを除けば、「ピーウィーのプレイハウス」〔子供向けテレビ番組〕そのものだった。ハイテク企業に年端もいかないオタクっぽい重役と創業者が多いせいもあるが〔二五歳のオタクに数億ドルと建築家を与えたらどうなるか、想像してもらいたい〕、この環境にはもっと深い目的があり、それをたどると職場でアナログを活用するメリットに戻ってくる。

それを明らかにするために、私は改装したばかりのローカル情報の口コミサイト「イェルプ」本社で、建築設計事務所「スタジオO＋A」の共同創業者プリーモ・オルピラと会った。イェルプ本社は、サンフランシスコのダウンタウンにある歴史的なタワーの一二フロアを占めている。オルピラは、デジタル・テクノロジー企業のオフィスを、PC時代のはじまりから三〇年間にわたって設計してきた。クライアントには、シスコやマイクロソフトからフェイスブック、ウーバー、ペイパルまで大企業が名を連ねる。O＋Aの設計には、特徴的な外観と雰囲気がある。大まかに言えば、ミッドセンチュリー〔二〇世紀中期に主にアメリカで進展したデザインの潮流。機能的でシンプルなデザインや、近未来的な素材の家具が特徴〕風の近代的でカラフルなスキーロッジといったところだ。共通しているのは、遊び心あふれる印象的な照明器具、明るい視覚的な設備、幾何学的な家具、長く伸びる天然木、素材を生かしたデザイン、それにたくさんの窓だ。企業によって暖炉があったり、屋内庭園があったりとさまざまだが、すべてに大きなキッチンがある。

欠けているのは豊富なハイテク機器だ。私が訪問したイェルプやほかのオフィスは、コーヒーをいれるバリスタ・ロボットやタッチスクリーンだらけの部屋がある未来的な場所かと思いきや、あえてアナログ仕様にされていた。「クライアントには、テクノロジーを取り入れすぎないようにすすめている。それでなくても、テクノロジーはそこらじゅうにあふれているからね」。イェルプの受付を通りながら、オルピラはそう語った。受付はイェルプの顧客である〝店〟を思わせる雑貨屋のようなデザインで、社名入りの鉛筆がぎっしり入ったガラスのジャーが並び、鈍色に輝くどっしりとしたブロンズ製のレジが置かれていた。「テクノロジーだらけの環境なんて、悲惨きわまりない」。そのような空間は「寒々しい」と、彼は表現した。「私たちが作りたいのは、もっと人と人が触れ合える素朴なオフィスだ。建物や素材においても、よりオーセンティックな空間だ」。オルピラによれば、むしろ銀行、法律事務所、小売店などの非テクノロジー企業のほうが、ハイテク企業より進んでいることを誇示しようとオフィスに最新テクノロジーを詰めこむ傾向があるという。

O＋Aが手がける設計には、対面での会話を引き出す空間がいくつかある。カフェテリア（タウンホール）では、毎日エンジニアと営業担当者が無料ビュッフェに並ぶあいださりげない交流が生まれる。小さな繭のような半球体（「シェルター」と呼ばれる）は、一対一の問題解決セッション用だ。

作戦司令室（ウォー・ルーム）には、危機的事態で重役たちが結集する。「そういう空間で重要なのは、デバイスを下に置いて、相手のちょっとした口調の変化や身振りを読み取って、有意義な会話ができるようにすることだ」。私たちはイェルプの「オール・ハンズ」という広々としたカフェテリアのフロアに入った。磨き上げたコンクリートの床に煉瓦の壁、無料のスナックとシリアルが入った棚があり、中央の木製の軽食カウンターでフレンドリーな専用スタッフが迎えてくれる。カウンターを囲むように共用のテーブルとくつろげるボックス席が並び、さまざまな部署のイェルプ社員――大半が会社のTシャツとフードつきのトレーナーを着ている――が腰を下ろして、おしゃべりや仕事にいそしんでいた。テクノロジー企業の必須アイテム、フーズボールテーブルもある。ここには各階の休憩室よりも豊富なメニューを意図的にそろえている、とオルピラが教えてくれた。そうすれば、違う部署の従業員がいやでもここに集まることになり、願わくば、新しいアイデアが生まれるかもしれないからだ。

人と遭遇するように設計されたオープンスペースとは対照的に、ひとりで静かに考えるための空間もある。たとえば、工芸室、自転車用ガレージ、従業員が道具をいじり回したり体験活動ができる「ワークショップ」、椅子が二脚あるだけの「シンクタンク」などだ。「ライブラリー」という静かな部屋は、企業によって内装が異なる。本と雑誌が並んだ棚でいっぱいのところもあれば、イェルプのように本棚の壁紙を貼っただけの静かな空間（私がここで憂鬱になることは絶対にないだろう）のところもある。ボードゲーム専用の部屋を設けている企業もあるし、イェルプでは巨大なコーヒーテーブルの上に、これまた巨大なデス・スターのパズルを置いたエリアがある。

さらに行くと、エンジニアリング部門のフロアに入った。案内してくれるのは、同社の施設・不動産担当ディレクター、ジョン・リュウだ。イェルプ社内の仕事場はオープン・プラン・オフィスになっており、コンピューターで仕事をする従業員用の机が何列も並んでいるのですぐにわかる。まず目についたのは、大量のホワイトボードだ。壁も、自転車のハンドルの上も、ノートパソコンのスクリーンの裏側も、部屋中がホワイトボードだらけだった。家具でさえ、ホワイトボード塗料が塗られたものがいくつかあった。世界に名だたるテクノロジー企業なのだから、最新のデジタル・スマートボードか、対話型の協業テクノロジーを使えることは明らかだ。リュウもこのオフィスを設計したときはそう思って、ホワイトボードの代わりに大きなデジタル・ディスプレーを設置したという。

「あのときは、エンジニアにあやうく反乱を起こされるところだったよ」と、リュウは当時を振り返った。部署の全員から、ホワイトボードを復活させなければ会社を辞める、と脅されたのだ。しぶしぶボードを元に戻すと、彼らの仕事ぶりが目に見えて変わった。ホワイトボードに書く、という行為がエンジニアをスクリーンの後ろから引っ張り出し、進んでリスクを負い、同僚たちとアイデアを共有する気にさせるのだ。リュウは言った。「もしデジタルなものだけで仕事をしたら、本当に協力し合っていると言えるだろうか？　つまり、精神的にも肉体的にも共同で作業していると言えるだろうか？」

デジタル・テクノロジーが普及するにつれて、従業員同士の協働を促し、ときには強要するために、すべての業界がオフィスにアナログな空間を取り入れるようになるだろう、とオルピラは感じている。従業員と組織が成功するためにはアナログを活用する必要がある、という考え方がますます広がっていくはずだ。シリコンバレーの企業のオフィスは、この点で一歩先を行っている。デジタル企業はテクノロジーともっとも強く結びつき、ほかのどの業界の組織よりアナログ的な職場のメリットを知っているからだ。

「アナログを使うのは退行じゃない」と、デジタル出版プラットフォーム「ミディアム」のクリエイティブ部門責任者、デイヴィッド・ペスコヴィッツは言う。ミディアムのオフィスは、サンフランシスコのユニオンスクエアに建つフラットアイアン形（ニューヨークにあるフラットアイアンビルと同じような外観）の建物にある。社内には、昼寝用の快眠マシンや高性能のエスプレッソマシンがあり、毎週有名なゲストスピーカーを招くワインとチーズのパーティー、無料の食事（ペスコヴィッツと私は、製品マーケティング担当者ゲイブ・クラインマンと一緒にそのランチを食べていた）を楽しむことができる。ミディアムに入社する前、ペスコヴィッツは「ボイン・ボイン」という有名なテック系ブログニュースサイトのパートナーだった。「ボイン・ボイン」は、遠く離れた場所の寄稿者たちがコンピューターのやりとりのみで運営し、顔を合わせるのは年に一度だけだったという。「現実とは、いまも昔も行動を実際に起こす場所なんだ」――ペスコヴィッツは、モロッコ風チキンシチューとキヌアサラダを食べながら言う。「この業界の人たちはエンジニアリングのことばかり考えているから、アナログを使ったほうがうまく解決できることにも、いつもテクノロジーを使おうとする」

クラインマンは、ミディアムのある従業員が開発したアプリについて話してくれた。同僚がよい仕事をしたときにバーチャルのハイタッチのアニメーションを送るアプリだった。ほほえましいアイデアだが、クラインマンは励まそうとする相手に対してひどい仕打ちだと思ったという。「職場で誰かを称えるときは、大勢の前でゆっくりと大きく拍手したり、ハイタッチをしたりするものだ。そういうことはデジタルじゃ代用できない」

デジタル・テクノロジー企業にアナログ的な職場環境が重要な理由はふたつある。ひとつは、私がイェルプやミディアムで見たように、仕事とそのツールの性質上、従業員が孤立しがちな職場で、強固な人間関係で結ばれた企業文化を形成するためだ。一見大人の保育園のようなオフィスは、実のところ、企業のイノベーション文化を推進し、生産性を最大限に高めるために、可能な限りアナログ的な交流ができるように入念に設計されたものなのだ。「こういう特権や恩恵は、有能な従業員を引き寄せるためと思われている。でも本当は、従業員の仕事をサポートするためなんだ」と、写真共有サイト「ピンタレスト」のブランドデザイン・マネジャーのエヴェレット・カティバクは言う。

ハイテク企業が増加中のサンフランシスコのソーマ地区にあるピンタレストの広いオフィスは、言うまでもなくクールなものであふれていた。空中庭園があり、ＤＩＹで作ったコーヒーテーブルがあり、ピンポンとフーズボールの台があった。沿道の巨大な看板、古いカメラや任天堂システムが並ぶ棚、それに巨大な共同キッチンもあった。ゆうに四階分の高さがある中央の巨大な壁は、ピンタレストのさまざまなプロジェクトの写真で埋め尽くされている。ある意味、建物全体がオンライン・コミュニティの現実版のようなもので、これがデジテル・テクノロジー企業にアナログな職場が多いもうひとつの理由だった。ソフトウェア企業は、アップルやゴープロ〔アメリカのウェアラブル・カメラとカムコーダのブランド〕のように実体のあるデジタル製品を作る消費者向けハードウェア・メーカーとは違って、儚い存在だ。たとえ国際的な有名ブランドでも、現実世界での存在感はないに等しい。例外はオフィスだ。ソフトウェア企業の本社は、アナログ世界の大使館のようものだ。バーチャルなブランドが、ネットの世界を飛び越えて実体を持てる唯一の場所なのだ。

カティバクはプリントデザインを専門とし、ピンタレストでほかの従業員に凸版印刷を教えていた。文字を彫った木と木版デザインを配置してインクを塗り、その上から紙を押しつけてインクの圧痕をつける、というまったく原始的でアナログな作業だが、いかにも手作り風の作品ができあがる。きわめて体験的なプロセスなので、デジタル・テクノロジー業界には、凸版印刷に魅力を感じる者が多いようだ。ツイッターの年輩のソフトウェアエンジニア、クリス・チェンも、趣味で一九世紀の活版印刷機を使って本を作っている。彼は、自分の趣味がソフトウェアの作成方法にそのまま活かされている、と主張する。実際、チェンが作るコードはほかのエンジニアのコードよりも読みやすく、理解しやすく、編集もしやすいと評判だ。

フェイスブックの「アナログ・リサーチ・ラボ」

カティバクは、フェイスブックで働いていた二〇一〇年末、マーケティング・チームのもうひとりのデザイナー、ベン・バリーと会社の倉庫の片隅に印刷設備を設置した。ふたりはそれを冗談めかして「アナログ・リサーチ・ラボラトリー」と呼んだ。最初のうちは、テクノロジー中心の文化で有名な職場で体験型の表現行為がしたいというだけのことだった。カティバクは言った。「同僚たちは〝うちはデジタル企業だから、コミュニケーションはデジタルでする〟と話していた。ベンと私はそういう雰囲気がちょっとばかり落ち着かなくて、モノを作りたくなったんだ。データと数的指標に固執する仕事にフラストレーションも感じていた。だから、フェイスブック・ブランドを従業員とユーザーにとって温かみのあるものにしたかったんだ」

ふたりは、ハッカーを起源とするフェイスブックの労働文化を反映したスローガンを考え、ポスターを作りはじめた。たとえば、「機能するものは時代遅れだ」、「これでもテクノロジー企業なのか？」、「早く動け、破壊しろ（Move Fast and Break Shit）〔マーク・ザッカーバーグの名言、「Move Fast and Break Things」をもじったもの〕」など、ハッカーらしい言葉を応用したバリエーションだ。これらのポスターをオフィスの仕切りや廊下に貼ったところ、ほかの従業員に注目され、自分たちにも作ってほしいと依頼がきた。とうとうマーク・ザッカーバーグの耳にも入り、毎年恒例のフェイスブックのアプリ開発者会議用に手刷りのポスターを作ることになった。そのポスターがきわめて好評だったため、アナログ・リサーチ・ラボラトリーはフェイスブックの一部門に昇格し、専用スペース（木工室（ウッドショップ）の隣）と予算、常勤スタッフが与えられた。

ラボラトリーの場所は、フェイスブックの約一〇万平方メートルもある広大なパロアルト・キャンパスの来客用正面玄関のすぐ近くだ。パロアルト・キャンパスは、さまざまな建物とそれに通じる広場から成る排他的な村のようで、のどかだが厳重にコントロールされた『トゥルーマン・ショー』〔テレビ番組のセットの街で暮らす男の話〕の舞台のようだ。その雰囲気を、カティバクたちが作ったポスターは明らかに助長していた。キャンパスを歩くと、二メートルごとにハッキングの美徳や従業員のコミュニティ感覚を褒め称えるポスターに出くわす。社外の人々は、アナログ・リサーチ・ラボラトリーをフェイスブックのプロパガンダ製造工場と呼んでいる。実際、揚子江を泳いで渡るマーク・ザッカーバーグや、ツイッター・バードにパンチをぶちかます最高執行責任者のシェリル・サンドバーグのポスターがいまにも印刷機から出てきそうだ。しかし、形のないソーシャル・ネットワークを管理する巨大企業では、精鋭たちのやる気を刺激するために、ときにちょっとしたプロパガンダが必要なのだ。

アナログ・リサーチ・ラボラトリーの現在の主任デザイナー、ティム・ベロナックスは、巨大な無料カフェテリアでケールサラダをほおばりながら言う。「大きなコミュニティを運営しながら、自治文化を維持するにはどうしたらいいと思う？　ラボの使命は、みんなの創造性を刺激して、それを定着させることなんだ」

現在、ラボには社内のさまざまなチームがひっきりなしに訪れる。その多くが、大きなプロジェクトに向けて士気をあげるポスターの作成を依頼する。ポスターはチーム作りとストレス緩和の役に立つ。しかし何よりも重要なのは、仕事を目に見える具体的なスローガンに変えることだ。デザインチームのある重役は、デジタル・テクノロジー企業にはこのような〝基盤〟となるものが必要だと力説した。そのほうがデジタルでは得られない達成感を覚え、それが持続するからだ。壁に貼られたポスターは、そのポスターに刺激を受けたプロジェクトがウェブサイトから消えても、ずっとあとに残るだろう。

「摩擦」が創造性を刺激する

フェイスブック、ツイッター、ピンタレストなどのソーシャル・ネットワークの大きなメリットは、誰でもたやすく参加できることだ。しかし、没落したマイスペース、セカンドライフ、フレンドスターのメンバーならわかるように、デジタルのたやすさはよいことであり、悪いことでもある。デジタルの消費者の忠誠心は、よく言っても薄っぺらだ。彼らの関心を維持するには、その空間を独占しなければならない。最大のソーシャル・ネットワークになり、最高の機能を用意して、日常生活の一部になれば、ユーザーが離れがたくなる。フェイスブックのような最大手が、インスタグラム、ワッツアップなどの新しいソーシャル・ネットワークを買収し続ける理由も同じだ。首位を奪われる前に競争相手の芽を摘み取ろうというわけだ。それでも、ネットに散らばる無数のオンライン・コミュニティ――駆け出しのスタートアップや、AOLなどのかつての世界的なリーダー――の残骸は、デジタル・コミュニティを維持することがいかに難しいかを如実に示している。

この問題を解決できるのがアナログだ。ソーシャル・ネットワークやオンライン・コミュニティがバーチャルを脱け出して直に交流できれば、ユーザーのあいだに真の帰属意識が芽生え、一種の顧客ロイヤルティが育つ。これをうまく活用しているのがイェルプだ。同社は、二〇〇五年にレストラン・レビューを中心とする客と店のコミュニティとしてスタートした。一年後、CEOのジェレミー・ストッペルマンと当時のブランドマネジャーのニシュ・ナダラジャは、ユーザーにもっと頻繁に信頼できるレビューを書いてもらうために、もっとも忠実で多くのレビューを書いたメンバーのステータスを上げて、それぞれのプロフィールにエリート・バッジをつけることにした。バッジを獲得すると、イェルプが選んだ都市で同社主催の定例イベントやパーティーに参加できる。催しは、新規開店したレストランの食事会もあれば、ライブミュージックが流れる会場で無料のフードやドリンクとともに、貴重な品々や風変わりなテーマを楽しむ趣向を凝らしたパーティーもあり、バラエティに富んでいる。これらの「イェルプ・エリート・スクワッド」イベントは、バーチャルだけで交流するほかのソーシャル・ネットワークとは対極のリアルな連帯感を育ててくれる。

エリートたちは、コミュニティへの貢献と情熱の度合いによって選ばれる。イェルプが共和党とすれば、エリート・スクワッドはクリスチャン連合〔共和党の大きな支持母体である福音主義グループ〕だ。熱烈な支持基盤としてサイトの団結を維持し、イェルプの活動を牽引する。彼らのおかげで、イェルプは世界中にネットワークを拡大し、広告収入を増やすことができている。一般ユーザーがレストラン・レビュー界の歩兵なら、エリート・スクワッドは海兵隊と言ってよい。選び抜かれた少数の誇り高いユーザーであり、レビューでびっくりマークを盛大に連発できる特権がある！！！！！　現在はイェルプを離れ、スタートアップに助言しているナダラジャは言った。「イェルプの要はそのコミュニティだ。すべての利益（広告、スポンサーなど）はそこから生まれる」。このロイヤルティのおかげで、シティサーチ、アーバンスプーン、ザガットをはじめとするほかのレビューサイトより優位に立ってきた。エリートたちがイェルプに熱中し、熱心に参加する様子に触発されて、ほかのメンバーもサイトに貢献するようになる。必然的に、地元のレストランはイェルプを重視するようになり、より多くのお金を落としてくれるというわけだ。

サンフランシスコのインターネット・アナリストで、コンサルタントのグレッグ・スターリングは言う。「インターネット・ビジネスでは、メンバーたちをネットの外で組織的に結びつけようとまで考えない。彼らを現実世界で引き合わせるのはうまいやり方だった。イェルプの哲学（〝リアル・レビューズ、リアル・ピープル〟）に適っているし、コミュニティの力が強まるからね」

アドビの世界的なプラットフォーム「ビハンス」もそうだ。ここには、デザイナーなどのクリエイティブ業界のプロフェッショナルたちが作品をアップロードする。CEOで創業者のスコット・ベルスキーは、ニューヨークの自宅近くのレストランで朝食をとりながらこう語った。「アナログな製品のほうが、少ないアクセスで利益を得られるから生き残りやすい。選択肢でも、競争でも、価格でも、総合的に有利なんだ」。ベルスキーは、ビジネスの教訓とリーダーシップについて記した『ビハンス・ブック』を出版し、批判的思考に関する年一回のビハンス会議を主催するほか、アイデアを行動に移すビハンス・ノートと文房具シリーズ「アクション・メソッド」まで作っている。彼によれば、こうしたフィジカルな製品を購入したユーザーは、デジタル製品（電子書籍、オンラインセミナー、バーチャルノート）のユーザーにはない熱心さでビハンス・コミュニティに貢献するという。

その一例が、ビハンスが年に一度、世界中の数百都市でデザイナーのために企画するオフラインのポートフォリオ・レビュー・ウィークだ。地元支部でもっとも優秀なポートフォリオが表彰され、さらに素晴らしいことに、受賞者はビハンスのロゴが入ったトークン（金属のコイン）をもらう。たわいもない安物だが、このトークンがビハンス・コミュニティを強固にすると、ベルスキーは確信している。「トークンはいまやアイコンのように扱われている。デジタル世界のものに価値はないが、アナログなモノには希少価値がある。最高の人たちに褒美を与えるときは、フィジカルなものでなくてはいけないんだ」

ベルスキーはさらに言った。デジタル企業の企業文化にアナログを組みこむ究極のメリットは摩擦（フリクション）である。デジタル・テクノロジーにおいて、摩擦は障害、時代遅れの慣習、乗り越えるべき壁を意味する。「デジタルな職場は、摩擦なし（フリクションレス）に設計されている」。そう言うと、ベルスキーはスマートフォンを取り上げ、彼のチームが作成を手伝ったアドビのアプリを一度タップして、フルーツを盛ったボウルのなかのさまざまな色を瞬時に変えてみせた。それから、凹凸のある木のテーブルに手をすべらせてこう続けた。「だが、アナログは摩擦の世界だ。摩擦だらけの経験と言っていいだろう。私たちはまったく摩擦なしの生活をすべきなのだろうか？　創造性はぶつかりあうことで生まれる。創造性を刺激するのは摩擦なんだ。何もなければ、物事は筋書き通りに進むだけだ」

情報化時代には、コミュニケーション技術の進歩により生産性が向上すると私たちは期待した。それが幻想にすぎなかったことは調査でも証明済みだが、データなど見なくてもほとんどの人が日々それを実感している。受信箱にたまっていくEメール、スマートフォンから次々と飛んでいくメッセージ、手に負えない状況に陥ったスラック〔ビジネス向けチャット〕のスレッドを見れば、生産性を高めるはずのテクノロジーが逆の結果をもたらしていることがよくわかる。

これに対して、一部のテクノロジー企業はテクノロジーそのものを制限した。マーケティング・マネジメントのソフトウェアを作るニューヨークのパーコレート社は、だらだらと続いて従業員を疲弊させる会議に厳しいルールを導入した。そのひとつが、会議中のすべてのデバイスの禁止だ。共同創業者兼CEOのノア・ブライアーによれば、会議では常にひとりがしゃべり、残りは聞くふりをしながら、こっそりEメールを見たり返信したりしていたという。無礼な行為であるのは言うまでもなく、そのせいで会議が大幅に長引いていた。デバイスの使用を禁じたところ、直ちに成果が現れた。「みながきちんと話に耳を傾けるようになった。会議が短時間で終わり、以前より有益になったよ」

別のテクニックを使う企業もある。オルピラが聞いた噂によれば、シリコンバレーのある半導体企業は電波信号を遮断する会議室を作ったという。一方、アマゾンはもっとアナログな解決策を選んだ。ジェフ・ベゾスは、シアトルに経営陣を集めるときは幹部たちに六枚の物語風のメモを書かせ、それをもとに会議をする。会議室に入ると、まず三〇分かけて静かにメモを読み、全員が読み終わると話し合いがはじまる。あるインタビューでベゾスはそれを自習時間になぞらえたが、彼は物語形式で書くことにより、重役たちがパワーポイントのスライドよりもアイデアを明確に伝えなくてはならなくなる、と考えていた。

会議室の外でも、テクノロジー企業は顔を突き合わせたコミュニケーションを奨励してきた。イベント開催サービスのミートアップ社のCEOスコット・ハイファマンは、「フェイス・トゥ・フェイスのやりとり」を重視している。ミートアップは、バンコクのバード・ウォッチング・グループからブエノスアイレスのレコード交換会まで、世界中で毎日数千もの出会いを生んでいるが、オフィスはたったひとつしかない。全従業員がニューヨーク市でひとつ屋根の下で働いている。私がそこでハイファマンに会ったとき、彼は意図的にそうしていると話した。「私は電話をかけないし、会議へのスカイプでの参加を認めない。それに、ランチは必ず友人と行くことにしている」。私たちは、キャンプ場を模して作られた小さな会議室で、コールマンの折りたたみ椅子に座っていた。壁には、ミートアップのハイキング・グループの写真がびっしりと飾られていた。ハイファマンは、やむを得ない場合を除いて、電話、Eメール、その他のデジタル機器で重要な話をすることを拒否している。「コミュニティとはしょっちゅう顔を合わせることだ。友情は大切であり、直接会えばさらに素晴らしいものになる」

企業がアナログを重視するのは、『マッドメン』〔一九六〇年代のニューヨークの大手広告代理店を舞台にしたアメリカのテレビドラマ〕に感動して昔のビジネス手法にノスタルジーを感じるからでも、変化を恐れているからでもない。ここであげた企業は、世界でも最先端を行く進歩的な組織ばかりだ。また、アナログをクールだと考えているわけでもない。ビジネスをおこなううえでもっとも効率的で生産的だとわかっているからアナログに注目するのだ。つまるところ、競争優位を得るためにアナログを導入しているというわけだ。

グーグルのデザインは紙とインクのスケッチから

サンフランシスコ滞在中のある日、私はグーグルのベイブリッジを臨むカフェテリアで、ユーザー・エクスペリエンス（UX）・デザイナーのジョン・スキジェルと会った。アドビとユーチューブを経てグーグルに入社した彼は、ローストチキンと、またしてもケールの煮込み（どうやら高繊維食ほどアナログな食べ物はないようだ）のつけ合わせを食べながら、彼独自のアナログ・イニシアチブについて話してくれた。スキジェルはデザインの原案を必ず紙にスケッチする。しかし、グーグルで会ったほかのデザイナーは、十中八九、いきなりイラスト制作ソフトでデザインしていた。そこで二〇〇九年に、社内でほかのUXデザイナー向けにスケッチのクラスをはじめた。参加者はそれぞれ、紙とスケッチブック、太さの異なるペンを三本渡された。

数時間のコースは、スケッチの基本中の基本であるまっすぐな線を描くことからはじまる。スキジェルは私のノートを開き、どうやって教えるか見せてくれた。「自分のほうにペンを垂直に動かすんだ。腕全体を使って、でも肘や手首の力は抜いて」。やってみると、確かにかなり真っ直ぐな線が引けた。次は、横線、点線、陰影づけ、囲み線（文字を書いてから、それを線で囲む）、円などに挑戦し、グーグル製品に使われるほとんどの形をスケッチできるまで続ける。目標は、デザイナーが新しいアイデアをすぐに効果的に伝えられるようにすることだった。デザインソフトを使うと、細かい調整がいくらでも可能なため、完成までに時間がかかりすぎる。スケッチコースがきわめて効果的だったため、いまや世界中のグーグルのＵＸとＵＩ（ユーザー・インターフェース）デザイナーが受講を義務づけられている。現在、グーグルのデザインはすべて、紙とインクを使った手描きのスケッチからはじまる。

「スケッチはささっとできるし、お金もかからない。紙とペンがあればいいんだからね。細かい部分にこだわりすぎて、泥沼にはまることもない。スケッチはアイデアを示唆するだけで、正確に描写することじゃない。陰影やフォントは気にしなくていい」と、スキジェルは言う。デザインソフトを使うと、すぐに本物そっくりのものができあがる。だから、もっと正確にしようと熱中して、無意味な枝葉末節にこだわりがちだ。手描きのスケッチなら、おおざっぱに描かれていても見るべきものはアイデアなので、よいか悪いかすぐに判断できる。当然のことながら、懐疑的な受講者もいるが（「そのためにコンピューターがあるんじゃないのか？」と彼らはのたまう）、そんなとき、スキジェルはこう尋ねる。もしエレベーターで創業者のラリー・ペイジと一緒になったらどうなる？ 自分の革新的なアイデアを社長に売りこむ千歳一隅のチャンスがきて、持ち時間はたった二〇秒だ。「ペンを取り出してナプキンにスケッチして渡せばいい」と、スキジェルは言う。「ノートパソコンじゃそんなことはできないだろう」

私が話をしたツイッター、ドロップボックス、ピンタレストなどのデザイナーは、思いついたアイデアを形にするのに、ホワイトボードとポストイットと紙ほど素晴らしいものはない、とまくしたてた。かといって、設計ソフトウェアを紙に置き換えているわけでも、避けているわけでもない。まず紙にデザインを描き、アイデアが明確になったらコンピューターで微調整をおこない、テストするのだ。スケッチからデジタルに移行することで、より考え抜かれたデザインになり、最初からコンピューターで作成するよりよいものができる。

これを実感できるもっとも興味深い企業が、エバーノートだ。モレスキンと提携してノートを作っている、あのクラウドベースのペーパーレス・ノート・サービス企業だ。カリフォルニア州レッドウッドにある本社を訪ねたとき、マーケティング担当部長のアンドリュー・シンコフは、二〇〇七年にエバーノートが創業したとき、紙は乗り越えるべき摩擦の種だったと語った。「なにしろ、うちはペーパーレスの世界を実現しようとしていたんだからね」。彼がその話をしてくれたとき、デザイン担当バイス・プレジデントのジェフ・ズワーナーも同席した。

ズワーナーによると、エバーノートの創業者（元CEOでもある）のフィル・リービンは、二〇一三年に同社のルーツであるバーチャルの対極、つまり競合する現実世界のルーツへと方向を転換したという。それと同時にフィジカルな製品のオンライン・マーケットプレイスを開設し、モレスキン・ノートの特別版、ポストイット、デスク用アクセサリー（鉛筆ホルダー、ラップトップ・スタンド）、それにバッグまで発売した。マーケットプレイスは高い売上をもたらし――二〇一五年初めにズワーナーが語ったところによれば、一〇〇万ドル以上――おかげでバーチャル・サービスの利用が増えた。エバーノート・モレスキン・ノートが発売された最初の年、エバーノートのクラウド文書管理サービスの利用者が前年より一〇パーセント増加したのだ。「フィジカルな製品は人をわくわくさせる。人間はモノに愛着を持つんだよ。アプリでそんな思いをしたことはあるかい？」と、シンコフは言う。

フィジカルな製品は、エバーノートのデジタル美学を判断する基準にもなった。それまでデザイン部門では、ほぼすべての仕事をコンピューターでおこなっていた。しかし、各自の仕事がハードドライブのなかに隠れているため、お互いが何をしているのかよくわかっていなかったという。現在は、フィジカルな新製品もデジタルの新製品もすべてプリントアウトして、オフィスの壁中に貼っている。「いまの我社のポリシーは、〝アイデアを貼り出して、発展させろ〟だ」と、ズワーナーは言う。「そうすれば、製品とソフトウェアのデザイナーは新しい視点から自分のデザインを検証し、みんなの目に見える形で示すことができる。それによって、スクリーンのように限定されない、三六〇度からのフィードバックが得られるんだ」。ズワーナーは最高級の新型ゼロックス・カラープリンターのほうへ歩いて行くと、それをやさしく叩き、このプリンターがエバーノートのもっとも有用なテクノロジーのひとつになったと言った。

デジタルの限界

結局のところ、シリコンバレーの企業、ひいては世界中のテクノロジー事業を牽引するのは利益と業績だ。もしアナログによって優位に立てるなら、企業は喜んで導入するだろう。実際、アナログの活用が急速に広まっている分野がいくつかある。

ひとつは、いわゆるキュレーテッド（精選）・コンテンツだ。読むべき記事、買うべき本、見るべきビデオといった、膨大な量の情報から人間が選び出した「おすすめ」という意味だ。多くのサイトがこれをアルゴリズムのみで実現しようとして、失敗してきた。たとえば、ネットフリックスのアルゴリズムは、ポーリー・ショアとスティーヴン・ボールドウィン主演の『バイオドーム』（一九九六年製作のおバカ映画）を見るよう私に執拗にすすめてくる。計算が人間の嗜好の複雑さを理解できないことがこれほどはっきりわかる例もない。二〇一五年の夏、ツイッター、インスタグラム、ユーチューブは、アップロードされる膨大な量のデータから人間の手で最高の投稿をふるいにかけて選び出し、編集するおすすめコンテンツを開始すると発表した。

もうひとつの分野は、セキュリティだ。サイバーセキュリティは、どこまでも矛盾した表現だ。巨大企業であろうと慎重に扱うべき政府のネットワークであろうと、ハッキングできるコンピューターはすべてハッキングされる。「サイバーシステムと呼ばれるデジタル・テクノロジーは、安全保障上の矛盾をはらんでいる」と、アメリカのリチャード・ダンジグ元海軍長官も二〇一五年に新アメリカ安全保障センター——軍と政府の重要な指揮統制システムの脆弱性を調べる組織——の文書に書いている。「サイバーシステムの通信能力は協働とネットワークの構築を可能にするが、それと同時に侵入者に門戸を開いてしまう」。ダンジグは、重要なシステムにアナログ的な安全装置を統合してはどうかと提案した。たとえば、意思決定の役割を人間も担ったり、デジタル設備のチェックにアナログのデバイス（フィジカルなスイッチなど）を採用したり、デジタル・システムが攻撃を受けたらアナログのバックアップを提供する、などだ。

これは、現在増えている「ヒューマン・イン・ザ・ループ」と呼ばれるシステムに該当する。ヒューマン・イン・ザ・ループとは、人間をデジタル・プロセスに意図的に統合して、アナログの判断でコンピューターを導くことだ。原子力発電所や航空機にはすでに適用されているが、近年はもっとリスクの少ない消費者向けソフトウェアにも導入されつつある。もっとも強力な支持者は、トム・ハドフィールドだ。彼のオンライン・ショッピング・アプリ「フェッチ」では、顧客はＥメールや音声によって、人工知能と人間によるコンシェルジェを組み合わせたサービスを利用し効果的に買い物ができる。ハドフィールドはこれを「バイオニック・アシスタンス」――人間の知能で拡張された人工知能（ＡＩ）――と呼ぶ。「もし〝ねえ、トム。サイズ一二のナイキの靴を買ってきて。色は青か白で、なかったら赤をお願い〟と言ってもコンピューターが解釈するのは難しいが、人間なら簡単だ」と彼は言う。「このアプリでは、簡単なやりとりに人工知能と人間の知能の両方を使う。このふたつの組み合わせで事業が成り立ってるんだ」。フェイスブックも、自社のパーソナル・アシスタント・ソフトウェアに同様のテクニックを採用している。

アナログの活用が急増している最後の分野は、限界に近づいていると言われるデジタル・コンピューティングの基本的な性質そのものだ。コンピューター・エンジニアたちは、今後一〇年でプロセッサが電力供給の性能向上を超えて成長し、ムーアの法則（半導体の集積度が二年で倍増するという法則〕による進歩が壁にぶつかるかもしれない、と真剣に恐れている。プロセッサが計算をして0か1のスイッチを入れるたびに電力が必要だが、デジタル・プロセッサのエネルギー効率は、処理スピードに比べて上がっていない。もっとも一般的な解決策として浮上しているのが、研究がはじまったばかりのアナログ・コンピューティングだ。アナログ・コンピューティングでは、シリコンチップを流れる0と1の正確な二進法の計算ではなく、近似計算という、デジタルよりはるかに少ないエネルギー量でパターンを認識する計算をおこなう。きわめて複雑で未来的だが、よく考えると自動運転車も同じだ。多くの人が、アナログこそがコンピューターの未来だと述べている。

シリコンバレーは、金融や製造業よりはるかに理想主義的な場所だ。その技術のルーツは戦後の軍産複合体にあるが、精神は一九六〇年代後半から一九七〇年代はじめのカウンター・カルチャーと密接に結びついている。だから、スタートアップの創業者がテクノロジー会議の壇上で世界を変えると約束したら、その気持ちは本物であり、世界を変革する有益なテクノロジーの力を信じる気持ちもどこまでも神聖だ。

けれども、デジタル・テクノロジーが進歩してバーチャル化が進むにつれて、フィジカルなルーツから、ひいてはテクノロジー産業の向こうにあるリアルなアナログ世界から切り離されたように感じる人が増えた。かつては反体制的な成り上がりの象徴だったシリコンバレーは、新しいウォール街になった。ハッカーたちが体制側に変貌したというわけだ。

これを元に戻す方法が、ビジネスにもっとしっかりとアナログを組みこむことだ。「スクリーンに強く引かれる一方で、五感を使わなくなっていると人々が気づきはじめた」と、ブレイズ・バートランドは言う。彼はIDEO社という、デザイン思考法を生み出すのに貢献したデザイン企業で産業デザイン担当ディレクターをしている。「人間は複数の知覚と、豊かな体験を感じる方法をたくさん持っているのに、スクリーンにばかり集中して、ほかの要素（感触、嗅覚など）をおろそかにしている」。バートランドは、アナログがテクノロジー産業に与えるメリットにまもなくシリコンバレー全体が注目するだろう、と予測した。世界を真に変えられるテクノロジーを作るのは、デジタルの限界とアナログの恩恵を進んで受け入れる者たちなのだ。

「この世界はアナログで、デジタルはいつだってアナログの代替手段なんだ。これは理論で説明できることではない」と、ダン・シャピロは言う。彼が運営するグロウフォージ社は、驚異的な精度で革、木、厚紙などを切る3Dレーザーカッターを開発した。グロウフォージはシャピロが立ち上げたいちばん最近のスタートアップにすぎないが、彼はアナログを高く評価しており、子供にコンピューター・プログラミングを教える『ロボット・タートルズ』という人気ボードゲームまで作っている。ソフトウェア業界のように純粋にデジタルな環境で働くことを、彼はイージー・モードでビデオゲームをするようなものだと言う。アナログの仕事のほうがはるかに難しくて直接的な成果が得にくいが、うまくいったときの達成感が大きかったと。人々はアナログに敬意を払う必要があり、それができれば可能性はデジタルよりもずっと広がる。「デジタルは現実ではなく、機械を使って現実に近づくことができるいちばん簡単な方法なんだ。アナログからデジタルへの移行とは、モノを捨てるプロセスであり、面倒から上手く逃げることだ。アナログはいつだって何かを生み出す源であり、現実だ。デジタルはその時代のツールを使ってできる精いっぱいのことにすぎない」と、彼は言う。「みんながそれをしょっちゅう忘れてしまうなんておかしなことだ」

最後の五パーセントの体験

サンフランシスコからトロントの自宅へ戻る朝、私は空港へ行く途中に回り道をして『ワイアード』誌の創刊編集長として有名なケヴィン・ケリーに会いに行った。ケリーはデジタル・テクノロジーを究極の善の推進力と考えるテクノ理想主義者の中心的存在だ。また、初期のオンライン・コミュニティとソーシャル・ネットワークのいくつかを作り上げたパイオニアでもある。二〇一〇年に『テクニウム：テクノロジーはどこへ向かうのか』（みすず書房）を出版し、テクノロジーが私たちをどのように形作っているかを解説した。マイク・マーチソンという若いコンピューター・プログラマーは、私にこの本を読むことを強くすすめ、特にテクノロジーの活用がどのように進化し、アナログの逆襲がそれにどう関係しているかについて、ケリーの考えがよくわかると言った。

その本でケリーは「地球上から消えてしまったテクノロジーはほとんどない」と書き、年代物の農具、万年筆、ろうそくでさえ、「美しい無用物」としてまだ製造され、店頭に並んでいると述べている。

テクノロジーには、機械的な性能を超えた社会的な次元がある。私たちが新しいテクノロジーを受け入れるのは、主にそれが役に立つという理由からだが、一部にはそのテクノロジーが私たちにとって意味があるからでもある。同じ理由が、テクノロジーを拒否する場合にもよく使われる。テクノロジーを避けることが、私たちの主体性を強化したり形作るからだ。

集団であれ個人であれ、あらゆる種類のテクノロジー的な進歩を、ただ拒否できるからという理由で受け入れないことはこれからも続くだろう。理由は、ほかのみなが受け入れているから、自分の主義に合わないから、手間をかけるのが苦でないからなど、何でもよい。世界的標準になった特定のテクノロジーを、使わなかったり放棄したりするのは、自己の固有性を残しておきたいという選択なのだ。

ケリーは、自宅に取りつけられた広い書斎――大部分は彼が自分で建てた――で私を迎えた。なかに入るなり、私はふたつのものに圧倒された。約五メートルの見上げるような巨大なロボットの模型と、床から二階の天井までびっしり並んだ本棚だ。収まりきらない本がさらに数百冊、床の上に積まれていた。デジタル・テクノロジーはどこへ向かうのか、そしてアナログ・テクノロジーはそのどこに収まるのかと尋ねると、ケリーはこう答えた。「人間がアナログ的なものに引かれるのは、アナログの身体に住んでいるからだ。アナログ的なものが使われる頻度やスケールと範囲、それに馴染みやすさは魅力的だ。アナログ本来の体験プロセスも然り。数字が並んだ表を見ても意味を理解することはできるが、直接見たり触ったりするほうが簡単だからね」

彼は、現在の予想を超えてテクノロジーが向上し、デジタルの性能にアナログの快適さと親しみやすさが加われば、もうすぐアナログとデジタルの区別が消えると確信していた。これはテクノロジーの進歩のスピードの問題だという。彼はモレスキンのノートにインクペンでメモを取るが、それは彼が持っているライブスクライブ社のデジタル・ペン〔スマートペン〕のテクノロジーがまだそこまで発達していないからだ。もしデジタル・ペンにインクペンのような快適さと便利さがそなわれば、インクペンは彼の引き出しのなかにしまいこまれて、お役御免になるのだろう。

ここ数年でケリーが立ち上げたもっとも興味深いプロジェクトは、『クール・ツールズ：カタログ・オブ・ポッシビリティーズ』という約一メートル四方の巨大な本だ。餞別の品として、彼は私にも一冊くれた。ケリーは最初の仕事のひとつとして、『ホール・アース・カタログ』という雑誌の編集に関わっていた。そこには、さまざまな製品の読者レビューと、一九六〇年代末から一九七〇年代初めのヒッピー・ハッカー〔コンピューターを政府の支配ツールではなく、自己表現の手段として受け入れはじめた若者たち〕第一世代に向けたエッセイが収められている。多角形を連結して作られるジオデシックドーム、実験的なソーラーパネル、企業国家アメリカに反対する長論文を想像してもらいたい。その後、カタログはコンピューターやソフトウェアも含めるまでに拡大したが、アマゾンのように読者レビューを基盤とする電子商取引サイトが出現したため、『ホール・アース・カタログ』は意味を失い、廃刊となった。ケリーはその精神を「クール・ツールズ」というブログで存続させ、毎日さまざまなツールのレビューをひとつずつ紹介している。けれども、印刷されたカタログとのギャップ——オンラインでは実現できない最後の五パーセントの体験——がブログに欠けているという気持ちは消えなかった。

「それから二〇年後のある夜更け、昔の『ホール・アース・カタログ』を見ていたら、そのなかの大半の情報が時代遅れになっているにもかかわらず、自分が夢中になって読んでいることに驚いた。消滅寸前の古い情報には、私を魅了し、何時間もぶっ通しでページを繰らせる何かがあった。いったいそれは何なのか？　考えた結果、フォーマットだと気がついた。特大のページ、ごちゃまぜのレイアウト、ページをめくればひと目で全体を見渡せる読みやすさ、脈絡のないテーマが詰めこまれた大きな紙のせいだった」。そこでウェブサイトのすべてのレビューを集め、新しいレビューを加筆したものを、一冊の巨大な本にまとめて出版した。「これを紙の本にしたのは、ウェブで実現できなかった五パーセントを取り戻すためだった。簡単に言えば、そういうことだ」

その晩、長いフライトを終えてトロントの自宅に戻ると、私は荷物をほどいてケリーの『クール・ツールズ』を膝の上に置き、ページを開いた。前書きには次のように書かれていた。「自費出版であろうとなかろうと、二〇一三年に紙の本を作るなんて正気の沙汰ではない。しかし、本書のタブレット版やキンドル版を出版するつもりはない。この本は重くて、発送に費用もかかるが、実に胸が躍る代物だ。本書を楽しめるかどうかは、読んだ後に各自で判断してほしい」。私はページをめくり、レビューを読みはじめた。そのまま我を忘れて読みふけり、三時間後にようやくトランス状態から目が覚めた。

『クール・ツールズ』は、間違いなく本書のリサーチで出会ったもっとも素晴らしいアナログの創作物だった。ウェブサイトのありとあらゆる製品レビューを印刷して手当たり次第に押しこんだような、大きすぎて手に余る素朴な芸術品だった。最高の工業用の棚、手巻きウィンチ、マイクロ懐中電灯、傘、エクストリーム・ポゴ・スティック〔最高三メートルまでジャンプできるホッピング〕、妊娠モニター、荒野でサバイバルするためのおすすめ本、泥を使った建造物、尿を利用したガーデニング……。室内の温度調節を自動で学習するネスト社のスマートホーム・サーモスタットから、コーランのいちばん美しい翻訳まで、想像しうるありとあらゆるものが詰めこまれていた。究極のカタログであり、製品情報というよりも、時代を超えた消費者文化の世界を覗く窓のようなものだった。

それから数カ月間、『クール・ツールズ』は私のコーヒーテーブルの上に置かれていた。それを手にした者は、開いたとたん、ひとり残らず夢中になった。記載された内容とその脈絡のなさもあるだろうが、この本の不思議な魅力の大半は、純然たるアナログ的な性質にあるのではないだろうか。『クール・ツールズ』はひどく大きな代物で、部屋のなかにあればいやでも目に入る。それにとても読みやすい。さらに、すぐ目の前の、めくるたびにガサガサと大きな音を立てる巨大なページにすべての情報が記されている。私にとって、この本はアナログの逆襲の証拠物件第一号だった。しかし、数週間後にケリーにそれを話すと、納得しかねるようだった。「いまのところは、クール・ツールズは紙に印刷されていなくてはならない」と、彼は認めた。「でも、五〇年後はわからないな。いまは紙がふさわしいかもしれないが、将来は違うかもしれない」

私はケリーの答えに少々がっかりしたものの、正直なところ、まったく予想していなかったわけではなかった。彼はデジタル・テクノロジーがあらゆるものを改善する、と誰よりも強く主張するひとりであり、このテクノロジーが永続的に進歩していくと信じて疑っていないからだ。また、アナログの逆襲を、消費者のせいぜい五パーセントしかない少数派のカウンター・カルチャーと見なしていた。文化の全面的なシフトという観点で言えば、五パーセントは統計的に有意ではない。しかし、ケリーは次のようにも指摘した。ヒッピーも人口のごく一部にすぎなかったが、主流文化、音楽、政治、そしてシリコンバレーの精神にさえ絶大な影響を及ぼした、と。

「結局は私たちもアナログな機械だ。だから、こういうツールやサービスがしっくりくることが多いんだよ」。ケリーは息子と一緒にミニバン（アップルのステッカーだらけだった）に乗りこみながらそう言った。これから親子で出版したばかりのグラフィック小説を印刷所まで取りに行くのだ。「よりよいデジタル製品を生み出すのは、アナログ世界で何でもできる人たちなんだ」

おわりに　夏の逆襲

テクノロジー・フリーの時間

二〇一五年の春、ちょうど本書の「はじめに」を書きはじめたころ、妻がキャンプ・ウォールデンの新しいテクノロジー・ポリシーをEメールで知らせてきた。キャンプ・ウォールデンは、私が子供のころに通ったサマー・キャンプだ。さっそくウェブサイトを開いてみると、キャンプ生活の様子を撮影した立派なビデオのなかで、参加者とスタッフがテクノロジーから離れたひと夏の素晴らしさを語っていた。ビデオの下には、持ちこみが禁止されているデバイス（携帯電話、ノートパソコン、タブレット、インターネットに接続するものすべて）と、許可されているデバイス（昔のＭＰ３プレーヤー、デジタル・カメラ、ワイヤレス接続のない電子書籍リーダー）のリストがあった。ウォールデンの責任者、ソル・ビレンバウムの短いコメントも掲載されていた。

参加者には身体全体で自然とふれあい、ほかの子供たちとスクリーンを通してではなく、直接交流してほしいと願っています。ウォールデンでは、スポーツであれ、遊びであれ、ダンス、音楽であれ、体験を通して達成感と満足感を味わいます。手を泥だらけにして遊んでください！そのためにも、ほとんどの電子機器を家に置いきてもらわなければなりません。私たちのポリシーを支持して、「絶滅寸前のテクノロジー・フリーの時間」を守るようご協力ください。

「守る（preserve）」という言葉が私の目を引いた。キャンプ・ウォールデンは、アメリカの作家ヘンリー・デイヴィッド・ソローの著作に着想を得て開設された。ソローは、都会の喧騒から離れてマサチューセッツ州のウォールデン池の荒野にこもり、人生について思索した。キャンプ・ウォールデンを創設し、ビレンバウムに引き継ぐまで運営していたテッドとエレイン・コール夫妻は、ソローのメッセージに強く共感していた。キャンプの食堂にはソローの肖像画（テッド・コールに驚くほどそっくりだ）が飾られ、ここで一〇回の夏を過ごした子供とスタッフは、キャンプ初日の夜におこなわれる感動的な儀式でソローの詩集を贈呈された。『荒野のなかに世界は保たれる（*In Wilderness Is the Preservation of the World*）』というそのタイトルは、ソローの「ウォーキング」という詩の一節からとられていた。

ビレンバウムのメッセージには、ソローへの賛同がはっきりと表れていた。それは、「絶滅寸前の」という言葉からも明らかだ。つまり、ソローの時代に工場や道路が私たちの生活に入りこんだように、現代はテクノロジーが侵入しつつあるというわけだ。それに、「守る」は本書のリサーチで私が繰り返し耳にした言葉だった。そういうわけで、最終章を書き終えると、私はかばんに荷物をつめて

（キャンプ・ウォールデンで眠るときに使っていたシーツも入れた）、車で現地に向かった。

キャンプ・ウォールデンは、一九七〇年にトロントから三時間半北東へ行った約三〇〇万平方メートルの土地にオープンした。レッドパイン湖という、中央に島がひとつ浮かぶ深緑色の湖の南側に広がり、敷地全体がこんもり茂った森と起伏に富んだ丘に囲まれている。年齢別の五つのグループ（カラーズ、コミックス、ゾディアックス、シーカーズ、カウンセラーズ・イン・トレーニング）が泊まる独立した丸太小屋（キャビン）、それに原っぱとテニス、水上スキー、セーリング、演劇、陶芸、アーチェリー用の建物が数十棟ある。定員が五〇〇人以上にのぼるため、カナダ国内の宿泊型キャンプでは規模が大きい部類に入るが、それを除けば蚊に刺されまくるよくあるサマー・キャンプと変わらない。

九歳のときに両親とウォールデンで初めてキャンプのスライドショーを見た晩から（そのときテッド・コールがくれたキャンプ歌集のLPレコードはまだ持っている）、私は一九八九年から一九九八年までの一〇回の夏をそこで過ごした。水上スキーを覚え、カヤックの漕ぎ方とカヌーの運び方を教わり、テニスにまったく向いてないと思い知った。ほかの子供たちにいたずらをしたり、やり返されたりしながら、ボブ・ディランの音楽を楽しみ、明々と燃えるたき火の炎に安らいだ。アーチェリー場の近くの丘ではファースト・キスを経験した。初めてのアルバイトでカウンセラーをしたのもここだった。毎年夏の終わりに湖畔でWの形に組んだ巨大な木を燃やし、ジョニ・ミッチェルの「サークル・ゲーム」を歌うときは、みんなと一緒に泣いたものだった。キャンプで知り合った友人たちとはいまも親しくつきあっている。そのひとり、アダム・キャプランとの友情は、本書を書くきっかけになった。

いまの半分の年齢のころにウォールデンを去ったときから、ここはほとんど変わっていなかった。建物は当時のままに見えた。水を口に含むと、いまも錆くさい味がした。コオロギが昔と同じ「リリリッ、リリリッ」というスタッカートの鳴き声で迎えてくれた。それぞれのキャビンの前には、あのころのように洗濯ひもにタオルと服がさがり、拡声器から鳴り響く音楽が次のアクティビティのはじまりをキャンプ中に告げていた。男の子たちはひたすら元気いっぱい駆け回り、女の子たちは互いの長い髪を編み込みにしながら歌を作っている。なつかしいアーチー〔アメリカの漫画出版社。アーチー・アンドリュースというティーンエイジャーが出てくるシリーズが有名〕の漫画も、マクラメ編みのブレスレットも健在だった。服装まであのころと変わらない。テバ〔世界初のスポーツサンダルを開発した靴メーカー〕のサンダルに、ルーツ〔カナダでもっとも有名なカジュアルブランドのひとつ〕のトレーナー、それにウォールデンのTシャツ。耳に入ってくる会話は、過去半世紀に何度となく交わされてきた内容と同じだった。

私が到着したとき、ソル・ビレンバウム（みんなは、ただソルと呼んでいる）はキャンプのオフィスのコンピューターの後ろに座っていた。年齢は四〇代初め、エネルギッシュで明るくて、いかにもキャンプのディレクター然としていた。慈悲深い君主のようだったテッド・コールとはまるで対照的だ。二〇〇三年にパートナーと一緒にコールからキャンプを引き継いだとき、ビレンバウムはすぐにデジタル・テクノロジーがウォールデンに与える影響について考えはじめた。

「おれたちはテッドとエレインが考えたことのない問題に対処しなくちゃいけなかった」と、彼は言う。Ｅメール、ブログ、携帯電がすでに生活に浸透し、キャンプ参加者とスタッフの話題はＣＤプレーヤーから初代ｉＰｏｄに移りはじめていた。ウォークマンの登場以来、コール夫妻は携帯音楽デバイスの使用をいっさい禁じていたが、テクノロジーの進歩とともに問題はエスカレートする一方だ。しかるべきルールを決める必要がある、とビレンバウムは考えた。「私は一年のうち一〇カ月はテクノロジーが大好きだ。大学ではコンピューターサイエンスを専攻したんだ、と打ち明けてから、彼はこう続けた。「でも、残りの二カ月はテクノロジーから離れていたい」

次の夏以降、ほとんどの親はウォールデンのテクノロジー禁止ポリシーにおとなしく従った。何人かは、テレビかビデオを見なければ子供が眠れない、とはっきりと不満を口にした。が、ビレンバウムは譲らなかった。スマートフォン、ｉＰａｄ、フェイスブック、インスタグラム、スナップチャット……子供たちが常用するテクノロジーがますます増えても、彼の決意は変わらなかった。ウォールデンはテクノロジーの使用に反対しているわけではない。オフィスはコンピューターで運営されていたし、一部のスタッフはノートパソコンでプログラムに必要なもの――劇の脚本、各キャビンのスケジュール、夜のアクティビティ用のビデオ――を作っていた。キャンプにはビデオ撮影用のドローンまであったが、子供たちは夏のあいだじゅう、コンピューターに触れてはいけなかった。

スクリーン・フリーを了承してもらうには、毎日のキャンプの様子を知りたがるデジタル通の親たちと折り合う必要があることをビレンバウムは早いうちに認識した。私の両親は息子から週に一度手紙をもらえば満足したが、いまどきの親はすぐに返事がくることに慣れている。そこで、ウォールデンは最初にブログを、次にフェイスブック・ページを立ち上げて、専属写真家が撮影するキャンプの写真、ビデオ、出来事を絶えず投稿することにした。ビレンバウムは言った。「子供と一心同体でいたい親には〝さあ、どうぞ！〟とそれを見せるんだ。だけど、私にも限界がある。写真で子供の髪の毛が汚かったからと言って、わざわざその子の髪をチェックしたりしないよ。子供が笑ってない写真が一枚あったからって、いちいち指導員に様子を訊きに行ったりもしない。でも、写真を公開すればするほど、問い合わせが減るのは確かなんだ。こんなことはやりたくないけど、要望があるからしかたないね」

最大の難関はEメールだった。キャンプのあいだ子供たちは自宅に手紙を書いて郵送し、親も手紙で返していた。けれどもEメールにしてほしいという要望が高まったため、妥協案を考えた。子供たちは紙に手紙を書き、それをウォールデンがスキャンしてPDFファイルに変換し、三日後に自宅にネットで送る。親はEメールを子供に送り、ウォールデンはそれを印刷して三日後に子供に届ける。受け渡しに三日の時差があるのは、あえてカナダの郵便の到着日数に合わせているからだ。これは「権限移譲」のための重要なポイントだ、とビレンバウムは言う。

「たとえば、ある子供がキャビンでほかの子にいじめられているとする」と、彼は最近の例をあげて説明した。「その子がEメールか電話でいじめを自宅に知らせれば、母親はすぐにどうすべきか助言したり、私に連絡して改善してほしいと言うだろう。その場合、子供に対する権限は母親が握り続ける。けれども、手紙を送って母親から返事がくるまで六日間あいだが空くと、子供は自分で問題に対処しなくちゃいけない。そして最後に〝ちょっと待って、これはいつも指導してくれる一八歳のスタッフに話すべきことなのかも〟と思いいたる」。すると突然、親から指導員に権限が移り、ウォールデンの社会的結束が促進されるというわけだ。この世代の子供が抱える不安が増しているように見えるのは、デジタル・テクノロジーで親が四六時中子供を監視するせいだ、とビレンバウムは考えている。親たちは自分の権限をなかなか他人に明け渡せない。ここ数年、キャンプで押収されたスマートフォンの多くは、わが子と連絡を絶やしたくない親が無理やり持たせたものだった。

人間が生きていくうえで欠かせないもの

テクノロジー禁止ポリシーは、たいていの親にとっていまもウォールデンの大きなセールスポイントだ。スマートフォンとタブレットが登場し、家庭生活に大きな影響を与えるようになってからは特にそうだ。「親たちは最近までテクノロジーが子供に及ぼす影響をちゃんとわかっていなかった」と、彼は指摘した。デジタル機器は、それまで隔離されていたコンピューターを家族生活のあらゆる場面に引き入れた——夕食のテーブルから、リビングルーム、車のなか、はてはバケーションにいたるまで。「いきなり誰も彼も携帯電話に夢中になり、それを見た親たちはこう思う。〝キャビンのなかに座ってインスタグラムに投稿し合うんだったら、大金を払う意味がない〟」

二〇一二年夏になるころには、散発的だった携帯電話の電波がとうとうウォールデンの一部に到達した。敷地全体に及ぶのは時間の問題だ、とビレンバウムにはわかっていた。さまざまな宿泊型キャンプが、それぞれのやり方でこの問題に対応していた。休憩時間に限定してスマートフォンとインターネットの使用を認めるところもあれば、子供たちとスタッフがいつでも使用できるように全面解禁したところもあった。二〇一一年の全米キャンプ協会の調査によると、デジタル・デバイスを使わせるキャンプは一〇パーセントにも満たなかった。それが二〇一三年には三倍に跳ね上がり、現在も増え続けている。一方で取締りの厳重化も進んでいて、トロント近郊のあるキャンプでは、小型金属探知機で禁止されている携帯電話を探している。子供たちのほうも負けていない。大勢がスマートフォンをふたつ持ってくる。ひとつは巧妙に隠し持つメインの機種、もうひとつは没収されてもよい古い機種の〝囮〟だ。

ウォールデンのスクリーン・フリー・ポリシーは、強い信頼に基づいて実施される。スタッフはスマートフォンとデバイスを持ちこんで非番の日に使ってもよい。しかし、キャンプでは鍵のかかったロッカールームにしまっておかなければならない。夏のはじめ、ビレンバウムは子供たちに、オフィスにアムネスティ・ボックス（免罪箱）があることを伝える。持ちこみが禁止されているものを自発的にこの箱に入れると、夏の終わりに返してもらえるというものだ。

二〇一五年夏のなかば、キャンプにスマートフォンが持ちこまれた疑いが浮上した。ウォールデンのフェイスブック・ページの写真に、そこに写っている当の本人が「いいね！」をしていたのだ。数日後、ビレンバウムは朝食後にシーカーズ（一二歳から一四歳の最年長グループ）全員を食堂に残した。そしてキャンプのスクリーン・フリー・ポリシーの根拠を話し、スマートフォンが差し出されるか出てくるまで、各キャビンで全員の所持品を徹底的に捜索すると告げた。数人がすぐに自主的に提出した。その後、ベッドのマットレスをひっくり返し、ダイヤル錠を切断し、寝台を隅々までさらうと、さらに数台が見つかった。ビレンバウムは、発見したスマートフォンをそのまま封筒に入れて、着払いでそれぞれの子供の自宅へ郵送した——両親への手紙さえ入れなかった。玄関先に届けられたスマートフォンを見れば、何が起きたか十分に伝わるだろう。

私はビレンバウムに、ウォールデンからテクノロジーを排除することで何を守ろうとしているのかと尋ねた。土地とキャビンと湖を外界に邪魔されないようにしたいのか？ それとも、もっと奥深い何かを守るためなのか？ ウォールデンを形作るだけでなく、さまざまなアナログの逆襲を後押しする、あの普遍的な真実を守りたくて、デジタル蛮族の侵略を食い止めようとしているのだろうか？

答えはすぐに返ってきた。「キャンプの目的は人間関係を築くことだ」。テクノロジーの使用をめぐる議論はすべて、イエスかノーで答えるシンプルな問いに集約される。つまり、それが人間関係に影響を与えるか、与えないかだ。「明日隕石が落ちてこの場所がなくなっても、キャンプ場は道路の向こう側にまた作り直せる。土地はいくらでも代わりがきく」。重要なのは人間関係と、それを築くかけがえのないアナログなレシピなのだ。

そのレシピとは、まず大勢の子供を集めて、世話係の指導で交流させる。お互いを尊重することを奨励し、それを実行させる。次に、ストレス、フラストレーション、困難に向き合うプログラムを作り、それに参加させる。内容は、定時に朝食を食べるというもっとも簡単なものから、カナダの厳しい自然のなかをカヌーで進む一〇日間の旅まで多岐にわたる。カヌーの旅では、一二歳の子供が重さ約三〇キロのカヌーを頭上にかつぎ、足首をブヨにぶんぶんたかられながら、土砂降りの雨のなかを一マイル以上歩くことも予想される。

こうした状況が、一人ひとりの根気と自尊心、すなわち人格と呼ばれるものを形成する。その人格が接着剤となって、キャンプで培われた人間関係が生涯にわたって保たれるのだ。遠い昔、ウォールデンで私が築いた友情のように。「安全地帯から少し踏み出して、ささやかな困難に耐え抜くと、周囲が背中を押して助けてくれる。その過程で芽生えた友情、自信、不屈の精神から、自分がお互いを助け合う大きなコミュニティの一員だという帰属感が生まれるんだ」と、ビレンバウムは言う。「これは人間が生きていくうえで欠かせないもののひとつだ」

なぜアナログを選ぶのか

コンピューターの外のアナログ世界を、テクノロジーのスラングで「IRL（イン・リアル・ライフ：リアルの世界では）」という。これは、デジタルは現実ではないという、頭字語好きのハッカーたちも認める暗黙の事実であり、これまでもこれからも変わらない。スクリーンの外にある、思い通りにいかない、苦難に満ちた雨まじりの世界こそ、人間が生き生きと輝き、私たちの精神と肉体が形作られ、成長し、変化を遂げる場所なのだ。

パーソナル・コンピューターが人間の生活の一部になってからもう三〇年以上になる。ウェブは二〇年、スマートフォンは一〇年だ。デジタル・テクノロジーがもたらす恩恵（スピード、広範な接続性、強力な処理能力）にひとつ浴するたびに、アナログ的な何か（静けさ、個人的なつながり、黙想にふける時間）が失われている。私たちは起きている時間の大半を、スクリーンを見つめ、キーボードを打ち、タップしたりスワイプしたりしながら過ごしている。朝起きたときに最初のEメールが届く電子音、ベッドで寝るときに暗闇で光るスクリーン――毎日をデジタルの画面と音のリズムによって決められている。就寝中やシャワーの時間、しだいに減りつつある電波信号の入らないエリアなど、インターネットにつながっていないわずかなひとときが、以前にもまして特別に感じられる。

「デジタル世界は精神不安ももたらす――絶えずつきまとう小さな心の痛みは、もっとも物議を醸している副作用のひとつだ」。二〇一一年の『ニューヨーク・タイムズ・マガジン』で、ジャーナリストのヴァージニア・ヘファーマンはアナログへの親近感が高まっている理由をそう分析した。「アナログ文化やその象徴へのノスタルジックな執着はすぐになくなるだろう。手動式タイプライターを使うタイピストや、レコード収集家も、じきにイーベイやユーチューブ、ファンタジー・フットボール〔アメフトのシミュレーションゲーム〕を見つけて鞍替えするだろう。それでも喪失感から逃れることはできない。物質世界から後退して空想の世界へ羽ばたくインターネットの魔法は、万人に効くわけではない」

今日の世界は、破壊のための破壊を求めているようだ……まるでチェスボードが宙に放り投げられる前に、結果もろくに考えずに、とにかく大急ぎで次の一手を打っているようだ。「早く動け、破壊しろ」と、フェイスブックのポスターは言う。よし、わかった、何もかも破壊されているというわけか。ちょっとペースを落として修理してもいいだろうか？

デジタルが生活を支配し、長期にわたって存在するようになったほぼすべての場所で、アナログはますます意識しないと選択できないものになり、デフォルトであるデジタルよりも物質的にも、時間的にも、精神的にも負担が大きい。それでも、アナログを選ぶ人が増えている。

なぜなのか？

ひとつは、喜びだ。フィジカルなモノと経験が消えつつある現代で、アナログは実在する形のあるモノを作り、所有する喜びをもたらす。この喜びは、写真屋にフィルムを取りに行くというセレンディピティから、旧友とボードゲームの新作で遊ぶ楽しさ、新聞の日曜版を開くときの贅沢な紙の音、素晴らしい思いつきを走り書きしたときの満足感まで、数えきれないほどたくさんある。これらの行為を楽しむ人には、どれもきわめて貴重な経験だ。

もうひとつの理由は、利益だ。アナログの逆襲は、ポストデジタル経済が成長しつつあることを示している。その経済を成立させる製品とサービスには、投資家、小売店、起業家が必要だ。あなたがはじめるのが小さなレコード店だろうと大きな腕時計工場だろうと、アナログはお金を生み出す。シリコンバレーの成功がメディアをにぎわしているにもかかわらず、経済の大部分はまだ圧倒的にアナログであり、一カ所に集中したデジタル資本よりも社会全般に役立っている。ビジネスの世界でデジタル重視が強まるにつれて、新しい斬新な方法でアナログを活用できる企業や個人がますます突出し、成功を収めるだろう。手間をかけることがこれまで以上に重んじられ、アナログなツールと慣習——ホワイトボードを使ったメモ取りから、デジタル経験の現実世界への転換（小売店など）まで——を導入した主要企業が頭角を現すことになる。それは、アナログが生産性の高いツールであり、しばしば最良のツールであるからにほかならない。

ニコラス・カーは『オートメーション・バカ』（青土社）でこう述べている。「古いツールを好む者は、ノスタルジアからそうしている、つまり合理性ではなく感傷から選択をおこなっているのだとわれわれは思いこんでいる。だが真に感傷的な誤謬とは、新しいものは古いものよりも、われわれの目的や意図に常にかなうものだとする考えだ。それは、うぶで騙されやすい子供の考えである。あるツールがほかのツールよりすぐれたものである理由は、新しさとは何ら関係がない。重要なのは、それがいかにわれわれを拡張または縮小するか、自然や文化やわれわれ相互についての経験をいかに形成するかなのだ」

健康もアナログを選ぶ理由のひとつだ。スクリーンを見つめ続けると集中力がなくなり、ストレスと不安が増す。睡眠パターンに大きな混乱が生じ、脳の多くの機能が妨げられる。これはさまざまな調査からも明らかだ。特に幼児への影響は甚大だが、日常生活にも支障が及ぶ。数分ごとにデバイスをチェックするストレス、何時間もスクリーンを見た後の倦怠感、絶えずつきまとう喪失感と焦燥感……アナログを使うと、これらの影響からしばし離れることができる。たとえば、一時間あるいは午後いっぱいをレコードに耳を傾けて過ごしたり、新聞の日曜版を読みふければ、本来の自分を取り戻せる。

最後に、アナログはデジタル・テクノロジーよりずっと深く人間を結びつけることができる。フィジカルな空間でリアルタイムで築く絆は、言語や単語と符号だけのコミュニケーションで成立する絆よりはるかに強い。スネークス・アンド・ラテズで『カタンの開拓者たち』を楽しんだり、トロント大学に隣接するキャンパスでMBAを取る人たちは、ゲームや学位のためというよりも、そこで形成される、複雑だがはるかに有益な社会的関係を、オンラインではほぼ不可能な方法で築こうとしているのだ。デジタルがもたらすことができるのは、実生活とリアルの世界での豊かさの複製(コピー)だけだ。そのコピーは絶えず進歩しているが、結局のところ、シミュレーションであることに変わりない。

デジタルとアナログの両立へ

デジタル・テクノロジーが人間の生活に及ぼす影響を研究および執筆してきたシェリー・タークル（MIT教授）は、ソーシャル・テクノロジーは決して与えられないものを約束するために常にユーザーを失望させる、と書いた。「ソーシャル・テクノロジーは友情を約束するが、提供できるのはパフォーマンスだけだ」。大きな影響力を与えた著書『つながっているのに孤独』では、こうも書いている。「決して本当の友だちにならない友だちを作るビジネスに関わりたいと、私たちは本当に望んでいるのだろうか？」。機械が友だちと見なす友だちなど、友情という概念を貶めている。

デジタル・テクノロジーには、気まずい瞬間を埋める楽しい方法が数えきれないほどある。テクノロジーを排除して素のままで交流することなどもう誰も望んでいない。多くの人がそう考えており、私が本書について説明するときも同じ反論をよく耳にする。彼らは決まって次のように主張する。テクノロジーは世のためになる。さまざまな素晴らしい方法で私たちの生活と人間関係を支配して、拡大することによって、人生をより豊かにしてくれる。若い世代、ウォールデン・キャンプに参加する子供たちのように、生まれたときからずっとデジタル・テクノロジーで育った世代は特にそうだ。「彼らはコンピューターや携帯電話などのデバイスにどっぷりと漬かって生きている。そうやって育ってきたし、それが当たり前のコミュニケーション方法なんだ。そうしたいと心から望んでるんだよ」。そんな者たちからデジタル・テクノロジーを奪うことは、テクノロジーによって世界が根底から変わったという現実を無視している。

けれども、本書の執筆を通してわかったことはまったく反対だ。若ければ若いほど、デジタルが浸透している世代であればあるほど、デジタル・テクノロジーに魅力を感じず、その影響を警戒していた。そういう十代と二十代はじめの若者たちが、新しいターンテーブルやフィルム・カメラを買いに走り、印刷された小説を愛読していた。ワープロの機能の限界よりもページのスペースに制約されるほうがいい、と訴えていた。アナログを崇め、アナログを心の底から望んでいた。そして私が取材したほかの誰よりも、その素晴らしさをはっきりと口にした。

ウォールデンでバーベキューランチを食べているとき、私は年齢の異なるいくつかのグループに、キャンプのスクリーン・フリー・ポリシーをどう思うか訊いてみた。カラー・グループの最年少のライリーという八歳の女の子は、iPadがとても恋しいと言う。けれどもライリーの友だちのアローナ（九歳）とリーズ（八歳）は、キャンプに着いたとたんコンピューターやデバイスのことを忘れたと言う。「ここにｉＰａｄを持ってきたら、アクティビティをしなくなるからよくないの」。ライリーは友人たちの立場を慮ってそう言った。「でも、ｉＰａｄが大好きだから、持ってくるのはいいことでもあるの！」

数メートル離れたピクニック・テーブルで同じ質問をすると、十代のシーカー・グループの女の子と男の子たちは、ひとり残らずテクノロジー・フリー・キャンプに賛成だった。「もしウォールデンでテクノロジーが使えるようになったら、家に帰る」と、茶色の長い髪をしたサミがきっぱりと宣言した。「ここにくるとすぐにみんなと仲良くなるから、インターネットでつながる必要なんてない。どっちにしろ、メッセージを送る相手は同じキャビンにいるんだし」

彼女の友だちのノアは、夏がはじまる少し前に、キャビンのメンバー全員でオンラインでグループ・チャットをして、ウォールデンにスマートフォンを持ってこないと誓ったという。「そんなことをしたら、キャビンでおしゃべりしたり、ネイルをしたりしなくなっちゃう。インスタグラムを見ちゃうもの。そんなのキャンプじゃないよ」。この精神は街に戻った後に年数回開かれるキャビンの同窓会でも生きている。少女たちがトロントで会うときは必ずスマートフォンが禁止され、キャンプでのアナログ・パワーが再現された。

もちろんこの子たちも、夏が終われば、バスから降りて両親と再会のハグをしたとたん、スマートフォンの電源を入れるのだろう。それでも、彼らはデジタルに支配された生活でのアナログの重要性も認識して、キャンプでも自宅でも意識的にアナログに浸る場所を作っていた。レコード店のオーナーからハイテク企業の従業員まで、私が本書で取材したほぼすべての人がそうだった。私自身も含め、デジタル出現前の生活に戻るべきだと主張する人はいなかった。携帯電話を湖に放り投げたり、電気をまったく使わない生活をしている人もいなかった。完全にアナログだけの生活などできないし、そんな生活をしたいとも思わないが、完全にデジタルだけの生活も同じことが言える。いちばん望ましいのは、そしてアナログの逆襲の裏にあるのは、デジタルとアナログを上手く両立させることなのだ。

私は二週間前にスマートフォンを没収されたシーカー・グループの子供の何人かと話したいと頼み、キャンプの敷地のいちばん遠くにあるキャビンのひとつに案内された。なかにいた三人、カイル、ジェイク、マイケルは、それぞれ異なる理由でキャンプに携帯電話を持ってきていた。カイルは単純にスマートフォンが自分の生活に欠かせないものだから、特にそれで音楽を聴き、写真を撮っていたので離れがたかったという。ジェイクとマイケルは、コミュニケーションの手段にしていた。「手紙を書くより、簡単だし早かったから」。マイケルはそう言うと、母親と話したかったと打ち明けた。

ビレンバウムに携帯電話を取り上げられてから、キャンプに対する見方はどう変わっただろう？

「好きか嫌いかは関係なく、ここにきてのんびりするのはいいことだと思う」と、ジェイクは言う。「必要なことなんだ。だってここにくるのは、あらゆるものから離れるためだから。スマートフォンだけじゃなくて、コンピューターとか、テレビとか、ビデオゲームとか、ぼくたちの気を散らすもの全部からね」

カイルは「ソルはちゃんと理由があってこうしてるんだ」と、言う。「キャンプを守るためだ。あと、まぬけなやつにならないため。キャビンのなかに座って電話するために七五〇〇ドルもキャンプ代を払うなんて馬鹿げてる」。そして、ビレンバウムは日常生活でテクノロジーが果たす役割について教えようとしてくれている、と続けた。「使わなくなって初めて、携帯電話に夢中になりすぎてたってよくわかった」と、マイケルもうなずいた。

私は三人に、スマートフォンを持ってきたことを後悔しているか尋ねた。三人とも、後悔していると答えた。スマートフォンが恋しいかい？と訊かれると、ううん、と声をそろえて首を横に振った。「ぼくたちにとって最高にいいことだった」と、カイルが言う。

私は駐車場まで歩いて戻り、車に乗りこんでエンジンをかけると、スマートフォンを手に取った。表示は圏外になっていた。次にカーステレオをつけ、デジタルで音楽を聴く五つの方法（ＭＰ３、ポッドキャスト、ＣＤ、衛星ラジオ、ストリーミング音楽）から、クラシック・ロック専門のラジオ局を選んだ。お決まりのニール・ヤングの「ヘルプレス」が流れはじめた。私は最後にキャンプにもう一度目をやると、窓を開けて空気を胸いっぱいに吸いこんだ。子供時代の匂いがした。あのころのいちばん大切なものはまだ守られていた。少なくとも、いまのところは。

私はステレオと携帯電話の電源を切ると、高速道路に乗り、風の音だけを聴きながら、スピードをあげて家を目指した。

謝辞

本書を書き上げることができたのは、ひとえに私を支援してくれた人たちのおかげだ。本来ならひとりひとりにアナログ式の熱いハグをすべきところだが、ここに全員の名前をインクでしたためて心からの謝意を表したい。

まず、エージェントであるスターリング・ロード・リテリスティック社のロバート・ガインスラーにお礼を言いたい。このプロジェクトの実現をいっときも疑わず、パブリック・アフェアーズ社の善良な人たちの手に私を委ねてくれた。ピーター・オスノス、クライヴ・プリドル、リンジー・フラッドコフ、ジェイミー・リーファー、トニー・フォード、マティ・ゴールドバーグ、メリッサ・ヴェロネージをはじめ、チームのみんなと仕事をするのは、いつだって私の喜びだった。本書の完成までの道のりは、最初から最後まで感動の連続だった。とりわけ本書の刊行までに『アナログの逆襲』ベビーが誕生したメンバーたちに、おめでとうを言いたい。彼らのおかげで、本書はことさら実り豊かな作品になった。

最大の謝意を捧げたいのは、並はずれて優秀な編集者のベンジャミン・アダムズだ。忍耐力と、確固たる洞察力と判断力を兼ねそなえた彼のような人物と仕事ができることを、心からうれしく思う。

私たちは、二〇一二年から二冊の本を（ともに）生み出し、四人の子供を（別々に）授かった。

取材および執筆中は、数えきれないほど多くの人にアドバイスを賜り、伝手を紹介いただき、泊まる場所を提供してもらった。そのすべてに心から感謝したい。デイヴィッド・カッツネルソン、ジェイ・ミラーは、レコードについて説明してくれた。エミリー・スピヴァクは素晴らしいモレスキンの世界へ私を導き、彼女のチームはミラノで大いに歓迎してくれた。それにフェッラーニアを案内してくれたマルコとニコラ、心からありがとう。ウィーンで時間を割いてくれたドクとマティアスとサリーにもお礼を言いたい。スネークス・アンド・ラテズのスタッフは、最高の隣人であり、頼りになるボードゲーム・グルたちだ。

ロンドンで取材拠点を提供してくれたアリアドネ、アーロン、ルーカス、エミリー、そしてこの素敵な都市で、インクの染みをつけたベテランたちを紹介してくれたジェレミー・レスリー、スティーヴン・ワトソンたちにも、謝意を表する。ニューヨークの勇敢な本屋、とりわけブックカルチャーのクリス・デブリンとアニー・ヘドリックには大変お世話になった。シャイノーラのスタッフたち、カイル・ポーク、エイミー・エリオット・ブラグ、ベン・ブラックウェルは、デトロイトで何から何までよくしてくれた。以下の人たちにも謝意を表したい。教育の未来という複雑な世界を垣間見せてくれたトロント大学のビジネス学と教育学の教授たち、第9章を書くきっかけをくれたマイク・マーチソン、心地よい宿を貸してくれたアンとジェレミー、美味しいケールを無料でどっさり食べられる場所へ連れて行ってくれたスコット・ベルスキー、トッド・クリーガー、レベッカ・ボートマンたち。

いちばん楽しかった子供時代の思い出の場所に戻るのは、それだけでも十分に心躍る出来事だ。今回は「仕事で」そうすることができて、喜びもひとしおだった。ソル、ジェン、キャンプのスタッフたち、私を迎え入れてくれて本当にありがとう。

初期のリサーチの大半をまとめたのは、有能なウェンディ・リトナーだ。彼女は才能と快活さの両方に同じだけ恵まれている。不器用な女の子を描いた素晴らしいシットコム（シチュエーション・コメディ）の脚本を完成させ、それがつい最近売れたという。ハリウッドへの道を順調に歩んでいることは間違いない。ウェンディ、きみには本当に助けられた。

それからデイヴィッド・チャールズ、マーク・ペタル、パメラをはじめとするラヴィン・エージェンシーのみんな、このアイデアを世に送り出し、これまでの作品とは違うトピックについて書くことができたのはあなたがたのおかげだった。

『ニューヨーカー』誌のジェレミー・キーン、『ブルームバーグ・ビジネスウィーク』誌のクルーたちは、本書のアイデアを紙面で探求させてくれた。

「リブート」にもお礼を述べたい。このテーマについて考えはじめたのは、一〇年前にユタ州の（豪勢な）山の頂上で、テクノロジーからの一時逃避の大切さを説くグル、ダン・ロールマンをはじめ素晴らしい人たちと出会えたおかげだ。

『アナログの逆襲』は、アダム・キャプランとの友情から生まれた。彼は私の親友のひとりというだけでなく、何時間も飽きずに議論できる相手でもある。アダム、これからもきみの人生が順調に進み、ハーブ・アルパートのアルバムのジャケットのようにふわふわのホイップ・クリームに包まれたものでありますように。

愛する妻ローレンがいなければ、本書を書くことはできなかっただろう。彼女への感謝は、どんな言葉をもってしても言い尽くせない。私たちの関係は、いつだって正真正銘のアナログだ。きみの忍耐力と知恵、しかるべき理由で本書を書くように励ましてくれたことに感謝している。それにもちろん、私にとって最高のパートナーでいてくれること、とりわけリアルの世界（ＩＲＬ）の素晴らしいおチビさんたちを育てるパートナーであることに。

最後に、アナログの守護者たちに心からの敬意と謝意を表したい。彼らは、先の見えないもっとも暗い時期に、レコード店で、ワークショップやスタジオで、そして心のなかでアナログの灯をともし続けてくれた。あなたがたに本書を捧げる。

ICM Unlimited. "Music Buyers Prefer CDs, Vinyl and Cassettes over the Cloud." April 16, 2014.

Levy, Joe. "Jack White on Not Being a 'Sound-Bite Artist,' Living in the Wrong Era and Why Vinyl Records Are 'Hypnotic.'" *Billboard*, March 6, 2015.

Locker, Melissa. "A Fresh Sound: Whole Foods Starts Selling Records." *Time*, August 23, 2013.

"The Loudness Wars: Why Music Sounds Worse." NPR *All Things Considered*, December 31, 2009.

McDuling, John. "The Music Industry's Newfangled Growth Business: Vinyl Records." *Quartz*, July 11, 2014.

———. "The Vinyl Revival Is Not About Sound. It's About Identity." *Quartz*, January 9, 2015.

Oliphint, Joel. "Wax and Wane: The Tough Realities Behind Vinyl's Comeback." *Pitchfork*, July 28, 2014.

Paz, Elion. *Dust and Grooves: Adventures in Record Collecting*. Ten Speed Press, 2015.

Peoples, Glenn, and Russ Crupnick. "The True Story of How Vinyl Spun Its Way Back from Near-Extinction." *Billboard*, December 17, 2014.

Petrusich, Amanda. *Do Not Sell at Any Price: The Wild, Obsessive Hunt for the World's Rarest 78rpm Records*. Scribner, 2014.

Sottek, T. C. "Musician Jack White Praises Analog Living, Says 'There's No Romance in a Mouse Click.'" *Verge*, February 19, 2013.

"The Streaming Price Bible—Spotify, YouTube and What 1 Million Plays Means to You!" *Trichordist*, February 11, 2012.

Tingen, Paul. "Inside Track: Jack White." *Sound on Sound*, October 2014.

Van Buskirk, Eliot. "Vinyl May Be Final Nail in CD's Coffin." *Wired*, October 29, 2007.

The Vinyl Factory. "HMV Reclaims Top Spot as Britain's Biggest Physical Music Retailer." January 16, 2015.

———. "Turntable Resurgence: 240% Spike in Record Player Sales at John Lewis." May 5, 2015.

Whitwell, Tom. "Why Do All Records Sound the Same?" *Cuepoint—Medium*, January 9, 2015.

●第２章　紙の逆襲

Carbone, Ken. "Unify, Simplify, Amplify: How Moleskine Gets Branding Right." *Fast Co.Design*, March 28, 2011.

Chatwin, Bruce. *The Songlines*. Viking, 1987. ブルース・チャトウィン『ソングライン』（芹沢真理子訳、めるくまーる）

Chemin, Anne. "Handwriting vs. Typing: Is the Pen Still Mightier Than the Keyboard?" *The Guardian*, December 16, 2014.

Courtice, Craig. "The Cult of the Moleskine." *National Post*, November 11, 2006.

Francese, Alberto. "Moleskine: Brand and Model to Catch Target Market Growth." Banca IMI, March 24, 2015.

"Hacking a GTD Moleskine." *Lifehack*, January 2007.

Harkin, James. *Niche: The Missing Middle and Why Business Needs to Specialize to Survive*. Abacus, 2012. ジェームズ・ハーキン『ニッチ：新しい市場の生態系にどう適応するか』(花塚恵訳、東洋経済新報社)

Horowitz, Jason. "Does a Moleskine Notebook Tell the Truth?" *New York Times*, October 16, 2004.

Jabr, Ferris. "The Reading Brain in the Digital Age: Why Paper Still Beats Screens." *Scientific American*, November 1, 2013.

Levitin, Daniel. *The Organized Mind: Thinking Straight in the Age of Information Overload*. Dutton, 2014.

Martin, Claire. "Moleskine Notebooks Adapt to the Digital World." *New York Times*, April 18, 2015.

Mayyasi, Alex. "Is Moleskine Inc Replicable?" *Priceonomics*, March 22, 2013.

Mediobanca Securities. "Italian Wake-up Call." March 25, 2015.

Mueller, Pam, and Daniel Oppenheimer. "The Pen Is Mightier Than the Keyboard: Advantages of Longhand over Laptop Note Taking." Association for Psychological Science, 2014.

"On the Cards." *The Economist*, March 14, 2015.

Raphel, Adrienne. "The Virtual Moleskine." *New Yorker*, April 14, 2014.

Seward, Zachary. "Everything You Need to Know About Moleskine Ahead of Its IPO." *Quartz*, March 20, 2013.

Walker, Rob. "Look Smart." *New York Times Magazine*, June 26, 2005.

Weiner, Eric. "In a Digital Chapter, Paper Notebooks Are as Relevant as Ever." NPR, May 27, 2015.

Young, Molly. "A Pencil Shop, for Texting the Old-Fashioned Way." *New York Times*, May 19, 2015.

◉第３章　フィルムの逆襲

フィルム産業の売上高については、フィルム・フェッラーニアの投資家たちの発表と、富士フイルム、アグファ、イルフォードの資料、厳選された記事と産業レポートに基づいている。

富士フイルムの財政・売上の情報は、同社の年間／四半期報告書による。

日本のカメラの売上統計はCIPAに基づいている。

Ager, Steve. "Film Didn't Die with Kodak's Chapter 11." *Financial Times* video, January 4, 2015.

Bonanos, Christopher. *Instant: The Story of Polaroid*. Princeton Architectural Press, 2012. クリストファー・ボナノス『ポラロイド伝説：

無謀なほどの独創性で世界を魅了する』（千葉敏生訳、実務教育出版）

Cade, D. L. "Teens 'Turning Their Backs on Digital' and Flocking to Polaroid, Says Impossible Project CEO." *PetaPixel*, November 9, 2014.

Hardy, Quentin. "At Kodak, Clinging to a Future Beyond Film." *New York Times*, March 20, 2015.

Kirn, Walter. "Remembrance of Things Lost." *New York Times Style Magazine*, April 12, 2015.

Klara, Robert. "How One Man Hopes to Restore the Legacy of Kodak." *Adweek,* October 20, 2014.

Lanier, Jaron. *Who Owns the Future?* Simon & Schuster, 2014.

"Leadership in Black and White—How a Manufacturer Profits in a Declined Analogue Film Industry." vivianeli.com, April 15, 2015.

Lomography. *LOMO Life: The Future Is Analogue*. Thames & Hudson, 2013.

"Minnesota's Pohlads Acquire Polaroid Majority Stake." *Pioneer Press*, December 27, 2014.

Phelps, David. "Five Years Later: Tom Petters' Ponzi Scheme." *Star Tribune*, September 23, 2013.

Renfroe, Don. "Fans of 'Analog' Photography Keep the Faith." *Des Moines Register*, January 19, 2015.

Rizov, Vadim. "Kodak's Back in Action and Making Film Stock Again." *Dissolve*, September 4, 2013.

Swart, Sharon, and Carolyn Giardina. "Film Fighters, All in One Frame." *Hollywood Reporter*, December 17, 2014.

Zhang, Michael. "30% of Film Shooters Are Younger Than 35, Says Ilford." *PetaPixel*, February 4, 2015.

◉第４章　ボードゲームの逆襲

ホビーゲーム市場の統計および数字は ICV2 より提供。

Curry, Andrew. "Monopoly Killer: Perfect German Board Game Redefines Genre." *Wired*, March 23, 2009.

"Dispatching Obscene Boxes." *The Economist*, June 9, 2014.

Duffy, Owen. "Board Games' Golden Age: Sociable, Brilliant and Driven by the Internet." *The Guardian*, November 25, 2014.

Ewalt, David. "Fantasy Flight Games Merging with Asmodee." *Forbes*, November 17, 2014.

Ewalt, David M. *Of Dice and Men: The Story of Dungeons & Dragons and the People Who Play It*. Scribner, 2013.

Furino, Giaco. "Board Game Creators Are Making Assloads of Money on Kickstarter." *VICE*, September 17, 2014.

Gilsdorf, Ethan. "Board Games Are Back, and Boston's a Player." *Boston Globe*, November 26, 2014.

Kuchera, Ben. "No One Is Getting Rich from Exploding Kittens' $8.7

Million Kickstarter." *Polygon*, February 25, 2015.

Lagorio-Chafkin, Christine. "The Humans Behind Cards Against Humanity." *Inc.*, January 6, 2014.

Moulder, Stuart. "Boardgames: The Latest Analog Craze." *GeekWire*, November 27, 2014.

O'Neil, Lauren. "Cards Against Humanity Sells 30,000 Boxes of Actual Poop to Mock Holiday Consumerism." *CBC News*, December 15, 2014.

Ochs, Rhiannon. "Kickstarter Killed the Board Game Star." Whose Turn Is It Anyway? December 10, 2014.

Raphel, Adrienne. "The Man Who Built Catan." *New Yorker*, February 12, 2014.

Schank, Hana. "How Board Games Conquered Cafes." *Atlantic*, November 23, 2014.

Summers, Nick. "Cards Against Humanity, the Most Offensive—and Lucrative—Game on Earth." *Bloomberg Businessweek*, April 24, 2014.

Thai, Kim. "Board Games Are Back." *Fortune*, July 10, 2009.

Wingfield, Nick. "High-Tech Push Has Board Games Rolling Again." *New York Times*, May 5, 2014.

●第５章　プリントの逆襲

雑誌の統計は、ローンチ・モニター（サミール・ホスニ）より提供。

Battan, Carri. "Is Vice Getting Nice?" *Daily Intelligencer*, April 1, 2015.

Biasotti, Tony. "The California Sunday Sets Out to Win the West." *Columbia Journalism Review*, October 21, 2014.

Bilton, Nick. "In a Mother's Library, Bound in Spirit and in Print." *New York Times*, May 13, 2015.

Bilton, Ricardo. "Why So Many Digital Publishers Are Flocking Back to Print." *DigiDay*, March 10, 2014.

Burrell, Ian. "Looks Good on Paper: Forget Tablet Editions—A New Wave of Young Independent Publishers Is Producing Wonderful Hard-Copy Titles." *The Independent*, February 19, 2014.

Carr, David. "Print Starts to Settle into Its Niches." *New York Times*, January 5, 2014.

Catalano, Frank. "Paper Is Back: Why 'Real' Books Are on the Rebound." *GeekWire*, January 18, 2015.

Changizi, Mark. "The Problem with the Web and E-Books Is That There's No Space for Them." *Psychology Today*, February 10, 2011.

Herships, Sally. "More Than 800 Magazines Launched in the Last Year." *Marketplace*, December 12, 2014.

Jackson, Jasper. "Guardian CEO: 'The Idea We Will Survive by Becoming a Technology Company Is Garbage.'" *Media Briefing*, December 9, 2014.

Milliot, Jim. "For Books, Print Is Back." *Publishers Weekly*, January 2,

2015.
Nowak, Peter. "Print Books Are Surviving—Even Thriving—in the e-Reader Age." *Canadian Business*, March 20, 2015.
Raphael, T. J. "Your Paper Brain and Your Kindle Brain Aren't the Same Thing." *PRI*, September 18, 2014.
Reese, Diana. "In Small Towns with Local Investment, Print Journalism Is Thriving." *Al Jazeera America*, April 29, 2014.
Sanders, Sam. "J.C. Penney Brings Back Its Print Catalog, After a 5-Year Hiatus." *NPR News*, January 20, 2015.
Silcoff, Mireille. "On Their Death Bed, Physical Books Have Finally Become Sexy." *New York Times Magazine*, April 25, 2014.
Tepler, Benjamin. "Kinfolk Magazine Takes Over the World." *Portland Monthly*, April 2, 2014.
UK Magnetic Influencer Survey 2015.
Van Meter, William. "A Fashion Magazine's Successful Business Model (Hint: It's Free!)." *New York Times*, March 4, 2015.
Wilkinson, Alec. "Read It and Reap." *New Yorker*, November 10, 2014.
Wolff, Michael. "How Television Won the Internet." *New York Times*, June 29, 2015.

●第６章 リアル店舗の逆襲

アメリカの電子商取引の統計は、アメリカ国勢調査より提供。
アメリカの農家の市場統計はアメリカ農務省より提供。
Alter, Alexandra. "The Plot Twist: E-Book Sales Slip, and Print Is Far from Dead." *New York Times*, September 22, 2015.
Bell, David R., Jeonghye Choi, and Leonard Lodish. "What Matters Most in Internet Retailing." *MIT Sloan Management Review*, September 18, 2012.
Bloom, Ari. "In a Digital World, Physical Retail Matters More Than Ever." *Business of Fashion*, March 4, 2014.
Bonanos, Christopher. "The Strand's Stand: How It Keeps Going in the Age of Amazon." *Vulture*, November 23, 2014.
Chapman, Matthew. "Foyles and Waterstones Reap Rewards of Print Resurgence as Online Growth Slows." *Retail Week*, January 7, 2015.
Cima, Rosie. "Why the Comic Book Store Just Won't Die." *Priceonomics*, May 5, 2015.
Currid-Halkett, Elizabeth. "What People Buy Where." *New York Times*, December 13, 2014.
D'Onfro, Jillian. "Four Years Ago Gilt Groupe Was the Hottest Startup in New York—Here's What Happened." *Business Insider*, February 21, 2015.
Dorf, David. "Pure-Play Retail Is Doomed." *Oracle Commerce Anywhere Blog*, March 12, 2015.

"The Four Horsemen," talk by Scott Galloway at DLD15, available on You-Tube, https://www.youtube.com/watch?v=XCvwCcEP74Q.

Gibson, Megan. "E-books Go Out of Fashion as Book Sales Revive." *Time*, January 9, 2015.

Griffith, Erin. "Counterpoint: Groupon Is Not a Success." *Fortune*, March 20, 2015.

———. "Fab Was Never a Billion-Dollar Company." *Fortune*, January 22, 2015.

Gustafson, Krystina. "Millennials Don't Want to Shop Where You May Think." CNBC, May 28, 2014.

Halkias, Maria. "Supermarkets Consider Replacing Self-Checkout Lanes." *Dallas Morning News*, July 7, 2011.

Heyman, Stephen. "Assessing the Health of Independent Bookshops." *New York Times*, February 25, 2015.

"Independent Bookstores Are on the Rise Despite Digital Competition." Michigan Radio, March 10, 2015.

Lacy, Sarah. "Andreessen Predicts the Death of Traditional Retail. Yes: Absolute Death." *Pando*, January 30, 2013.

McCrum, Robert. "Whisper It Quietly, the Book Is Back . . . and Here's the Man Leading the Revival." *The Guardian*, December 14, 2014.

Osnos, Peter. "How 'Indie' Bookstores Survived (and Thrived)." *Atlantic*, December 2, 2013.

Rigby, Darrell. "E-Commerce Is Not Eating Retail." *Harvard Business Review*, August 14, 2014.

———. "Online Shopping Isn't as Profitable as You Think." *Harvard Business Review*, August 21, 2014.

"The Rise of the Independent Bookstore." *Huffington Post Books*, May 29, 2015.

Ruiz, Rebecca. "Catalogs, After Years of Decline, Are Revamped for Changing Times." *New York Times*, January 25, 2015.

Salmon, Kurt. "The Store Strikes Back." KurtSalmon.com, March 8, 2013.

Schwartz, Barry. *The Paradox of Choice: Why More Is Less*. Harper, 2005. バリー・シュワルツ『なぜ選ぶたびに後悔するのか：オプション過剰時代の賢い選択術』（瑞穂のりこ訳、武田ランダムハウスジャパン）

Streitfeld, David. "Selling E-Commerce While Avoiding Amazon." *New York Times*, June 5, 2015.

———. "To Gain the Upper Hand, Amazon Disrupts Itself." *New York Times*, December 1, 2014.

Thau, Barbara. "Beware, Retailers: Ignore Millennials at Your Own Risk." *Forbes*, October 10, 2014.

Underhill, Paco. *Why We Buy: The Science of Shopping*. Simon & Schuster, 1999. パコ・アンダーヒル『なぜこの店で買ってしまうのか：

ショッピングの科学』(鈴木主税訳、早川書房)

Valloppillil, Sindhya. "Why Consumer-Facing E-Commerce Is Broken." *Business Insider*, April 28, 2013.

Wahba, Phil. "Barnes & Noble's Stores Provide Relief as Online Sales Plunge." *Fortune*, March 3, 2016.

◉第 7 章　仕事の逆襲

Autor, David H. "Polanyi's Paradox and the Shape of Employment Growth." Abstract, MIT, NBER, and JPAL, August 11, 2014.

Bender, Morgan, Benedict Evans, and Scot Kupor. "U.S. Technology Funding—What's Going On?" Andreessen Horowitz presentation, June 2015.

Brynjolfsson, Erik, and Andrew McAfee. *Race Against the Machine: How the Digital Revolution Is Accelerating Innovation, Driving Productivity, and Irreversibly Transforming Employment and the Economy*. Digital Frontier Press, 2012. エリック・ブリニョルフソン、アンドリュー・マカフィー『機械との競争』(村井章子訳、日経 BP 社)

———. *The Second Machine Age: Work, Progress, and Prosperity in a Time of Brilliant Technologies*. W. W. Norton & Co., 2016.『ザ・セカンド・マシン・エイジ』(村井章子訳、日経 BP 社)

———. "Why Workers Are Losing the War Against Machines." *Atlantic*, October 26, 2011.

Brynjolfsson, Erik, Andrew McAfee, and Michael Spence. "New World Order." *Foreign Affairs*, July/August 2014.

Caramanica, Jon. "The Next Branding of Detroit." *New York Times*, August 21, 2013.

Carr, Nicholas. *The Glass Cage: Automation and Us*. W. W. Norton & Co., 2014. ニコラス・G・カー『オートメーション・バカ』(篠儀直子訳、青土社)

Crawford, Matthew. *Shop Class as Soul Craft: An Inquiry into the Value of Work*. Penguin Press, 2009.

Davidson, Adam. "Don't Mock the Artisanal-Pickle Makers." *New York Times Magazine*, February 15, 2012.

Ford, Martin. *Rise of the Robots: Technology and the Threat of a Jobless Future*. Basic Books, 2015. マーティン・フォード『ロボットの脅威』(松本剛史訳、日本経済新聞出版社)

Krugman, Paul. "The Big Meh." *New York Times*, May 25, 2015.

Lanier, Jaron. *You Are Not a Gadget*. Thorndike, 2010. ジャロン・ラニアー『人間はガジェットではない』(井口耕二訳、早川書房)

LeDuff, Charlie. *Detroit: An American Autopsy*. Penguin, 2013.

Maraniss, David. *Once in a Great City: A Detroit Story*. Simon & Schuster, 2015.

McNeal, Marguerite. "Rise of the Machines: The Future Has Lots of

Robots, Few Jobs for Humans." *Wired*, April 2015.

Miller, Claire. "As Robots Grow Smarter, American Workers Struggle to Keep Up." *New York Times*, December 15, 2014.

Mirani, Leo. "The Secret to the Uber Economy Is Wealth Inequality." *Quartz*, December 16, 2014.

Moy, Jon. "On Shinola, Detroit's Misguided White Knight." *Four Pins*, March 26, 2014.

Nocera, Joe. "Is Motown Getting Its Groove Back?" *New York Times*, June 2, 2015.

Raffaelli, Ryan. "Mechanisms of Technology Re-emergence and Identity Change in a Mature Field: Swiss Watchmaking, 1970–2008." *HBS Working Knowledge*, December 12, 2013.

Rushkoff, Douglas. *Program or Be Programmed: Ten Commands for a Digital Age*. Soft Skull Press, 2011.

Spence, Michael. "Labor's Digital Displacement." Council on Foreign Relations, May 22, 2014.

Trudell, Craig, Yuki Hagiwara, and Ma Jie. "Humans Replacing Robots Herald Toyota's Vision of Future." *Bloomberg*, April 7, 2014.

Williams, Alex. "Shinola Takes Its 'Detroit Cool' Message on the Road." *New York Times*, January 6, 2016.

◉第８章　教育の逆襲

Barshay, Jill. "Why a New Jersey School District Decided Giving Laptops to Students Is a Terrible Idea." *Hechinger Report*, July 29, 2014.

Blume, Howard. "L.A. School District Demands iPad Refund from Apple." *Los Angeles Times*, April 16, 2015.

Boyd, Danah. "Are We Training Our Students to Be Robots?" *Bright*, April 7, 2015.

Brenneman, Ross. "Before Buying Technology, Asking 'Why?'" *EdWeek*, June 18, 2014.

Carr, Nicholas. "The Crisis in Higher Education." *Technology Review*, September 27, 2012.

———. *The Shallows: What the Internet Is Doing to Our Brains*. W. W. Norton & Co., 2010. ニコラス・G・カー『ネット・バカ：インターネットがわたしたちの脳にしていること』（篠儀直子訳、青土社）

Catalano, Frank. "Tech Happens: When Tablets and Schools Don't Mix." *GeekWire*, October 9, 2013.

Chiong, Cynthia, Jinny Ree, Lori Takeuchi, and Ingrid Erickson. "Comparing Parent-Child Co-Reading On Print, Basic, and Enhanced e-Book Platforms." Cooney Center, Spring 2012.

Colby, Laura. "News Corp.'s $1 Billion Plan to Overhaul Education Is Riddled with Failures." *Bloomberg Businessweek*, April 7, 2015.

Cordes, Colleen, and Edward Miller. "Fool's Gold: A Critical Look at Computers in Childhood." Alliance for Childhood, 2000.

DeAmicis, Carmel. "A Q&A with 'Godfather of MOOCs' Sebastian Thrun After He Disavowed His Godchild." *Pando*, May 12, 2014.

Dodd, Tim. "UNE Shuts Down Its Loss-Making MOOCs." *Financial Review* August 25, 2014.

Edmundson, Mark. "The Trouble with Online Education." *New York Times*, July 19, 2012.

Emma, Caitlin. "Finland's Low-Tech Take on Education." *Politico*, May 27, 2014.

Helfand, Duke. "Reading Program Didn't Boost Skills." *Los Angeles Times*, February 7, 2005.

Hembrooke, Helene, and Geri Gay. "The Laptop and the Lecture: The Effects of Multitasking in Learning Environments." *Journal of Computing in Higher Education*, Fall 2003.

Herold, Benjamin. "After Ed-Tech Meltdown, a District Rebounds." *Ed-Week*, January 27, 2015.

Holstead, Carol. "The Benefits of No-Tech Note Taking." *Chronicle of Higher Education*, March 4, 2015.

Kachel, Debra. "School Libraries Are Under Attack." *New Republic*, July 13, 2015.

Kamenetz, Anya. "The Inside Story on LA Schools' iPad Rollout: 'A Colossal Disaster.'" *Hechinger Report*, September 30, 2013.

Konnikova, Maria. "Will MOOCs Be Flukes?" *New Yorker*, November 7, 2014.

Lewin, Tamar. "After Setbacks, Online Courses Are Rethought." *New York Times*, December 10, 2013.

Lewin, Tamar, and John Markoff. "California to Give Web Courses a Big Trial." *New York Times*, January 15, 2013.

McNeish, Joanne, Mary Foster, Anthony Francescucci, and Bettina West. "Exploring e-Book Adopters' Resistance to Giving Up Paper." *International Journal of the Book*, 2014.

———. "The Surprising Foil to Online Education: Why Students Won't Give Up Paper Textbooks."- *Journal for Advancement of Marketing Education*, Fall 2012.

McNeish, Joanne E. and Barbara Kolan. "Confronting the Illusion of Technological Expertise Among College and University Students." Ted Rogers School of Management, Ryerson University, and Achva Academic College, 2014.

———. "A Cross-Cultural Study on Digital Delivery of Academic Course Content." Ted Rogers School of Management, Ryerson University, and Achva Academic College, 2014.

Miller, Larry, Bethany Gross, and Robin Lake. "Is Personalized Learning

Meeting Its Productivity Promise?" CRPE, May 2014.

Miron, Gary, and Jessica Urschel. "Understanding and Improving Full-Time Virtual Schools." National Education Policy Center, July 2012.

Oppenheimer, Todd. *The Flickering Mind: Saving Education from the False Promise of Technology*. Random House, 2004.

Powers, William. *Hamlet's BlackBerry: A Practical Philosophy for Building a Good Life in the Digital Age*. Harper, 2010. ウィリアム・パワーズ『つながらない生活:「ネット世間」との距離のとり方』(有賀裕子訳、プレジデント社)

Rich, Motoko. "Kindergartens Ringing the Bell for Play Inside the Classroom." *New York Times*, June 9, 2015.

Rockmore, Dan. "The Case for Banning Laptops in the Classroom." *New Yorker*, June 6, 2014.

Sana, Faria, Tina Weston, and Nicholas J. Cepeda. "Laptop Multitasking Hinders Classroom Learning for Both Users and Nearby Peers." *Computers & Education*, October 2012.

Schuman, Rebecca. "The King of MOOCs Abdicates the Throne." *Slate*, November 19, 2013.

Shirky, Clay. "Why I Just Asked My Students to Put Their Laptops Away." *Medium*, September 8, 2014.

Strauss, Valerie. "Too Much Tech? An Argument for Keeping Schools Low-Tech." *Washington Post*, August 26, 2014.

"Students, Computers and Learning." OECD Publishing, 2015.

Vigdor, Jacob L., and Helen F. Ladd. "Scaling the Digital Divide: Home Computer Technology and Student Achievement." *Urban Institute*, June 2010.

Warschauer, Mark, and Morgan Ames. "Can One Laptop per Child Save the World's Poor?" *Journal of International Affairs*, Fall/Winter 2010.

Zakaria, Fareed. "Why America's Obsession with STEM Education Is Dangerous." *Washington Post*, March 26, 2015.

●第９章　デジタルの先端にあるアナログ

Bezos, Jeff. Interview on the *Charlie Rose Show*, November 15, 2012.

Bilton, Nick. "Steve Jobs Was a Low-Tech Parent." *New York Times*, September 10, 2014.

Clarke, Peter. "When Did Analog Steal Digital's Mojo?" *Electrical Engineering Time*, May 28, 2015.

Danzig, Richard. "Surviving on a Diet of Poisoned Fruit Reducing the National Security Risks of America's Cyber Dependencies." Center for New American Security, July 2014.

Evans-Pughe, Christine. "Photonic Computers Promise Energy-Efficient Supercomputers." *Engineering and Technology Magazine*, December 15, 2014.

Honan, Matt. “This Is Twitter’s Top Secret Project Lightning.” *BuzzFeed News*, June 18, 2015.

Kelly, Kevin. *Cool Tools: A Catalog of Possibilities*. kk.org, 2014.

———. *What Technology Wants*. Viking Press, 2010. ケヴィン・ケリー『テクニウム：テクノロジーはどこへ向かうのか？』（服部桂訳、みすず書房）

Lanks, Belinda. “Evernote Has More Office Supplies to Sell.” *Bloomberg Businessweek*, August 26, 2014.

Lohr, Steve. “If Algorithms Know All, How Much Should Humans Help?” *New York Times*, April 6, 2015.

McMillan, Robert. “Darpa Has Seen the Future of Computing . . . and It’s Analog.” *Wired*, August 22, 2012.

Shachtman, Noah. “In Silicon Valley, Meditation Is No Fad. It Could Make Your Career.” *Wired*, June 18, 2013.

Wagner, Kurt. “There’s a Shiny New Trend in Social Media: Actual Human Editors.” *re/code*, June 24, 2015.

◉おわりに　夏の逆襲

Bisby, Adam. “Roam Free: The Case for Digital Detox at Camps.” *The Globe and Mail*, June 25, 2015.

Brody, Jane E. “Screen Addiction Is Taking a Toll on Children.” *New York Times*, July 6, 2015.

Heffernan, Virginia. “Magic and Loss.” *New York Times Magazine*, February 18, 2011.

Holson, Laura M. “The IRL Social Clubs.” *New York Times*, October 1, 2014.

Keim, Brandon. “Screens May Be Terrible for You, and Now We Know Why.” *Wired*, March 18, 2015.

Pinker, Susan. *The Village Effect: How Face-to-Face Contact Can Make Us Healthier and Happier*. Random House, 2014.

Turkle, Sherry. *Alone Together: Why We Expect More from Technology and Less from Each Other*. Basic Books, 2011. シェリル・タークル『つながっているのに孤独：人生を豊かにするはずのインターネットの正体』（渡会圭子訳、ダイヤモンド社）

———. *Reclaiming Conversation: The Power of Talk in a Digital Age*. Penguin Press, 2015. シェリル・タークル『一緒にいてもスマホ：SNS と FTF』（日暮雅通訳、青土社）

参考文献

◉はじめに　ポストデジタル経済へ

Embracing Analog: Why Physical Is Hot. JWT/Frank Rose, 2013.

Rushkoff, Douglas. *Present Shock: When Everything Happens Now*. Current, 2013.

Turkle, Sherry, and William J. Clancey. *Simulation and Its Discontents (Simplicity: Design, Technology, Business, Life)*. MIT Press, 2009.

◉第１章　レコードの逆襲

レコード店のデータ・ベースは、recordshops.org を参照。

売上の統計については、国際レコード産業連盟（IFPI）、アメリカ・レコード協会（RIAA）、ニールセン・サウンドスキャン社、レコード・ストア・デイ、ビニール・ファクトリーより提供。

Barnes, Tom. "Science Shows There's Only One Real Way to Listen to Music." *Music.Mic*, November 13, 2014.

Bartmanski, Dominik, and Ian Woodward. *Vinyl: The Analogue Record in the Digital Age*. Bloomsbury, 2015.

Bauerova, Ladka. "Czechs the Spin Kingpins in Global LP Revival." *Bloomberg*, February 11, 2015.

Blacc, Aloe. "Aloe Blacc: Streaming Services Need to Pay Songwriters Fairly." *Wired*, November 5, 2014.

Crane, Larry. "Jack White Is No Fan of Digital Audio." *Tape Op Magazine*, March 2011.

Graham, Jefferson. "Who's Making Money in Digital Music?" *USA Today*, February 15, 2015.

Greenwald, David. "Does Vinyl Really Sound Better? An Engineer Explains." *Oregonian*, November 19, 2014.

Grundberg, Sven. "A Penny for Your Song? Spotify Spills Details on Artist Payments." *Wall Street Journal*, December 3, 2015.

Guarino, Mark. "Pressing Plants Feel the Strain with Vinyl Records Back in the Groove." *Washington Post*, September 26, 2014.

Harding, Cortney. "Vinyl Gets Vital: A Classic Format Makes a Comeback." *Billboard*, November 17, 2007.

Harris, John. "Vinyl's Difficult Comeback." *The Guardian*, January 7, 2015.

Hasty, Katie. "Dave Grohl Talks Digital vs. Analog for Next Foo Fighters Album." *HitFix*, March 18, 2013.

Hochberg, William. "Just How Much of Musical History Has Been Lost to History?" *Atlantic*, September 26, 2013.

Hogan, Marc. "Did Vinyl Really Die in the '90s? Well, Sort of . . ." *SPIN*, May 16, 2014.

いま、さまざまな分野でアナログの魅力が再注目され、ヒットしている。たとえば、音楽でもＣＤの売上は落ち込む一方なのに、アナログ・レコードは世界的に人気が高まっており、売上も大きく伸びている。こうした現象が興味深いのは、アナログ人気がけっして過去を振り返るノスタルジーではないことだ。今日のアナログ・ブームを牽引しているのは、幼い頃からデジタル環境になじんできた若い世代である。また、デジタルの最先端にあるＧＡＦＡ（グーグル、アップル、フェイスブック、アマゾン）などの企業も、アナログ的発想を重視しはじめている。そう、いま台頭している現象は、「デジタルの先にあるアナログ」であり、「ポストデジタル経済」へ向かう大きな潮流なのだ。

本書は、第Ⅰ部「アナログな〝モノ〟の逆襲」で、レコード、紙、フィルム、ボードゲームの人気を通して、こうしたアナログ・ブームの実態と背景を探る。さらに、第Ⅱ部「アナログな〝発想〟の逆襲」では、印刷メディア、リアル店舗、仕事、教育、デジタル先端企業などの取材により、アナログの隠れた力が明かされる。

アナログならではの魅力を本書は多面的に考察するが、とくに強調されるのは次のポイントだ。まず、「フィジカル・身体的」であること。これはモノとしての存在感だけではなく、身体を介した認知・コミュニケーションが含まれる。たとえば、ボードゲーム（テーブルゲーム）の面白さは、デジタルのゲームでは味わえない人間的なやりとりが得られることにもある。対戦相手の表情、姿勢、息づかい、飲み物をすする様子、テーブルの下の貧乏ゆすりまで、身体が出す無数のシグナルから、複雑な感情を読み取ってゲームを進める。交渉、はったり、嘘、ごまかしも戦術のうち。そこには高度な感情的知能や直感が欠かせない。チェスや囲碁が得意なＡＩでも及ばない領域なのだ。

私たち人間は、幼児期に〝触れ、嗅ぎ、聴き、見て、味わう……〟といった五感を通して世界を学んでいく。こうした行為が、社会的・感情的・認知的な発達の基盤となる。また、身体を使う遊びによって、他者との関わりや社会のルールも身につけていく。まさにアナログが人間としての原点をなすわけだ。スマホやネットによるコミュニケーションが発達したからこそ、それだけでは満たされないリアルで社会的な体験・交流への欲求も高まってきていると言える。

アナログはその制約を強みに変えて、「創造性・即興性」を触発する。グーグルではデザインを紙とインクを使った手描きのスケッチから始めるようにしている。最初にデザインソフトを使うと細かいことに気を取られ、アイデアを自由に羽ばたかせることができないからだ。モレスキンのノートが創造性を重視する人々に愛されるのも、同様の理由だろう。手描きのメモは、デジタル機器に書くよりも、集中力を高め、情報を保持し、精神衛生にもよいことが判明している。このことは、音楽業界のアナログ的な録音にも言える。デジタル的な録音技術が進むと、幾らでもやり直しができ、修正可能だ。その代わり、音楽本来の持つ生々しさ、エモーショナルな即興性が削ぎ落とされてしまう。一流のミュージシャンがアナログ録音に改めて注目しているのは、彼らの創造性・エネルギーを盛り上げる熱い芯がそこにあるからだ。リアルな買い物にも、こうした刺激が潜んでいる。ネットショップの〝おすすめ〟は関連性のある商品が主体だが、リアルな買い物には予想もつかない出会いがあるからだ。ぶらぶらと店内を歩いていて、思いがけず素敵な本や服などに巡り会う喜び。こうした「セレンディピティ（偶然の素晴らしい発見）」体験も、実店舗ならではだろう。

教育や職場でも、アナログが重視されつつある。今日の教育に欠かせない「二一世紀のスキル」、創造性、コラボレーション、批判的思考（クリティカル・シンキング）、コミュニケーション、共感といった能力は、デジタルよりもアナログ的なツールや方法のほうが遥かに養える。職場においても、従業員が顔を合わせて会話をしたり、協働を促すような場づくりが進められている。デジタル企業がアナログ的な遊び心あふれる環境や、素材を生かした空間デザインなどにこだわっているのも、そのほうが「生産性」が高まるからにほかならない。

ネット通販の猛威に曝されている小売りにおいても、アナログはけっして絶滅した恐竜のようではなかった。ネット通販が占めるシェアは拡大傾向にあるとはいえ、米国ですら一〇パーセントほどに過ぎない。しかも、多くのオンライン小売り事業はいまだに赤字経営なのだ。一方で実店舗は、顧客獲得、買い物経験、販売促進、リピート率・顧客単価などにおいて、ネットショップよりも有利だ。

また、書店の手売り（ハンド・セリング）（店員が顧客の読みたい本を対話しながら選ぶ）のように、たんなる小売店と消費者という関係を超えた「親密な交流」を促せるのも、実店舗の強みだろう。「ブランド価値」を高める上でも、実店舗が優れていることは、アップルの成功を見てもうなずける。メディアにおいても紙媒体は部数が減っても、読者の「エンゲージメント（愛着のある絆）」が高く、収益面で健闘している。インディペンデント系の雑誌も続々発刊され、毎号一〇万部以上を売り上げるものもある。

アナログな業態は、「雇用」面でも欠かせない。デジタル企業は、少人数で動かせるため、ごく一部のエリートしか従事できない。また、分野のトップ企業だけが生き残れる寡占支配の世界だ。こうしてデジタル経済は、格差や不平等を広げていく。一方で、アナログを残す製造業などの企業群は、互いに競争し合いながら、多くの雇用機会をもたらしている。「地域コミュニティの活性化」につながるポテンシャルもあり、そこにポストデジタル経済の果たすべき大きな役割がある。

デジタルはめまぐるしく進展し、更新されるため、「レガシー（後世へ残る業績・伝統）」を育みにくい。対照的に、リアルなモノや空間には、時間の蓄積や希少性があり、プレミアムな価値をもたらす。中古になっても、かえって高く売れるレコードのように。そして、アナログには味のある「物語」が寄り添う——穏やかな声で〝人間らしさ〟とは何かを問いかけるような物語が。「テクノロジーのイノベーション・プロセスは、よいものからよりよいもの、最高のものへと徐々に進化する過程ではない。私たちが何者で、どのように生きるかを知るための試行錯誤の道のりなのだ」

本書出版プロデューサー　真柴隆弘

著者
デイビッド・サックス David Sax
ジャーナリスト。ビジネスやカルチャー分野を得意とする。『ブルームバーグ・ビジネスウィーク』『ニューヨーク・タイムズ』『ニューヨーカー』『ガーディアン』などに寄稿。本書は３冊目の著作である。トロント在住。

★『ニューヨーク・タイムズ』紙 TOP 10 ブックス 2016 (Michiko Kakutani 選)
★『グローブ・アンド・メール』紙 年間ベストブック 2016
★『ナショナル・ポスト』紙 年間ベストブック 2016
★『Inc.』誌 起業家のための年間ベストブック 2016
★アンドリュー・カーネギー優秀賞（最終候補作） 2017

訳者
加藤 万里子（かとう まりこ）
翻訳家。訳書はアニー・ジェイコブセン『ペンタゴンの頭脳』、モイセス・ナイム『権力の終焉』、エレナ・ボテロ＆キム・パウエル『最速でトップに駆け上がる人は何が違うのか？』ほか。

アナログの逆襲

「ポストデジタル経済」へ、ビジネスや発想はこう変わる

2018年12月20日　第1刷発行

著　者　デイビッド・サックス
訳　者　加藤 万里子
発行者　宮野尾 充晴
発　行　株式会社 インターシフト
〒156-0042　東京都世田谷区羽根木 1-19-6
電話 03-3325-8637　FAX 03-3325-8307
www.intershift.jp/
発　売　合同出版 株式会社
〒101-0051　東京都千代田区神田神保町 1-44-2
電話 03-3294-3506　FAX 03-3294-3509
www.godo-shuppan.co.jp/
印刷・製本　シナノ印刷
装丁　織沢 綾

ISBN 978-4-7726-9562-6　C0034　NDC400　188x130

無限の始まり　ひとはなぜ限りない可能性をもつのか

デイヴィッド・ドイッチュ　熊谷玲美・田沢恭子・松井信彦訳　三七〇〇円＋税

宇宙とは、人間とは、生命とは、進化と創造とは、選択と倫理とは？ 究極の問いに、天才ドイッチュが答える。★マーク・ザッカーバーグが薦める必読書！ ★年間最重要作(ニューヨーク・タイムズ紙) ★年間ベスト科学本（ニューサイエンティスト誌） ★全米ベストセラー！

「知の無限の可能性を再認識するに違いない」―― 須藤靖『読売新聞』

猫はこうして地球を征服した　人の脳からインターネット、生態系まで

アビゲイル・タッカー　西田美緒子訳　二三〇〇円＋税

愛らしい猫にひそむ不思議なチカラ。世界中のひとびとを魅了し、リアルもネットも席巻している秘密とは？ ★全米ベストセラー ★年間ベストブック&賞、多数！ ★渡辺政隆・竹内久美子 氏、絶賛！

「猫好きは必読！」―― 竹内薫「日本経済新聞」

「猫は紛れもなく世界を制覇している」―― 竹内久美子『週刊文春』

眠っているとき、脳では凄いことが起きている　眠りと夢と記憶の秘密

ペネロペ・ルイス　西田美緒子訳　二一〇〇円＋税